Anton Tuma von Waldkampf

Serbien

Geographisch, statistisch und Kulturgeschichtlich dargestellt

Anton Tuma von Waldkampf

Serbien
Geographisch, statistisch und Kulturgeschichtlich dargestellt

ISBN/EAN: 9783743611467

Hergestellt in Europa, USA, Kanada, Australien, Japan

Cover: Foto ©Andreas Hilbeck / pixelio.de

Manufactured and distributed by brebook publishing software (www.brebook.com)

Anton Tuma von Waldkampf

Serbien

SERBIEN.

Geographisch, statistisch und kulturgeschichtlich

dargestellt

von

Anton Tuma von Waldkampf

k. u. k. Feldmarschall-Lieutenant d. R., Ritter des Franz-Josefs-Ordens etc.

Zweite Ausgabe.

LEIPZIG

Verlag von Zuckschwerdt & Co.

1897.

Vorwort.

Es ist unzweifelhaft, dass die politischen Ereignisse, welche sich in den denkwürdigen Tagen von 21. bis 24. Jänner 1894 in Belgrad mit überstürzter Hast abspielten und die sofortige Demission des radikalen Ministeriums Sava Gruitsch, — nebst der Vertagung der Skuptschina auf unbestimmte Zeit herbeigeführt haben, einen Staatsstreich von grosser Tragweite bedeuten, dessen Consequenzen nicht nur in Serbien selbst, sondern auch im übrigen Europa fühlbar werden dürften.

Gewiss war die unerwartete Rückkehr des freiwillig exilirten früheren Königs Milan und dessen überraschendes Erfassen der Zügel der Regierung, welche seinem königlichen Sohne zu entschlüpfen drohten, kein verfassungsmässiger Akt, was die diplomatischen Vertreter Russlands und Frankreichs durch die Nichtabgabe ihrer Karten beim Vater des Königs auch deutlich manifestirten; während die Gesandten der anderen Mächte und voran jener Oesterreich-Ungarns, diesem Akte diplomatischer Höflichkeit sofort entsprochen hatten.

Unzweifelhaft wird dieses Benehmen des russischen und französischen Gesandten zur Ermuthigung der radikalen Partei dienen und sie in ihrem Widerstande gegen die nun wiederhergestellte königliche Gewalt bestärken.

Zahlreich und von eminentester Wichtigkeit waren

die Gründe, welche dieses rasche und entschiedene Eintreten Milan's, sowohl für die Sache seines königlichen
Sohnes, als für das Wohl seines Vaterlandes und für das
Sein oder Nichtsein der Dynastie Obrenowitsch, nothwendig
machten.

Die radikale Herrschaft, welche die konstitutionelle
Freiheit zu niedriger Parteisucht und zu eigener Be-
reicherung missbrauchte, konnte nicht anders, als durch
ein Gewaltmittel aus der politischen Arena gedrängt
werden. Hiezu war aber der jugendliche König, welcher
zwar vor kaum einem Jahre den Muth gefunden hatte,
die Vormundschaft der Regenten von sich abzuschütteln,
doch nicht stark genug. Er berief daher seinen Vater
zu sich, damit er ihn aus den Händen der radikalen Partei
befreie, welche dem König nicht einmal mehr die Freiheit
des Verkehrs mit allen Bürgern des Staates lassen wollten;
sich selbst aber das Recht anmassten, die radikalen Wähler
durch Steuernachlässe bei guter Laune zu erhalten.

Das vom Könige Alexander und seinem Vater Milan
gebildete neue Ministerium, an dessen Spitze der bisherige
Gesandte am Wiener Hofe Simitsch berufen wurde, steht
ausserhalb der Parteien und hat einzig die Aufgabe, den
inneren und äusseren Frieden zu erhalten.

Zur Erreichung dieses Zweckes appellirte Simitsch in
der am 24. Jänner 1894 Nachmittags abgehaltenen Skuptschina-Sitzung an alle Patrioten, sie mögen ihn an diesem
Unternehmen unterstützen.

Aber die Abgeordneten hörten nicht und wollten
nicht hören; die massvolle Rede des Minister-Präsidenten
wurde übertobt durch einen Tumult, welcher selbst in den
parlamentarischen Annalen des Königreichs Serbien einzig
dasteht, welchen aber der Vorsitzende selbst ruhig duldete,
ohne einzuschreiten.

Hierauf folgte die Vertagung der Skuptschina und noch am selben Abende sollen die bäuerlichen Deputirten vom Stadtpräfekten die Weisung erhalten haben, binnen 24 Stunden Belgrad zu verlassen. —

Es ist nicht zu leugnen, dass die königliche Gewalt mit sehr energischen Mitteln arbeitet, um ihr Prestige zu bewahren und den inneren Frieden zu erhalten.

Ob dies aber gelingen und ob der jüngste Staatsstreich ohne bedenkliche Wirren im Innern des Landes bleiben wird, das ist die Frage, welche bezüglich eines Landes, wo jeder Bürger, jeder Bauer, ja sogar jeder Soldat politisirt und wo Jedermann stolz auf seine parlamentarische Freiheit ist, so ohne weiteres im günstigen Sinne nicht beantwortet werden kann.

Vielmehr dürften uns schon die nächsten Wochen Nachrichten bringen über geheime Versammlungen, über Zusammenrottungen von bewaffneten Banden und endlich von blutigen Zusammenstössen mit den Regierungs-Truppen. Diese sind aber verhältnismässig sehr schwach, weil momentan doch nur die 15 Bataillone des stehenden Heeres thatsächlich der Regierungsgewalt zur Verfügung stehen, während die grosse Masse des Milizheeres in die Heimat beurlaubt ist und überdies grösstentheils ihre Waffen und Kriegsausrüstung bei sich zu Hause hat.

Unter solchen Umständen ist es klar, dass eine Volkserhebung in Serbien zu grossen Calamitäten führen könnte, welche von den übrigen Staaten und insbesondere in den angrenzenden Ländern eine empfindliche Beunruhigung hervorrufen müssten.

Nachdem die obgeschilderten Vorgänge in Belgrad und die noch zu erwartenden Ereignisse die vollste Aufmerksamkeit aller Politiker und aller friedliebenden Völker Europa's auf sich zu lenken geeignet sind; so möge folgende, — vielfach auf persönliche Anschauung gegründete, — Beschreibung des jüngsten Königsreiches denjenigen Lesern zur Orientirung dienen, welche sich in diesem kritischen Momente über die Hilfsquellen des Landes und über die ziemlich klar zu Tage liegenden Bestrebungen des Volkes von Serbien Klarheit verschaffen wollen.

Das von der Natur reich bedachte Serbien ist überhaupt ein ganz merkwürdiges und hochinteressantes Land!

Zahlreich waren die von mir erlebten Ueberraschungen, als ich mich vor zwanzig Jahren im Innern des damals noch der Pforte tributpflichtigen Fürstentums Serbien, während eines Zeitraumes von mehreren Monaten, aufhielt.

Das Erstaunen über das dort Erlebte, war ebenso gross, als die Verwunderung darüber, dass man in West-Europa die riesigen zivilisatorischen Fortschritte dieses an der Schwelle des apathischen Orientes gelegenen Ländchens damals gar so wenig kannte.

Ist es etwa nicht staunenswerth, dass in diesem jungen Staate die Volks-Schullehrer nicht Angestellte der Dorfgemeinden, sondern thatsächliche Beamte des Staates mit sehr ansehnlichem, fixen Gehalte und mit dem Anspruche auf eine gesetzlich festgesetzte Alters-Versorgung sind? dass ferner die Schulen auf dem Lande insgesamt vom Staate erbaut sind, sowie dass dieselben, nebst den Lehrzimmern und der geräumigen Lehrers-Wohnung, in vielen Fällen auch noch Räumlichkeiten enthalten, für eine Art von Pensionat, welches für jene Schulkinder bestimmt ist, die wegen zu grosser Entfernung ihrer elterlichen Wohnungen, oder wegen der dahin führenden schwierigen Wege, wie dies bei den aus einzelnen Gehöften bestehenden Dorfgemeinden im Gebirge sehr häufig der Fall ist, — nicht täglich zur Schule kommen könnten?! —

Dass hiedurch das Budget für Volks-Aufklärung ein

so hohes geworden ist, dass es nun schon nahezu den zehnten Theil der gesamten Ausgaben das Staates beträgt, kann nach dem Vorangeführten wohl Niemanden wundern.

Einzig ist im Lande auch der absolute Mangel von grossen Grundbesitzern und Adeligen, wesshalb Serbien thatsächlich ein vollkommen „demokratischer Staat" ist.

Ist es ferner nicht höchst interessant, zu hören, dass man schon vor zwanzig Jahren wohlhabende Bauern in der „Schupa", einem furchtbaren Landstrich südlich von Kruschewatz, antreffen konnte, welche zwei Belgrader Tageblätter abonnirten?

Die vollste Bewunderung verdient jedoch die Thatsache, dass der Wirth des Strassen-Wirthshauses in Arilje, bei meiner Ankunft in seiner Veranda bei der Lektüre einer serbischen Uebersetzung der „Taktik von Perizonius" überrascht wurde! Allerdings stellte sich dieser Mann alsbald als Hauptmann und Batterie-Commandant der Miliz-Artillerie vor.

Ausser diesen Erlebnissen, muss noch manches Andere in diesem äusserst interessanten Lande unser vollstes Erstaunen hervorrufen.

Es scheint fast unglaublich, aber dennoch ist es nur zu gewiss, dass all' diese Thatsachen selbst den gebildeten Kreisen unserer westeuropäischen Gesellschaft nur zum allergeringsten Theile bekannt sind.

Darum muss noch einmal wiederholt werden, dass es nicht nur für Staatsmänner, Militärs und Gelehrte; sondern für jeden Gebildeten überhaupt, der sich um die europäische Staaten-Politik nur einigermassen interessirt, geradezu ein Gebot der Nothwendigkeit ist, sich über die Verhältnisse des fortgeschrittensten der jungen Balkan-Staaten eingehender zu orientiren.

Einleitung.

Es wäre ungerecht ein Land darum ungünstig zu be-
urtheilen und zum mindesten sehr voreilig, über dessen
Zukunft deshalb den Stab zu brechen, weil es durch innere
Parteikämpfe zeitweilig beunruhigt wird oder weil einige
ehrgeizige Streber die Aufmerksamkeit der gebildeten Welt
auf sich lenken wollen.

Derlei innere Krisen sind gewissermassen nur die
Kinderkrankheiten, welche jeder junge Staat ausnahmslos
durchmachen muss. Wenn nur das Lebensmark des Staats-
körpers, nämlich der Kern des Volkes gesund ist, dann
werden diese Krisen gewiss, ohne bleibende Schädigung
des Organismus, vorübergehen und ebenso heilsam, kräf-
tigend und reinigend wirken, wie die Gewitter die von
Miasmen geschwängerte atmosphärische Luft reinigen.

Das Land Serbien ist reich, — sehr reich an Naturschätzen aller Art und die grosse Masse der Bevölkerung
ist physisch, geistig und moralisch gesund, — ja kern-
gesund und lebt in ausgezeichneten materiellen Verhältnissen.

Somit sind alle Grundbedingungen vorhanden für ein
solid basirtes und glückliches Staatsleben.

Die Summe der geistigen, moralischen und materiellen
Reichthümer, des durch den Einfluss westeuropäischer
Sitten noch wenig veränderten serbischen Volkes garantirt
dem jungen Königreiche eine gesicherte Zukunft.

In seiner vollsten Eigenthümlichkeit lernen wir den Serben, trotz der sichtlich fortschreitenden allgemeinen Bildung, in den inneren Theilen des Landes zwischen den Bergen und Wäldern kennen.

Die Bewohner der Städte haben sich, durch den doppelten Einfluss, ehemals der türkischen Sitten und jetzt des westeuropäischen Luxus, sichtbar verändert. Nur die Bewohner des Innern und insbesondere jene der von der Donau und der Eisenbahn entfernteren Gebirgsthäler haben den Typus der serbischen Nationalität in vollster Reinheit erhalten.

Der Grundzug des serbischen Volkes ist eine geradezu exaltirte Liebe zur Unabhängigkeit, weshalb die Serben des Königreiches, welche keinen Adel und keine Grundherrschaft kennen, mit gutem Grund die demokratischeste Nation des Orients und vielleicht ganz Europa's genannt werden können. Jeder Reisende, der die politischen Verhältnisse und das soziale Leben in Serbien aufmerksam betrachtet, bekommt unwillkürlich den Eindruck, dass dieser Staat eine rein demokratische Republik sei, an dessen Spitze sich jedoch statt eines Präsidenten, ein König befindet.

Diese Republik unterscheidet sich jedoch von der europäischen Demokratie wesentlich dadurch, dass sich der Serbe freiwillig dem Oberhaupte jener Familie unterordnet welcher er angehört, ein Umstand, welcher die Organisation von grösseren Gemeinden wesentlich erleichtert und solid begründet.

Die so eifersüchtig gehütete Gleichheit aller Bürger des Staates manifestirt sich aber nicht darin, dass sich die Serben alle für geringwerthig oder unedel halten; sondern sie glauben vielmehr, dass sie alle Edelleute in gewissem Sinne sind. Deshalb lehnten sich auch die Serben gegen jedes Joch, das ihnen je aufgezwungen wurde, stets auf und wurden Rebellen.

Die Energie des Serben erwacht nicht plötzlich; vielmehr vollführt er die schwierigsten Unternehmungen ohne äusserlich besonders wahrnehmbare Gemüthsbewegung und scheinbar mit dem grössten Gleichmuthe.

Die Serben sind eher gross als klein, breitschultrig, selten beleibt, deren Augen zumeist ausdrucksvoll, die Nase und überhaupt das Gesichtsprofil scharf geschnitten, die Haare sind meist braun, oft auch blond, aber nur selten vollkommen schwarz. Die serbischen Land- und Gebirgsbewohner tragen nur Schnurrbärte, wogegen die griechisch-orientalische Geistlichkeit nur Vollbärte trägt.

Sowohl Männer als Frauen tragen als Kopfbedeckung den rothen Fez, wovon natürlich die Bewohner der Städte eine Ausnahme machen, weil dort schon die europäischen Trachten nach und nach Eingang finden.

Auf dem Lande würde vor zwanzig Jahren ein Jeder ausgelacht und verspottet worden sein, wenn er es gewagt hätte einen „Scheschir“ (Hut) aufzusetzen.

Die Serben sind ein sehr aufgewecktes und intelligentes Volk von rascher Auffassung, weshalb auch die Hebung der allgemeinen Bildung im Lande rasche Fortschritte macht.

Die kriegerischen Tugenden der Serben, insbesondere der Gebirgsbewohner sind bekannt und wurden selbst von den Byzantinern gerühmt, welche die Slaven immer sehr strenge beurtheilten. Bei den Bewohnern der Städte und bei den besonders gutsituirten Landleuten in den fruchtbaren Ebenen macht sich allerdings eine gewisse Verweichlichung bemerkbar; auch kann von einer strammen Disziplin im Heere im westeuropäischen Sinne wohl nicht die Rede sein, bei einem Volke von Demokraten, wo sich alle Staatsbürger für absolut gleich halten.

Die grosse Masse der noch unverfälschten Serben ist aber im weitesten Sinne des Wortes vollkommen kriegstüchtig.

Der Serbe ist mässig, ausdauernd in Ertragung von

1*

Strapazen jeglicher Art, muthig und unerschrocken; dabei beseelt von einer schwärmerischen Liebe zu seinem Vaterlande und erfüllt vom glühendsten Hasse gegen die Türken, die grausamen Bedrücker seiner Voreltern. Der Ausdruck „Turek" (Türke) gilt als ein stärkeres Schimpfwort als das Wort „Haiduk" (Räuber); während der Ausdruck „Schwaba" (Deutscher) nur eine gewisse Missachtung, vereint mit geringschätzendem Bedauern für die damit bezeichnete Person bedeutet.

Der Krieg bringt dem unverfälschten Serben des Gebirges in seiner gewohnten Lebensweise fast gar keine Veränderung, denn sein Alltagsleben gleicht ohnehin schon jenem eines Kriegers im Felde. Er trägt stets seine kurzen Waffen (Handschar und Pistolen) im Gürtel; hingegen auf längeren Reisen — und in den an die Türkei grenzenden Landstrichen nimmt er selbst bei Kirchengängen sein geladenes Gewehr zu sich. Er lebt von der einfachsten Kost und schläft im Sommer und im Winter auf der Erde oder am Fussboden seiner „Kutscha" (Behausung), den er mit einer Strohmatte, oder im besten Falle mit einem Teppiche belegt.

Aus solchem Materiale lassen sich leicht gute Soldaten machen; nur muss die Disziplin mit ganz anderen Mitteln gehandhabt werden, als dies in den grossen europäischen Heeren der Fall ist. Aus diesem Grunde verstehen sich auch fremdländische Offiziere und Truppenführer nur in den seltensten Fällen die nöthige Autorität, am allerwenigsten aber Beliebtheit zu verschaffen.

Der demokratische Sinn ist selbst im Milizheere Serbiens so stark ausgebildet, dass der gemeine Soldat sich von seinem Offizier nur sehr ungern als Bursche verwenden lässt. Vor zwanzig Jahren war es den Offizieren der stehenden Armee, geradezu verboten, sich von einem ihrer Soldaten bedienen zu lassen; sie mussten sich vielmehr von dem hiefür eigens zugewiesenen Geldbetrage, — einen

Civil-Diener halten, was dann in der Regel zwei bis drei
Offiziere gemeinsam thaten.

Es ist leicht begreiflich, dass in einem so veranlagten
Volke der Radikalismus wohl tiefe Wurzeln fassen konnte.

Obwohl, nach alter orientalischer Sitte sehr gast-
freundlich, ist der Serbe doch sehr sparsam und auf seinen
Vortheil immer bedacht.

Dass der serbische Bauer jenem Skupschtina-Candidaten
lieber seine Stimme giebt, der ihm eine grössere Gemeinde-
Autonomie und insbesondere eine bedeutende Verminderung
der Steuern verspricht, als einem anderen, ist wohl selbstverständlich. Mit diesen Mitteln arbeitete aber bisher und
zwar mit recht gutem Erfolge, die, nunmehr vom Staatsruder entfernte, radikale Partei.

Nachdem aber der Radikalismus, welcher solche Vortheile in Aussicht stellte, bei dem seine Paras (Heller)
sorgsam zusammenhaltenden Landvolke Serbien's begreif-
licher Weise sehr viel Anklang gefunden haben dürfte; so
ist es nicht unwahrscheinlich, dass sich der grösste Theil
desselben nach dem jetzigen Staatsstreiche, in dem der
königlichen Regierung feindlichen Lager der Radikalen befinden dürfte.

Dagegen könnte nur eine Aufklärung der Massen und
eine weise Mässigung seitens der Regierung helfen, um
dem sonst drohenden Ausbruche blutiger Wirren im Inneren
des Landes vorzubeugen.

Sollten aber die Letzteren nicht vermieden werden
können, dann würde dies für die Dynastie Obrenovich
leicht eine Existenzfrage bedeuten.

Die Sitten und Gebräuche der Serben erinnern in
vielen Punkten an das, was uns über das häusliche und
gesellschaftliche Leben im klassischen Griechenland über-
liefert worden ist.

Auch diese findet man in den Gebirgsthälern, weit ab
von den grossen Pulsadern des Verkehres, primitiver und

reiner erhalten, als in den Städten längs der Eisenbahn und an der Donau.

Wir sagten schon, dass eine der schönsten Sitten aller Südslaven die im ganzen Oriente geübte Gastfreundschaft ist.

In Serbien bietet der Hausherr dem Fremden den Ehrenplatz an seinem Heerde an, er frägt ihn über Dieses und Jenes um Rath und bleibt seinem Gaste vollkommen zur Verfügung.

Alsbald nach der ersten Bewillkommnung wird dem Gaste in einem mehr oder weniger werthvollen Kristall-Gefässe das „Slatko" (eingekochte Früchte) und ein Glas Wasser zur Erfrischung gereicht; kurze Zeit später folgt schwarzer, auf orientalische Art bereiteter, Kaffee und ein Gläschen „Slivowitza" (Pflaumen-Branntwein). In der Regel reicht diese Erfrischungen die Hausfrau persönlich herum und will häufig genug, — nach hergebrachter morgenländischer Sitte, — dem Gaste ihres Gatten bei der ersten Begrüssung die Hand küssen.

Diese Volkssitte und der weitere Umstand, dass die Frau an dem Gespräche der Männer nicht theilnehmen darf, sondern sich nach der erwähnten ersten Bewirthung des Gastes wieder aus dem Gemache entfernen muss; dies Alles berührt den Westeuropäer sehr peinlich.

Die Kinder hingegen dürfen sich dem Fremden nähern und sind sehr zutraulich.

Im scharfen Gegensatze zu dieser Behandlung der Frauen steht das Benehmen des Serben gegenüber denjenigen Personen, die bei ihm Dienste leisten; wobei aber wie schon früher erwähnt, — bemerkt werden muss, dass die einheimischen Serben sich in der Regel nie als Knechte oder sonstige Diener verdingen.

Beinahe alle Dienstleute der Städtebewohner, Hotels u. dgl. sind ungarische oder auch österreichische Staatsangehörige.

Der Orientale — und die Masse des serbischen Volkes

ist noch stark orientalisch — nennt unsere Art die Dienstleute zu behandeln, Tyrannei und kann absolut unsere
Theilung in Gesellschaftsklassen nicht begreifen.

Thatsächlich ist in diesem Lande, wo jeder Bauer mit
dem Minister auf dem Fusse voller Gleichheit verkehrt,
diese patriarchalische Einrichtung ganz am Platze.

Die Mahlzeiten werden dem Gaste in der Regel auch
nur in Gegenwart der männlichen Mitglieder der Familie
(Zadruga) aufgetragen; wobei noch häufig die Schüsseln
auf einer etwa fünfzehn Centimeter hohen Tischplatte auf
den Fussboden gestellt werden, worauf sich die Tischge-
nossen rings um dieselbe mit unterschlagenen Beinen
niederlassen.

Getrunken wird nur vor der „Kissela tschorba" (Eine
stark mit rothem Pfeffer versetzte dicke Rahm-Suppe,
welche Stücke von Schaf- und Ziegenfleisch enthält) und
zwar ein Gläschen Sliwowitza und sodann am Schluss der
Mahlzeit, wo meist feuriger serbischer Wein (rother aus
der Gegend von Njegotin oder aus der Zuppa, südlich
Kruschewatz) kredenzt wird. — Während des Essens trinkt
der Serbe nicht.

Betten findet der Fremde beim Landbewohner nicht;
dagegen haben aber die Meisten eine Art Prunkgemach
mit einem längs den Wänden fortlaufenden Divan, auf
welchem sich der Gast zur Ruhe niederlegt.

Wenn man auf seiner Reise die vom Staate erhaltenen
Chausseen nicht verlässt, so findet man in den auf je
6 bis 8 Kilometer von einander entfernten „Mehanen"
(Strassen-Wirthshäusern), welche bezüglich ihrer Reinlich-
keit und der behördlich festgesetzten Tarife streng überwacht sind, ein reinliches Bett nach abendländischer Art
und eine Table d'hôte, bei welcher in der Regel der Wirth
selbst den Vorsitz führt.

Man kann in solchen Mehanen nach drei Klassen
wohnen und sich verpflegen. Vor zwanzig Jahren kostete
eine solche Pension per Tag und Nacht etwa 10 bis 12

„Gruschi" (türkische Piaster zu 10 Kreuzer Oe. W.), somit
beiläufig 1 bis 1¼ Gulden oder rund 2 Mark, beziehungsweise 3 Franken.

Damals waren wohl noch sehr billige Zeiten; aber
selbst wenn sich die Preise seither verdoppelt haben sollten,
so wäre das Reisen im Innern des Landes noch immer aus-
nehmend billig zu nennen.

Die Sitten und Gebräuche sind in der Regel im
innigsten Zusammenhange mit der Religion des Volkes;
häufig aber — und dies gilt insbesondere von den so lange
von der civilisirten Welt abgeschlossenen Südslaven —
findet man noch zahlreiche Ueberreste altslavischer und
altgriechischer Gebräuche bei denselben.

Im Allgemeinen haben die dem Naturzustande des
Menschen noch viel näher als andere europäische Völker
gebliebenen Gräko-Slaven in ihren Sitten noch viele Spuren
des antiken Lebens behalten; desgleichen besitzen sie viel
primitive Poesie und huldigen sehr dem Aberglauben.

Der Glaube an den Talisman ist ein fast allgemeiner.

Die Slaven tragen häufig in ihren Taschen rothen
Pfeffer, um sich vor dem „bösen Blick" zu bewahren. Aus
diesem Grunde soll es ehemals den Gyaurs (Christen) in
den türkischen Provinzen auch verboten gewesen sein, die
ottomanischen Fahnen und Standarten zu betrachten.

Es ist selbstverständlich, dafs im theokratischen Oriente,
wo die Religion noch immer die Basis der Sitten geblieben
ist, alle Nationalfeste zugleich kirchliche Feste sind. Die
grössten dieser Festtage sind das Weihnachts-, das Wasser-
weihe- oder Jordans- und das Oster- oder Auferstehungs-
Fest.

Während der sogenannten heiligen Woche hören alle
Feindseligkeiten auf.

Am Dienstag nach Ostern begeben sich alle Gläubigen
auf die Begräbnissstätten. Man beleuchtet die Gräber mit
Kerzen und Lämpchen und der Tag vergeht mit Trauer-
gebeten, welche mit laut klagender Stimme gesprochen

werden. — Abwechselnd mit den Gebeten werden den Verstorbenen oft sehr exaltirte Lobreden gehalten; indem man Alles, was sie bei Lebzeiten gethan haben, laut anpreist — und um ihr edles Blut fortzupflanzen, sucht man dementsprechende eheliche Verbindungen anzuknüpfen. Zum Schlusse werden thatsächlich zahlreiche Heirathen und sogenannte „Probratstwo's (Brüderlichkeiten) beschlossen.

Diese letztere Gepflogenheit, welche in ganz Europa nur die christlichen Slaven und Griechen der Balkanhalbinsel beibehalten haben, besteht darin, dass man jene Person, für die man eine besondere freundschaftliche Zuneigung fühlt, bei solch' feierlichem Anlasse vor Zeugen als Bruder oder Schwester gewissermassen adoptirt. Während der hierbei stattfindenden Ceremonie, bei welcher der Priester ähnlich wie bei einem Ehebündnisse den Segen spendet, reichen sich die beiden Freunde, über dem Grabe des Vaters eines der Beiden, die Hände und schmücken sich das entblöfste Haupt mit einem Kranz aus frischen Blättern. Nach beendeter Ceremonie besiegeln Beide das freiwillig geschlossene Bündniss mit einem Kusse; wodurch nun der Eine dem Andern: „Pobratim" — etwa Adoptiv- oder Wahl-Bruder wird, während die Eltern des anderen Theiles: „Pootschim" und „Pomaïka" — Adoptiv-Vater und -Mutter werden.

Die so vor Gott und den Menschen verbundenen „Pobrati" sind verpflichtet, sich mit all' ihren Mitteln und Kräften bei jeder Gelegenheit zu helfen und beizustehen, und zwar für die Dauer eines Jahres; wonach dasselbe Freundschaftsband erneuert wird; falls man es dann nicht vorzieht, der Adoptiv-Bruder eines Anderen zu werden.

Dieses freiwillig geknüpfte Freundschaftsband ist dem Serben so geheiligt, dass er beispielsweise zur Bekräftigung irgend einer Aussage nicht höher zu schwören weiss, als auf seinen Adoptiv-Bruder und auf die Freundschaft und Liebe, die er für ihn hegt.

In verschiedenen Gegenden Griechenlands hat diese Institution der Adoptiv-Bruderschaft (Syn-adelphotis) einen noch viel ritterlicheren Charakter und verbindet die Beiden auf Leben und Tod. Sie garantiren einer dem Anderen unter allen Umständen Gut und Leben und werden unzertrennlich, wie einst Orestes und Pylades.

Der Aberglaube ist im serbischen Volke noch sehr stark verbreitet. Zahlreiche Legenden existiren von Seelen, welche verdammt sein sollen nach dem Tode noch auf der Erde umher zu irren, um ihre Sünden abzubüssen und dass sich diese irrenden Seelen zeitweise wieder begraben lassen, um dann als „Vukodlak" (eine Art Vampir) im Grabe weiter zu leben. — Der „Vukodlak" soll in seinem Grabe mit offenen Augen schlafen, den Blick nach einem Punkte fixirt; wobei ihm die Nägel und die Haare wachsen und heisses Blut seine Adern durchströmt.

Während der Vollmondsnächte verläfst der Vukodlak sein Grab und saugt den Lebenden das Blut aus.

Sobald ein Verstorbener im Verdachte steht, in dieser Weise sein Grab zu verlassen, so wird er feierlich exhumirt. Wenn an dem Leichname die Fäulniss sichtbar ist, so begnügt sich der Pope, ihn mit Weihwasser zu bespritzen, wenn er dagegen roth oder gar blutig ist, wird er beschworen und abermals begraben. Damit er seinen Sarg aber nicht wieder verlassen könne, wird ihm ein Pfahl oder grofser Nagel durch die Brust geschlagen.

In älteren Zeiten durchlöcherten die Serben einem solchen Todten den Schädel mit Flintenkugeln und verbrannten häufig auch noch dessen Leichnam. Heutzutage hat man im Allgemeinen auf diese grausame Rache verzichtet; auch ist sie vom Gesetze streng untersagt. Nichtsdestoweniger lebt aber der Glaube — oder vielmehr Aberglaube — vom Vukodrak nicht nur im Landvolke, sondern auch in manchen Städten fort.

So sahen wir in der Stadt Valjevo an einem schönen Maitage des Jahres 1874 das Leichenbegängniss eines er-

wachsenen, hübschen Mädchens an unseren Fenstern vor-
beiziehen. Voran schritten vier Leidtragende, welche den
abgehobenen Sargdeckel trugen, während weiter rückwärts
im Zuge die Leiche im offenen Sarge, und zwar derart
tief gesenkt getragen wurde, dafs deren wachsbleiche
regelmässigen Gesichtszüge von Jedermann gesehen werden
konnten. Auf unsere Frage, warum man den Sarg nicht
verschlossen zum Friedhof trage, antwortete uns ein
hochgestellter Würdenträger, dass dies zur Beruhigung der
Bevölkerung geschehe; damit sie sehe, dass die Verstorbene
thatsächlich todt sei und nicht mehr auferstehen könne.
— Es seien zwar die Begräbnisse bei offenem Sarge schon
gesetzlich untersagt; man dulde aber diese althergebrachte
Sitte noch in manchen Gegenden, um das Volk nicht zu
irritiren, welches noch immer an die Existenz des „Vukodrak" (Vampyr) glaubt.

Ein sehr populäres Fest ist jenes des heiligen Georg,
gegen Ende April. Dieser Heilige gilt als der Schutzpatron
aller slavischen Stämme und als Beschützer der Bodenkultur.

Am Vorabende des Georgfestes pflücken die verhei‹
ratheten Frauen Frühlingskräuter und werfen sie in das
Wasser, welches sie unter dem Rade einer Mühle geschöpft
haben, weil sie das Rad als Symbol des vollendeten
Glückes betrachten.

Am nächsten Tage waschen sie sich bei Anbruch der
Morgenröthe mit diesem Wasser, dann befestigen sie sich
frische Bouquets im Gürtel und einzelne Blüthen hinter
den Ohren. So geziert begeben sie sich in die Kirche.

Am Morgen des Georgfestes läfst auch jeder Familien-
vater vor seiner Hausthüre das Blut eines frischgeschlach-
teten Lammes fliessen, worauf das im Ganzen am Spiesse
gebratene Lamm beim feierlichen Mittagsmahle gemeinsam
verzehrt wird.

Von diesem Tage an, pflegt der serbische Landmann
in der Regel nur mehr vor seinem Hause, entweder unter

seiner Veranda (Tschardak) oder auch ganz unter freiem Himmel zu schlafen.

In seinen Augen ist der vom heiligen Ritter Georg getödtete Drache thatsächlich der nunmehr überwundene düstere und eisige Winter.

Auch finden am Georgsfeste Volksfeste im Freien statt und in früherer Zeit wurden an diesem Tage bei den freien slavischen Stämmen der Türkei die grossen Nationalversammlungen abgehalten.

Man versammelt sich in der Regel bei einem besonders berühmten Kloster oder auch nur bei einer Kirche. Oft strömt das Volk, insbesondere die Händler, aus einer Entfernung von 50 bis 60 Wegstunden herbei.

Der erste Tag ist dem Festgottesdienste gewidmet; der Anfang und das Ende der feierlichen Handlung wird durch Gewehrsalven verkündet. Man bringt die Nacht im Freien rings um das Kloster zu; man betet, beratschlagt sich mit den „Komschia's" (Nachbarn) aus der Ferne, die Jugend tanzt und ausserdem besingt das Volk zwei Dinge, welche sich der Orientale nicht von einander getrennt zu denken vermag, nämlich: „Gott und das Vaterland."

Allerdings geht auch die Sliwowitz-Flasche fleissig von Hand zu Hand; auch werden ganze Schafe oder Ziegen im Freien am Spiesse gebraten und von der auf dem Rasen sitzenden Gesellschaft verzehrt. Die meist in der Nähe befindlichen Friedhöfe werden stellenweise mit kleinen Fähnchen oder auch nur mit farbigen Tüchern geschmückt; und um gleichsam die trauernden Manen zu erfreuen, führt man über ihren Gräbern verschiedene Spiele auf.

Unterdessen diskutieren die Greise über Politik und verschiedene andere Dinge. Das Tanzvergnügen besteht hauptsächlich in der Aufführung des „Kolo"-Tanzes (Kreis-Tanz), wobei die Tänzer ihren Nachbarn vorne beim Gürtel halten und bei der Fortbewegung des Kreises immer mehr Tänzer und Tänzerinnen mit sich fortreissen. Der Kolo-

Tanz soll ein nur wenig veränderter National-Tanz der alten Athener sein.

An einer anderen Stelle sitzt in irgend einer Mauer-Ecke oder an einem Baume ein alter Sänger von Helden-Liedern, welcher seinen Gesang durch die monotonen Klänge seiner „Gusla" (eine Art Geige mit meist nur einer Saite) begleitet.

Diese Gesänge verherrlichen am häufigsten die Helden-thaten des Kraljewitsch Marko (Königssohn Markus) oder sie handeln von den Erlebnissen irgend eines Haiduken.

Die Haiduken sind dasselbe, was die Klephten in Griechenland sind. Eigentlich Räuber, sind sie aber doch bei ihren eigenen Landsleuten sehr populär, weil sie zur Zeit der Türkenherrschaft die Bedrückten gegen ihre oft sehr grausamen Zwingherren in Schutz nahmen und zum Zweck ihres Lebensunterhaltes meist nur die Türken oder fremde Reisende ausplünderten.

Aus diesem Grunde war es der osmanischen Polizei selten möglich, der Haiduken habhaft zu werden, weil diese im eigenen Landvolke stets Helfershelfer und Kund-schafter fanden, die sie rechtzeitig vor der Gefahr warnten.

Noch heutzutage finden sich in den felsigen Schlupf-winkeln des südwestlichen Grenzgebietes, wo sich das viel-besungene, herrliche Alpen-Plateau des „Zlatibor" aus-dehnt, einzelne Haiduken vor, welche — auf ihre Popu-larität beim Landvolke bauend — mitunter sich direkt an den König wenden, um in den Kreis ihrer Mitbürger wieder frei und ungehindert zurückkehren zu dürfen. Ein ähnlicher Fall widerfuhr vor nicht langer Zeit dem jungen Könige Alexander, als er die Gegenden des „Zlatibor" bereiste; indem ein bis an die Zähne bewaffneter Mann plötzlich an seinen Wagen trat, sich als „Haiduk" zu er-kennen gab und um die königliche Bewilligung zur freien Rückkehr in sein Heimathsdorf bat.

I. Kapitel.

Kurzgefasste, geschichtliche Uebersicht, — Befreiung vom
Türkenjoche, — Fürst Milosch, — Karagjorgjevics, —
Mihail, — Milan und Alexander.

———

Zu Anfang unserer Zeitrechnung bildete das heutige
Serbien die kurz vor Christi Geburt unterworfene Provinz
Moesia superior. Es entstanden schon damals mehrere
Städte längs dem Donaustrome und dem Morawaflusse,
welche bald zu Wohlstand gelangten.

Während der Völkerwanderung überzogen nacheinander
die Hunnen, Ostgoten und Longobarden das Land.

Im Jahre 550 gelangte es unter die Herrschaft des
byzantinischen Kaisers Justinian; worauf bald die Avaren
das Land verwüstend durchzogen und es zu einer Einöde
machten.

Die heutigen Serben wanderten in diesen ganz ver-
wüsteten Landstrich erst um das Jahr 638 ein und von
ihnen erhielt dieses Gebiet den Namen Serbien, welches
damals auch Bosnien, Hercegovina, Montenegro und Alt-
serbien in sich begriff.

Die Serben erkannten die Oberhoheit der oströmischen
Kaiser an und bekehrten sich schon im achten Jahrhunderte
zum Christenthum. Ihr Oberhaupt hiess Ober- oder Gross-
Zupan, später Zar und längere Zeit auch Kral (König)

Gegen Ende des neunten Jahrhunderts bemächtigten

sich mehrere Male die Bulgaren der Herrschaft in Serbien, wurden aber stets wieder vertrieben.

Die zeitweise errungene Selbständigkeit Serbiens wurde im Jahre 934 durch die Oströmer wieder gebrochen, worauf das Land abermals den byzantinischen Kaisern gehorchte; bis „Stephan Dobroslaw" im Jahre 1043 die Unabhängigkeit des Landes errang und auch die anderen Zupane unterwarf.

Sein Sohn Michael (regierte von 1050 bis 1080) nahm den Titel eines Krals (Königs) von Serbien an und liess sich denselben vom Papste Gregor VII. bestätigen.

Kriege mit Byzanz und innere Streitigkeiten vernichteten darauf das blühende Land bis sich im Jahre 1165 „Stephan Nemanja," nach abermaliger Befreiung vom byzantinischen Joche, zum Fürsten der Serben aufschwang. Derselbe begründete die Dynastie der „Njmaniden," welche das damals Gross-Zupanie „Rascia" und erst später „Serbien" genannte Reich durch zwei Jahrhunderte zu grosser Macht und Ansehen brachte.

„Stephan Duschan" (1331—1335) war nicht nur der grösste Herrscher dieser Dynastie, sondern der berühmteste aller serbischen Herrscher überhaupt. Ihm gehorchten auch Makedonien, Albanien, Thessalien, Nordgriechenland und Bulgarien.

„Stephan Duschan" nahm 1346 den Titel eines „Zar" (Kaiser) an, liess sich als solcher krönen und gab seinem Reich eine vortreffliche Organisation. Er sicherte in seinem 1349 erlassenen Gesetzbuche Freiheit, Leben und Eigenthum der Einwohner und begünstigte die Wissenschaft und den Handel.

Während er sein grosses Reich in Statthalterschaften abtheilte, die er den Mächtigsten unter seinem Volke anvertraute, vertheilte sein schwächerer Sohn Urosch V förmlich das Land unter die Fürsten, welche sich bald ganz unabhängig machten; wodurch die Macht des Serben-

Reiches gebrochen wurde. Auf diese Art verlor Serbien die Herzegowina im Jahre 1362. —

In Serbien hört man sehr viel von dem grossen Kaiser „Duschan" sprechen. Ueber diesen wichtigen Abschnitt der serbischen Geschichte hat Borchgrave vor Kurzem eine Studie geschrieben, der wir folgendes entnehmen.

„Stephan Duschan," der neunte Herrscher aus der Dynastie der Niemaniden, wurde 1308 in Skutari geboren. Sein Vater war der König Stephan Detschanski und seine Mutter Smilia die Tochter des Königs von Bulgarien. Noch als Prinz im Alter von 22 Jahren griff Stephan Duschan im Jahre 1330 seinen nahen Verwandten, den König Michael von Bulgarien an und besiegte ihn vollständig; weil dieser seine Frau Anna, Duschan's Tante, verstossen hatte, um die Schwester des byzantinischen Kaisers Andronikus III. Paläologus heirathen zu können.

Seinem eigenen Vater Stephan Detschanski warf er vor, dass er sich zu sehr um die Gunst des byzantinischen Hofes bewerbe; weshalb ihn Duschan entthronte.

Bald darauf wurde der in einem festen Platze gefangen gehaltene Vater meuchlings ermordet, jedoch soll dies ohne Wissen seines Sohnes Duschan geschehen sein, während eine andere Partei wieder behauptete, dieser habe den Befehl hierzu gegeben.

Am 8. September 1331 wurde Stephan Duschan gekrönt und nun begann er das von seinem Grossvater Militun Nemanja geträumte Ideal zu verwirklichen, nämlich die verschiedenen Völkerschaften der Balkanhalbinsel unter seinem Scepter zu vereinigen, um hierauf die griechischen Kaiser zu verjagen und sich sodann selbst die Krone des neuen morgenländischen Reiches in Byzanz aufzusetzen.

Er hatte schon alle von Serben bewohnten Gebiete, — mit Ausnahme von Bosnien, — in seinem Besitze.

Er bildete die Centralgewalt, die Ordnung und Sicherheit ermöglichten in seinem Staate eine Entwicklung, die der gleichzeitigen des Abendlandes kaum nachstand.

Die Schwester des neuen Königs von Bulgarien Helene, wurde die Frau Duschan's und mit ihr erwarb er sich die bulgarische Bundesgenossenschaft, welche während seiner 25 jährigen Regierung nur einmal getrübt wurde. Nun wendete er sich mit bewaffneter Hand gegen das byzantinische Reich, welches zu jener Zeit ungefähr nur das umfasste, was der heutigen Türkei seit dem Berliner Frieden (1878) auf dem Festlande Europa's verblieben ist.

Er besiegte die griechischen Heere und zwang 1334 im Frieden von Saloniki den Kaiser Andronikos, die ganze Westhälfte von Makedonien mit den Städten Ochrida, Prilep, Kastoria, Strumnitza, Zelesnitsa, (Dornihissar), Wodena und Tschemren abzutreten.

Im Jahre 1336 bemächtigte sich Duschan Albaniens bis Durazzo, 1337 eroberte er die Stadt Avlona, schliesslich erwarb er 1340 fast das ganze unabhängige Albanien bis nach Janina; so dass er nun auch einen Theil des adriatischen Küstengebietes besass.

Im Besitze der Meeresküste ging sein Streben dahin, freundschaftliche Beziehungen mit Venedig zu unterhalten, da dieses die wichtigsten Städte und Inseln Dalmatiens besass und trachtete womöglich mit demselben ein Bündniss abzuschliessen.

Begünstigt durch die Wirren zwischen dem byzantinischen Reichsverweser Cantacuzenius und dem jungen Kaiser Johann Palaeologus erlangte Duschan auch bald das östliche Makedonien, jedoch mit Ausnahme der beiden wichtigsten Städte Seres und Saloniki.

Die türkischen Schaaren unter Omur, welche Cantacuzenius gegen ihn ins Feld geschickt hatte, besiegte er aber dennoch und konnte hierauf, nach einer 18 monatlichen Belagerung, — im Jahre 1345 als Sieger in Seres einziehen. Hier liess er sich zum Kaiser ausrufen und sandte alsbald seine Vertreter nach Venedig, um daselbst ein Bündniss gegen Konstantinopel anzubahnen. Die klug berechnende Republik fürchtete jedoch die wachsende Macht eines solchen Bundesgenossen und lehnte den Antrag vorsichtiger Weise ab.

Am 13. April 1346 liess sich Duschan zu Uesküb, seiner gewöhnlichen Residenzstadt, feierlich zum Kaiser krönen und ernannte gleichzeitig den Erzbischof zu Ypek, Johann, zum ersten serbischen Patriarchen, das heisst zum Haupte der unabhängigen serbischen Kirche. Zur Krönungsfeierlichkeit waren, ausser den Statthaltern und Heerführern auch der bulgarische Patriarch von Tirnowo, die hohe Geistlichkeit aus den eroberten Provinzen und jene vom Berge Athos erschienen.

In Byzanz fühlte man sich nun zu schwach, um den Serben allein Widerstand zu leisten; deshalb verheirathete der im Jahre 1347 zum Kaiser ausgerufene Cantacuzenius seine Tochter an den Emir Urkhan, welcher ihm ein Hilfsheer von 10.000 Türken zuführte.

Duschan wagte sich noch nicht an Konstantinopel selbst heran und eroberte zunächst ganz Thessalien und den südlichen Theil des Epirus. Nur Saloniki widerstand ihm, obwohl er sich doch selbst den Titel gegeben hatte: „Stephanus, von Gottes Gnaden griechischer Kaiser."

Da trat ganz unverhofft ein neuer Gegner Duschan's auf. Stephan Krotomantitsch, der Banus von Bosnien liess sich durch den König von Ungarn dazu bestimmen, den Kaiser Duschan anzugreifen; wurde jedoch von diesem besiegt. Duschan verwüstete nun Bosnien, verleibte es theilweise seinem Reiche ein und die schöne Residenz des Banus (Statthalters) ging in Flammen auf.

Um mit Hilfe der Türken Konstantinopel erobern zu können, bot Duschan im Jahre 1351 seine Tochter dem Emir Urkhan als Gemahlin für einen seiner Söhne an. — Allein Kaiser Cantacuzenius von Byzanz wusste dieses Bündniss zu hintertreiben und Duschans Heer wurde von den türkischen Hilfstruppen der Griechen nächst Demotika vollständig geschlagen.

Diesen Zeitpunkt benutzte der König von Ungarn

Ludwig, um seinen Schwiegervater, den Banus von Bosnien an Duschan zu rächen und fiel verwüstend in Serbien ein.

Aber Duschan kam bald aus den Wäldern, in die er sich zurückgezogen hatte, hervor und trieb die Ungarn wieder über die Donau zurück.

Nun sandte er eine Gesandtschaft zu dem in der Verbannung lebenden Pabste Innocenz VI. nach Avignon, um ihm zu erklären, dass er, — das Haupt der morgenländischen Christenheit, — sich dem Pabste, als dem Haupte der abendländischen Kirche, freiwillig unterwerfe. Innocenz VI. verlieh Duschan dafür den Titel eines „Bekämpfers der Türken zum Schutze der ganzen Christenheit."

Venedig hatte ihm schliesslich, gegen Ueberlassung einiger Küstenstädte am adriatischen Meere auch ein festes Bündniss angeboten.

Als er nun an dem lange und sehnlichst ersehnten Ziele, nach 25 jährigem Ringen, angelangt war, raffte ihn der Tod hinweg.

Duschan starb am 20. December 1355 an einem bösartigen Fieber zu Jamboli in Thrakien, als er an der Spitze eines mächtigen Heeres sich gerade auf Konstantinopel werfen wollte.

Es ist zweifelhaft, ob ihm dies gelungen wäre; weil die mit den Byzantinern verbündeten Türken die Halbinsel Gallipoli besetzt hielten, somit in seiner rechten Flanke gestanden hätten.

Welche Aehnlichkeit mit der strategischen Situation während des letzten russisch-türkischen Krieges im Januar 1878; wo die Türken Konstantinopel und Gallipoli besetzt hielten, die englische Panzerflotte im Marmara-Meer ankerte und ein englisch-indisches Contingent auf Gallipoli landen sollte.

Um die verschiedenartigen Bestandtheile seines grossen Reiches zusammenzuhalten, hätte es entweder einer klug durchdachten und noch bei Lebzeiten Duschan's durchge-

führten, Centralisation bedurft, oder einer nachfolgenden
Reihe kraftvoller und begabter Herrscher.

Der Sohn Duschan's, Urosch V. war aber, wie schon
erwähnt wurde, ein Schwächling unter welchem das mächtige
Reich zerfiel. Er wurde nach 14jähriger Regierung im
Jahre 1369 ermordet und mit ihm erlosch die Dynastie
der Njemaniden.

Innere Wirren und Bürgerkrieg nagten nun an dem
Marke der Serben, bis sie nach weiteren zwanzig Jahren
am 15. Juni 1389 in der Schlacht am Kossowo-Polje
(Amselfeld), nach heldenmüthigem Kampfe gegen die Türken,
erlagen.

Nach der Ermordung Urosch' V. bestieg vorerst der
Wojwode Vukaschin den serbischen Thron; er kämpfte als
Verbündeter der Griechen gegen die Türken und eroberte
Saloniki, verlor aber 1374 gegen den türkischen Sultan
Murad I. an der Maritza nahe bei Adrianopel Schlacht und
Leben. Sein Sohn Marko Kraljevic unterwarf sich den
Siegern.

Nun bestieg der Knez (Fürst) Lazar den Thron. Ein-
sehend, dass er allein mit den Türken nicht fertig werden
könne, beeilte er sich möglichst schnell mit Ungarn und
mit Bulgarien ein Bündniss abzuschliessen. Sultan Murad I.
bekam jedoch durch Verrath hievon Kenntniss und liess
den Serben keine Zeit hiezu.

Er brach sofort mit einem starken Heere gegen sie
auf, eroberte gleichsam im Fluge Philippopel, Sophia und
Nisch*); wendete sich hierauf südlich gegen Alt-Serbien,
dem Mittelpunkte des alten serbischen Kaiserreiches, woselbst Lazar thatsächlich seine Streitkräfte sammelte.

---

*) Emil von Laveleye behauptet in seinem Werke „Die Bal-
kanländer, Leipzig 1888“, dass Murad auch Kruschewatz vorher eingenommen hätte; dagegen aber sprechen wichtige strategische
Gründe, die man mit einem Blicke auf die Karte erkennt, und
weiters versichern andere Historiker, dass Lazar vor der Schlacht
am Amselfelde, seine Heerführer in Kruschevatz versammelt hatte.

Auf der weiten Ebene des Kossowo polje (Amselfeld) standen sich die beiden gewaltigen Heere gegenüber. Zu den Serben waren nur 20.000 Bosnier unter Vlatko Hranitsch gestossen; während auf türkischer Seite auch verschiedene christliche Heerführer — theils Serben, theils Bulgaren — als Vasallen des Sultans, sodann auch die Söhne des vorigen Beherrschers von Serbien Vukaschin selbst, nebst mehreren Anderen für die Sache des Halbmondes fochten.

Leider haben sowohl die Kaiser von Byzanz, als auch die serbischen Herrscher in ihren gegenseitigen Kriegen niemals gezögert, abwechselnd mit den Türken Beziehungen zu unterhalten; wodurch ein folgenschweres Beispiel gegeben wurde.

Selbst in diesem Augenblicke, der die Zukunft Serbiens entscheiden sollte, gab es im serbischen Lager Verräther und Lazar wusste nur nicht sicher, welcher von seinen beiden Schwiegersöhnen — ob Milosch Obilitsch oder Vuk Brankowitsch — der Verräther und Abtrünnige sei.

Die Türken verbrachten betend die dem Schlachttage vorhergehende Nacht. — Ein mohammedanischer Geschichtsschreiber berichtet, dass der Sultan lange und inbrünstig gebetet habe, Allah möge ihn der Gnade würdigen, für den Islam sterben zu dürfen.

Die christlichen Gegner dagegen sollen die ganze Nacht getrunken und Stricke gedreht haben für ihre künftigen Gefangenen.

Während am frühen Morgen des 15. Juni 1389 die beiderseitigen Heere gegeneinander zum Kampfe vorrückten, verlangten drei der vornehmsten Serben (drei Pobratim's oder Adoptivbrüder), — unter ihnen Milosch Obilitsch, Lazars Schwiegersohn, — vor den Sultan geführt zu werden.

Dieser empfing sie, trotz der schon begonnenen Schlacht, mit besonderer Auszeichnung, weil er vielleicht meinte, sie wollten zu ihm übertreten. Milosch that, als ob er dem Sultan den Fuss küssen wollte und als sich Murad über ihn beugte, stiess er ihm einen Dolch in den Leib. Als sich nun die Begleiter des Grossherrn auf ihn warfen und ihn fesseln wollten, setzte ihnen Milosch einen verzweifelten Widerstand entgegen und wurde erst, nachdem er Wunder der Tapferkeit vollführt hatte, zum Gefangenen gemacht. — Murad I. lebte noch bis zum Abende dieses Tages.

Der Sieg schien während der ersten Hälfte des Tages den Serben zufallen zu wollen; gegen Mittag jedoch verliess der zweite Schwiegersohn Lazar's der verrätherische Vuk Brankovics mit seinen 12000 Kriegern das Schlachtfeld; wodurch die Türken Herren desselben wurden. Lazar hielt mit den ihm treu gebliebenen Kriegern noch bis zum letzten Augenblicke mit unbeugsamem Muthe und unerschütterlicher Tapferkeit aus. Da stürzte Lazar im Kampfgewühle sammt seinem Pferde unversehens in eine Grube und wurde gefangen genommen.

Noch am Abende wurden im Angesichte des sterbenden Sultans, sowohl Lazar, als sein heldenmüthiger Schwiegersohn Milosch und die angesehensten der gefangenen Serben, enthauptet.

Auf dem Amselfelde wurde die serbische Unabhängigkeit für vier lange Jahrhunderte vernichtet; denn der Nachfolger Murad's I., Sultan Bajesid theilte das Land zwischen Lazar's Sohn Stephan und dem Verräther Vuk Brankovics, welche beide den Türken Tribut zahlen und Heeresfolge leisten mussten. Letzterem folgte 1425 sein Neffe Georg Brankovics in der Herrschaft, welcher mit den Ungarn ein Bündnis schloss, um das türkische Joch abzuschütteln. Vom folgenden Sultan Murad II. besiegt und vertrieben, erhielt er jedoch durch die Siege Johann Hunyadi's (bei den Serben noch jetzt „Janko" genannt), in dem zu Szegedin 1444 geschlossenen Frieden, sein Land wieder zurück.

Im Jahre 1458 überschwemmte Sultan Mohammed II. das Serbenland neuerdings und machte der Herrschaft der serbischen Fürsten ein grausames Ende. Eine Menge der angesehensten Familien wurde völlig ausgerottet, andere flüchteten nach Ungarn und gegen 200 000 Menschen wurden in die Sklaverei geschleppt und das Land in eine „türkische Provinz" verwandelt.

Da jedoch die Türken das Land hauptsächlich nur militärisch besetzt hielten, hingegen aber kein Landbesitzthum in Anspruch nahmen; so vermochten die Serben die Eigenthümlichkeiten ihres National-Charakters, ihre Sprache und Sitten zu retten und bewahrten auch ihre Religion sowie die stets frisch erhaltene Erinnerung an ihre Heldenzeit.

Erst 260 Jahre später geschieht der Serben in der Weltgeschichte wieder Erwähnung. Durch den Frieden von Poscharewatz (21. Juli 1718) kam nämlich Serbien, mit dem Banat und dem grössten Theile von Bosnien, an Oesterreich. Jedoch vermochte sich das österreichische Regime bei den Serben keine Sympathien zu erringen und in dem für Kaiser Karl VI. so unglücklichen Kriege 1738 bis 1739 trugen sogar die Serben selbst wesentlich zur Wiederherstellung der türkischen Herrschaft bei.

Diese lohnte aber die serbische Anhänglichkeit durch die Grausamkeiten aufrührerischer Janitscharen so schlecht, dass sich die Serben zur Zeit des von Joseph II. und Katharina II. (1788—1790) unternommenen Türkenkrieges wieder zu Gunsten Oesterreichs erhoben.

Im Jahre 1801 bemächtigten sich die Dahis, — Anführer der Janitscharen, — der Regierung und liessen die Gemeindeoberhäupter, sowie die angesehensten Bewohner Serbien's ermorden.

In Folge dessen brach 1804 ein allgemeiner Aufstand aus, der seinen Hauptherd in dem Waldgebiete um Krgujevatz, in der sogenannten „Schumadia," hatte.

An die Spitze der Bewegung stellte sich Georg Petrovitsch, auch der „Schwarze" Georg (türkisch: „Kara Djordje") genannt.

Eine Reihe glücklicher Gefechte befreite das Land von

den Janitscharen, so unter anderen der Sieg bei Tschupria
im September 1804, und am 23. Februar 1807 wurde sogar
Belgrad erstürmt.

Nun wurde der erste Senat zusammenberufen; aber
schon beginnt der Parteihader das Land zu durchwühlen.
Insbesondere sind die Zwistigkeiten zwischen Kara Djordje
und dem Senatspräsidenten Mladen für das Wohl des
Landes äusserst schädlich geworden.

Die Partei des Letzteren will sich unter den Schutz
Russlands stellen, die anderen wollen dies jedoch nicht,
um in kein neues Abhängigkeits-Verhältniss zu gerathen
In Folge dessen tritt auch Russland im Friedensschlusse
mit der Türkei (1806) für die Sicherheit des jungen Staates
nicht genügend in die Schranken. Es schürt vielmehr
zwischen den beiden Parteien, um [sich unentbehrlich zu
machen.

Die von Seite Russlands unter der Bedingung ange-
botene militärische und diplomatische Hilfe, dass Serbien
dessen Oberhoheit anerkennen solle, verweigerte das
freiheitsliebende Volk und schlug in den Feldzügen 1809
und 1810 die neuerdings in das Land eingerückten ottomanischen Truppen, — fast ohne russische Unterstützung,
— zurück.

In dem am 28. Mai 1812 zu Bukarest abgeschlossenen
Frieden ist es hauptsächlich dem russischen Einflusse zuzuschreiben, dass den Serben nur nichtssagende Begünstigungen gewährt wurden; als: allgemeine Amnestie, eigene
innere Verwaltung, dagegen sollte das Land tributpflichtig
bleiben und die Festungen wieder an die ottomanischen
Truppen übergeben werden.

Thatsächlich gewährten jedoch die Türken, statt der
Amnestie nur die Auswanderung aller Missvergnügten und
forderten mit der Rückgabe der Festungen gleichzeitig
auch die Ausfolgung aller Waffen und Kriegsvorräthe.
Ueberdies verlangten die Türken die Aufnahme der ver-

triebenen Osmanen und Wiedereinsetzung derselben in ihre
alten Besitzthümer.

Um diesen Forderungen mehr Nachdruck zu verleihen,
rückten die Türken im Jahre 1813 unter Churschid Pascha
von drei Seiten in das Land ein, nämlich über die Donau
(von der Wallachei aus), längs der Morawa und über die
Drina (aus Bosnien). Kara Djordje liess sich verleiten, seine
Kräfte zu theilen und so wurden sie dann nacheinander
von den Türken aufgerieben.

Der Uebertritt Kara Djordje's auf österreichisches
Gebiet (15. Oktober 1813) hatte die völlige Auflösung
der serbischen Streitmacht zur Folge.

Nun sammelte Milosch Obrenovitsch einige Tausend
Streiter um sich und erfocht im Jahre 1815 mit seiner
kleinen Schaar auf der Ebene der „Matschwa" (östlich der
Mündung der Drina in die Save) über den aus Bosnien
eingedrungenen Reschid Pascha einen blutigen Sieg und
verjagte den von Süden anrückenden Ali Pascha, wodurch
das Land vom Türkenjoche abermals erlöst wurde.

Kara Djordje kehrte nun wieder in sein Heimathland
zurück, büsste aber bald sein Leben durch Meuchelmord im
Hause des Wuitza, Bürgermeisters von Smederwo, ein. Auf
wessen Veranlassung dies geschehen ist, darüber lässt die
Geschichte Serbiens höchstens Vermuthungen zu. Milosch
soll daran unschuldig sein.

Nun wurde „Milosch Obrenovitsch" am 6. November
1817 zu Belgrad in einer Versammlung von Vertrauens-
männern aus dem Volke und den vornehmsten kirchlichen
Würdenträgern zum „Fürsten von Serbien" ausgerufen
und von der hohen Pforte als solcher anerkannt. Dies geschah durch den Ferman vom Jahre 1820 und wurde noch
weiters durch den Frieden von Adrianopel vom 14. September 1829 bestätigt.

Hiedurch wurde den Serben das Recht zugestanden,
ihren Fürsten selbst zu wählen, ihr Land frei zu verwalten,
die Gerechtigkeitspflege auszuüben und eigene Steuern zu

erheben. Dafür musste sich aber Serbien verpflichten an
die Pforte einen fest bestimmten Jahres-Tribut zu ent-
richten.

Nun wurden Dankschreiben an den Zar, — den „gross-
herzigen Beschützer Serbiens" und an den Sultan abge-
sandt. — Jedoch die Machenschaften russischer Sendlinge
arbeiteten den friedlichen Bestrebungen des Volkes entgegen und wiegelten den Senat gegen Milosch auf. Mittlerweile hatte sich Milosch am 31. August 1830 (Manche
sagen: durch Bestechung?) einen Berat (Lehnsbrief) in
Konstantinopel verschafft, welcher ihn als „e r b l i c h e n"
Fürsten von Serbien bestätigte.

Die letzten mit der Pforte noch obschwebenden Differenzen wurden durch die Hattischerifs vom 6. Juni und
4. Dezember 1834 erledigt; womit die Türken die sechs
von Serbien losgerissenen Distrikte zurückgaben, den Aufenthalt der Türken auf Belgrad beschränkten und den an die
Pforte zu zahlenden jährlichen Tribut endgiltig festsetzten.

Fürst Milosch regierte nun mit Hilfe seiner Anhänger,
wie die Einen sagten: mit heilsamer Strenge; — während
seine Gegner behaupteten: mit grausamer Willkür.

Durch fremde Agenten aufgestachelt, dringt die gegnerische Partei darauf, dass über eine konstitutionelle Verfassung abgestimmt werden möge; worauf Milosch einzugehen nicht gesonnen war.

In Folge dessen brach Anfangs 1835 unter der Führung
zweier angesehener Serben, Avram Petroniewitsch und
Thomas Wuitschitsch ein Aufstand aus, bei welcher Gelegenheit sich auf der einen Seite russische und auf der
anderen englische Einflüsse geltend gemacht haben sollen.
(Wie immer die beiden Hauptinteressenten in orientalischen
Angelegenheiten!)

Milosch sah sich schliesslich gezwungen am 8. Februar 1835 die ihm vom Senate vorgelegte Verfassung
anzuerkennen.

Der Divan ersetzte dieselbe jedoch durch das sogenannte „organische Statut" (Ustav) vom Jahre 1838, welches weder die Wünsche des Volkes, noch den Fürsten befriedigte. An Stelle der Volksversammlung (Skuptschina) trat jetzt ein Senat mit ausgedehnten Rechten.

Milosch beschwor zwar diese Verfassung, jedoch hielt er sie nicht in allen Theilen ein und als der Senat von ihm die Rechnungslegung über die von ihm verwendeten Landesgelder verlangte, schickte er seine Garde nach Belgrad in den Sitzungssaal (er residirte in seinem bescheidenen Konak, oder Wohnhause, zu Topschider). Seine Getreuen mussten jedoch beim Kloster Rakowitsch nächst Belgrad vor den Anhängern des Wuitschitsch die Waffen strecken.

Nun dankte nothgedrungen Fürst Milosch am 13. Juni 1839 zu Gunsten seines Sohnes Milan ab und verliess am 15. Juni mit seinem zweiten Sohne Michael seine Heimath.

Da Milan schon nach etwa drei Wochen am 8. Juli 1839 starb, so ernannte die Pforte seinen jüngeren Bruder Michael zu dessen Nachfolger und setzte ihm eine Regentschaft zur Seite.

Aber auch dieser Fürst war der Partei der Wuitschitsch und Petronijewitsch nicht recht; nach Andern soll er sich auch unfähig und tyrannisch gezeigt haben. Anlässlich der Einführung einer Steuer auf die Eichelmast, welche der hauptsächlich Schweinezucht treibenden Bevölkerung höchst ungelegen kam, brach eine Volkserhebung aus, worauf Fürst Michael am 7. September 1842 nach Oesterreich flüchtete.

Eine am 11. September 1842 einberufene grosse Volksversammlung wählte hierauf den Sohn des Kara Djordje's, „Alexander Karadjordjewitsch" einstimmig zum Fürsten von Serbien, welche Wahl am 14. November 1842 von der hohen Pforte bestätigt wurde. Bei dieser Gelegenheit gab ihm die Pforte aber nur den Titel eines Basch-Beg, d. h. Oberherrn und legte ihm mehrere mit den früheren Verträgen im Widerspruche stehende Beschränkungen auf. Unter der Regierung Alexanders wurde eine Reihe von Reformen eingeführt; jedoch machte sich der Fürst bei seinem Volke und bei Russland nach und nach dadurch unbeliebt, dass er zu Oesterreich hinneigte.

Dessen Feinde stellten in der Skuptschina-Sitzung vom 21. Dezember 1858 geradezu das Verlangen, er solle abdanken und der Senat drang am 22. Dezember 1858 ebenfalls in ihn, er möge dem Wunsche des Volkes nachgeben. Als sich nun Fürst Alexander in die von den Türken besetzte Festung Belgrad begab und sich hier unter den Schutz der Pforte stellte, erklärte ihn die Skuptschina als Flüchtling für abgesetzt und berief den schon 80 jährigen „Milosch Obrenowitsch" auf den serbischen Thron. Auch der Senat, welcher zwar anfänglich protestirte, stimmte schliesslich diesem Schritte bei.

Alexander erklärte sich hierauf am 2. Jänner 1859 zur Abdankung bereit.

Milosch ergriff von der Herrschaft Besitz und wurde hierin von der Pforte am 12. Jänner 1859 bestätigt. Er starb jedoch schon am 26. September 1860 und sein Sohn folgte ihm als Michael III., welcher den Wahlspruch hatte: „In Serbien entscheidet das Gesetz." —

Die im August 1861 nach Krujagewatz einberufene National-Versammlung nahm ein ihr vorgelegtes neues Skuptschina-Gesetz, dann eine Reorganisation des Senates und des Heeres, ferner eine Steuerregulierung an, zu welchen Gesetzvorlagen auch der Senat seine Zustimmung ertheilte.

Die Organisation des Volksheeres wurde trotz des Einspruches, welchen ausser der Türkei noch mehrere Grossmächte erhoben hatten, im Jahre 1862 durchgeführt. Auch traten jetzt die Bestrebungen der Serben nach voller Unabhängigkeit von Konstantinopel immer offener hervor und wurde das Verhältniss zwischen den noch im Lande lebenden Türken und den Serben immer gespannter.

Am 15. Juni 1862 gab ein bei einem öffentlichen Brunnen in Belgrad stattgehabten Zwist zwischen einem türkischen Soldaten und einem serbischen Knaben zu einem blutigen Auflauf Anlass. — In Folge dessen wurden die türkischen Thorwachen in die Festung zurückgedrängt, worauf deren Commandant am 17. Juni die Stadt bombardirte, ohne jedoch dieselbe namhaft zu beschädigen. — Am 18. Juni wurde durch Vermittelung der fremden Consuln, — welche gegen die Beschiefsung Verwahrung eingelegt hatten, — ein Waffenstillstand geschlossen. — Nun wurde die Bewaffnung und Ausrüstung des schon in Organisation begriffenen Nationalheeres noch rascher betrieben, als bisher.

Der Streit wurde jedoch von den europäischen Mächten durch das Protokoll vom 4. September 1862 so geschlichtet, dass die Türken alle Festungen, mit Ausnahme von Belgrad, Schabatz und Smederevo, räumten.

Damit waren die Serben bei ihrem glühenden Türkenhasse und infolge ihrer grossserbischen Bestrebungen nicht zufrieden.

Am 5. Oktober 1866 richtete Fürst Michael nach Konstantinopel das Ansuchen, um Räumung sämmtlicher Festungen in Serbien, indem er diese Massregel als das einzige Mittel bezeichnete, wodurch das Misstrauen und die Aufregung im Lande gebannt werden könne.

Die türkische Regierung zögerte lange in ihrem Entschlusse und wollte Belgrad nicht aufgeben. Erst am 3. März 1867 verstand sie sich, auf Anrathen Oessterreichs zur Räumung der serbischen Festungen und machte nur den einzigen Vorbehalt, dass auch in Zukunft auf der Citadelle in Belgrad die ottomanische Fahne neben der serbischen wehen sollte. Ende März 1867 begab sich nun der Fürst Michael nach Konstantinopel, um die Frage der Festungs-Uebergabe endgiltig zu erwirken. Am 18. April 1867 erfolgte die feierliche Uebergabe der vollständig armirten Festung Belgrad an Serbien und bis 6. Mai 1867

hatten die letzten türkischen Truppen den serbischen
Boden verlassen.

Trotz dieser Erfolge bildete sich gegen die Herrschaft
der Dynastie Obrenovitsch eine Verschwörung, welche von
der Familie Karadjordjewitsch angezettelt wurde und der
sich einige heissblütige, für ein grosses serbisches Reich
schwärmende Patrioten anschlossen.

Am 28. Mai 1867 a. St. (10. Juni neuer Zeitrechnung)
ging Fürst Michael in Begleitung seiner Tante Frau Anka
Konstantinovitsch und deren Tochter Katharina (die nach-
herige Frau Michael Bogitschevitsch) im Park seiner
Sommer-Residenz Topschider bei prachtvollem Wetter
spaziren.

Plötzlich drangen aus einem Dickicht mit Pistolen bewaffnete Männer hervor und zielten aus nächster Nähe auf
die kleine Gesellschaft.

Der Fürst und seine Tante Anka Konstantinovitsch
wurden sofort getödtet, während des Fürsten Cousine
Katharina erst beim zweiten auf sie abgegebenen Schusse
in das Schulterblatt getroffen wurde, von wo die Kugel in
den Hals eindrang und dort stecken blieb.*)

Den Besuchern von Topschider zeigt man die Stelle,
wo das Mordattentat stattgefunden hatte, die fürstliche Gesellschaft promenirte auf einer Waldwiese längs des Randes
eines mit Gestrüpp und Unterholz dicht verwachsenen Ge-
hölzes, wodurch es möglich war, dass die Mörder ganz
plötzlich erscheinen und ihre Schüsse aus der allernächsten
Nähe abfeuern konnten. An der Unglücksstelle im Topschider-Parke soll ein Denkmal errichtet werden. Vorläufig haben die Serben dem Fürsten Michael ein Reiter-
standbild auf dem Belgrader Theaterplatze gesetzt.

---

*) Nach der seitens Frau Katharina Bogitschevitsch dem Herrn
Emil von Laveleye gemachten persönlichen Schilderung, welche
die einzige überlebende Zeugin jenes Fürstenmordes ist. — Siehe
„Die Balkanländer von Emil von Laveleye", deutsch von E. Jacobi-
Leipzig bei Carl Reissner 1888.

Nach der Ermordung des kinderlosen Fürsten Michael, welcher eine Gräfin Hunyadi zur Frau gehabt hatte, war es nothwendig vor allem die grosse Nationalversammlung, bezüglich der Wahl eines Nachfolgers zu hören. Minister Ristitsch, welcher den geschickten und fähigen Garashanin zur Seite hatte, bewirkte sofort die Einsetzung einer provisorischen Regierung, liess in Serbien den Kriegszustand proklamiren und die Armee mobilisiren.

Das Volk war von der höchsten Erbitterung gegen die Mörder und deren Anstifter erfüllt; die an diesem Morde Verdächtigen konnten bei ihrer Verhaftung nur mit grosser Mühe vor der Lynchjustiz des Volkes geschützt werden.

Gerade dieser gewaltsame Versuch die Dynastie Obrenowitsch, zu Gunsten der Familie Karadjordjewitsch, zu verdrängen, steigerte die Anhänglichkeit des serbischen Volkes für dieses Haus in hohem Grade; so dass die grosse Skuptschina den einzigen noch lebenden Obrenowitsch, den 14jährigen Milan (Neffen des ermordeten Michael) als Milan IV. zum Nachfolger des Fürsten Michael ausrief.

Die Pforte sowohl als auch die übrigen Grossmächte stimmten dieser Wahl bei.

Der Minister des Innern Miloikowitsch übernahm mit dem Justizminister die Vormundschaft über den jungen Fürsten, der sich zu seiner Ausbildung in Paris befand.

Die Regentschaft bestand aus Blaznavatz, Ristitsch und dem Senator Gawilowitsch. Doch war die Macht der Regierung gering, die Parteien bekämpften sich hartnäckig in der Skuptschina und in der Presse; auch wechselten fortwährend die Ministerien, selbst dann noch als Fürst Milan IV. im Jahre 1871 die Regierung übernahm.

Nachdem die Fortsetzung der Heeresorganisation, die Gewährung einer freisinnigen Verfassung, sowie die Gesetze über die Pressfreiheit und den öffentlichen Unterricht, den Beifall Russlands nicht gefunden hatten; so begab sich Milan in die Krim zum russischen Kaiser, um die guten Beziehungen zu erneuern.

Im Jahre 1874 unternahm Fürst Milan auch eine
Reise nach Konstantinopel um vom Sultan die Abtretung
der auf serbischem Gebiete liegenden Feste Klein Zwornik
zu erlangen, damit künftighin nur das Flussbett der Drina
die Grenze zwischen der türkischen Provinz Bosnien und
dem serbischen Fürstenthume bilden solle. Milan konnte
jedoch kein Zugeständniss erhalten. —

Als im Spätherbste 1874 die christlichen Bewohner
der Herzegowina sich erhoben und die Insurrektion im
Jahre 1875 immer mehr Terrain gewann, da glaubte Fürst
Milan die Gelegenheit gekommen, um das seinem Volke
gelegentlich seiner Thronbesteigung gegebene Versprechen:
„Bosnien, die Herzegowina und Alt-Serbien
müssen wir bekommen!" — realisiren zu können.

Gleichzeitig mit dem Aufstande in der Herzegowina
begann auch die Omladina wieder ihre Agitationen, zu
Gunsten eines grossserbischen Reiches, mit durchschlagen-
dem Erfolge; gewann auch den Minister Ristitsch für ihre
Sache und erlangte schliesslich die Zusicherung russischer
Hilfe.

Daraufhin eröffnete Serbien am 1. Juli 1876 den Krieg
gegen die Türkei, welcher ihm Bosnien mit der Herzegowina und Alt-Serbien (Paschalik Novibazar und das Kossowo
polje oder Amselfeld) einbringen und Milan die Königskrone verschaffen sollte.

Die Operationen sollten im Einklange stehen mit jenen
der Montenegriner gegen die Herzegowina und gegen
Novibazar; ausserdem sollten auch die Bulgaren insurgirt
werden.

Fürst Milan übertrug dem verabschiedeten russischen
Generale Tschernajeff das Commando über die mobilisirte
Armee und liess die aus Russland angekommenen zahl-
reichen Freiwilligen, deren höchste Ziffer bis Anfangs
Oktober auf rund 5000 Mann angewachsen sein soll, in
die verschiedenen Truppenkörper vertheilen.

Anfangs Juli stand das serbische Heer in der Gesammtstärke von circa 95,000 Mann an folgenden Grenzpunkten operationsbereit:

An der Drina bei Loznitza unter General Alimpitsch 18,000 Mann, zur Vertheidigung der Westgrenze.

Am Javor unter General Zach (einem gebürtigen Oesterreicher) 12,000 Mann, zunächst zur Vertheidigung der Südwestgrenze und womöglich zur Herstellung der Verbindung mit Montenegro über das Gebiet von Novibazar.

An der Südostgrenze unter General Tschernajeff im Ganzen etwa 48,000 Mann, wovon circa 30,000 Mann bei Alexinatz-Deligrad und 18,000 Mann unter General Horvatovitsch (ehemaliger österreichischer Offizier) bei Knjazevatz.

Am Timok standen unter Oberst Ljeschanin 15,000 Mann an der Ostgrenze. Montenegro hatte 24,000 Mann an seiner Nord- und Süd-Grenze aufgestellt. Die „Türkei" hatte in Bosnien unter Sulejmann Pascha 25,000 Mann, sodann unter Mukhtar Pascha 18,000 Mann in der Herzegowina, sowie bei Sjenica und Novavarosch im Paschalik Novibazar, weiter noch bei der Stadt Novibazar unter Mehmed Ali Pascha, 18,000 Mann; ferner unter dem 71 Jahre alten Muschir Achmed Eyub Pascha 35,000 Mann um Nisch und Pirot an der serbischen Südgrenze; daselbst wurden noch 25,000 Mann Verstärkungen erwartet. Endlich waren noch um Widdin 15,000 Mann unter Osman Pascha (dem späteren Vertheidiger von Plewna) operationsbereit.

Die türkische Operationsarmee hatte somit, gegenüber den etwa 118,000 Mann Serben und Montenegriner, im Ganzen: 101,000 Mann, zu welchen binnen Kurzem noch 25,000 Mann Verstärkungen stossen sollten, welche thatsächlich auch eingetroffen sind.

Der von Tschernajeff von Kjnazewatz gegen Ak-Palanka und Pirot unternommene Offensivstoss kam schon am 8. und 9. Juli zum Stehen. Als sich die Türken verstärkten und der erwartete Bulgaren-Aufstand ausblieb, trat Tschernajeff am 18. Juli den Rückzug in die Linie Banja-Alexinatz an. Nur die Division Horvatowitsch blieb bei Knjazevatz stehen.

Die Türken überschritten am 29. Juli bei Gramada und Pandiralo die Grenze und griffen am 3. und 4. August die Schanzen bei Knjazevatz vergeblich an.

Die Türken zogen sich nun über das Gebirge in westlicher Richtung gegen Alexinatz heran, wohin auch Horvatovitsch abmarschierte um sich mit Tschernajeff zu vereinigen.

Am 20. August war der taktische Aufmarsch der Türken gegenüber der mit 19 Schanzen befestigten serbischen Stellung vorwärts von Alexinatz vollzogen.

Ein Angriff der Türken gegen die drei Hauptwerke wurde am 23. August unter grossen Verlusten zurückgeschlagen und nachdem auch der rechte türkische Flügel durch die bei Banja stehende Division Horvatovitsch bedroht war; so entschloss sich Achmed Eyub Pascha auf das linke Morawa-Ufer übergehen. Bei diesem am 27. und 28. August vorgenommenen Uferwechsel erlitt die türkische Arrièregarde durch Horvatovitsch bedeutende Verluste.

Mit den nun am linken Morawa-Ufer vereinigten fünf türkischen Divisionen wurde am 1. und 2. September die serbische Hauptmacht in die Linie Deligrad-Djunis zurückgedrängt, wo sie sich neuerdings festsetzte.

Während sich die Türken zum neuen Angriffe gegen die serbischen Positionen vorbereiteten, gelang es dem Oberstlieutenant Tscholak-Antitsch durch den Grenzpass Jankova-Klissura mit etwa 5000 Serben in das Paschalik Novibazar vorzudringen und sich bei Vukanja im Rücken der Türken festzusetzen.

Hierauf wurde am 16. September ein 14 tägiger Waffenstillstand abgeschlossen, der dann bis zum 2. Oktober verlängert wurde.

Mittlerweile hatten am Timok zwischen den Truppen

Ljeschanin's und Osman Pascha's verschiedene Kämpfe
stattgefunden, bei welchen auf beiden Seiten tapfer ge-
stritten wurde; die jedoch auf das Endresultat des Krieges
keinen Einfluss auszuüben vermochten.

Während der bis zum 2. Oktober dauernden Waffenruhe waren die bei Deligrad-Djunis stehenden serbischen
Streitkräfte, durch Zuzüge aus dem eigenen Lande und
von Russland, auf 60000 Mann gebracht worden.

Gegenüber standen 65000 Türken und hatten noch
eine Reserve von 24000 Mann bei Nisch.

Trotzdem die Serben schon am 28. und 29. September
die Waffenruhe gebrochen hatten, griff Abdul Kerim Pascha
dennoch erst am 19. Oktober, und zwar in Folge Drängens
von Konstantinopel, an.

Die Kämpfe dauerten ununterbrochen am 19., 20. und
21. Oktober und nach einem verhältnissmässig ruhigen
Tage entbrannten sie am 23. Oktober von Neuem, welcher
Tag der blutigste des ganzen Krieges war.

Die ununterbrochenen heftigen Kämpfe, der eingetretene Landregen und das im höchsten Grade gespannte
Verhältniss zwischen den serbischen und russischen Offizieren, sowie schliesslich der bedeutend niedergedrückte
Muth der serbischen Milizen; all dieses machte den Serben
eine Fortsetzung des nunmehr aussichtslos gewordenen
Kampfes unmöglich.

In diesem Momente forderte Russland die Türkei auf,
die Feindseligkeiten einzustellen, was am 31. Oktober 1876
geschah.

In dem hierauf am 1. März 1877 abgeschlossenen
Frieden wurde den Serben von der Türkei der status quo
ante zugestanden.

Zu einer thätigen Cooperation der serbischen und
montenegrinischen Streitkräfte war es nicht gekommen.

Beim Ausbruche des russisch-türkischen Krieges im
April 1877 traf Serbien sofort wieder Anstalten zum neuer-
lichen Beginn des Krieges. Mit der Kriegserklärung

wartete Serbien jedoch kluger Weise so lange, bis der
minder günstige Verlauf der russischen Operationen im
Sommer durch den Fall von Plewna (10. December 1877)
in ein besseres Geleise gebracht war.

Als nun die Russen mitten im strengen Winter mit
ganzer Macht den Balkan zu überschreiten begannen, da
erklärte auch Serbien der Türkei den Krieg.

Die serbische Armee fiel in Bulgarien ein, eroberte
im Januar 1878 Nisch, Ak-Palanka und Pirot, nebst einigen
anderen Örtlichkeiten, welche von regulären ottomanischen
Truppen nahezu ganz entblösst waren; worauf der Prä-
liminar-Friede von San Stefano abgeschlossen wurde.

Im Frieden von San Stefano erlangte Serbien nicht
blos die Anerkennung seiner Unabhängigkeit, sondern auch
eine beträchtliche Gebietserweiterung, welche durch den
Berliner Congress, auf dem Serbien durch Ristitsch vertreten war, noch vergrössert wurde. Es erhielt die Gebiete von Nisch, Pirot und Leskowatz. Dafür musste es
allen Konfessionen unbedingte Gleichheit zugestehen, ferner
einen Theil der türkischen Staatsschuld übernehmen und
dieselben Verpflichtungen auf sich nehmen, welche die
Pforte bezüglich des Baues der Orientbahnen gegenüber
Oesterreich eingegangen war.

Am 1. August 1878 wurde die serbische Unabhängigkeit
proklamirt und Milan nahm als souveräner Fürst den Titel
„Hoheit" an.

Dieser glänzende — mit den militärischen Leistungen
Serbien's nicht ganz im Einklange stehende — Erfolg,
steigerte das Ansehen und den Einfluss der von Ristitsch
geleiteten russenfreundlichen Partei. Dass Oesterreich-
Ungarn Bosnien besetzte und sogar in Novibazar einrücken
durfte, dies reizte die Partei nur zu grösserer Feindseligkeit
gegen den nachbarlichen Grossstaat auf.

Ristitsch verschleppte die Ausführung des mit Oesterreich-Ungarn in Berlin im Jahre 1878 abgeschlossenen
Vertrages, bezüglich des zugesagten Baues der Eisenbahnen

in Serbien und weigerte sich, bei den Verhandlungen über einen neuen Handelsvertrag, Oesterreich-Ungarn das Recht einer meistbegünstigten Nation zuzuerkennen.

Dagegen wurde in aller Eile eine Armee-Reorganisation durchgeführt, welche Serbiens Heer im Kriegsfalle auf vier Armee-Corps erhöhte, und Ristitsch mit seiner Partei zeigten die Absicht, unter dem Schutze Russland's und England's, im Bund mit Bulgarien und Montenegro gegen die Stellung Oesterreich-Ungarns auf der Balkanhalbinsel agressiv vorzugehen.

Auf eine am 17. Oktober 1880 von Oesterreich-Ungarn nach Belgrad gerichtete energische Note sah sich jedoch Ristitsch bewogen, seine Entlassung zu nehmen.

Das neue fortschrittliche Ministerium Pirotschanatz, das auch durch Neuwahlen in der Skuptschina die Majorität erlangt hatte, brachte im Jahre 1881 den Handelsvertrag mit Oesterreich-Ungarn zum Abschluss und traf mit einer französischen Bank ein Abkommen, wegen der Lieferung des Geldes für die serbischen Eisenbahnbauten.

Dafür gab Oesterreich-Ungarn seine Zustimmung dazu, dass Fürst Milan am 6. März 1882 als „Milan I." den Königstitel annahm und Serbien zum „Königreich" proklamirt wurde.

Eine Erhebung der Radikalen (sog. Topola-Aufstand) wurde im Oktober 1883 mit blutiger Strenge unterdrückt; einer der Hauptführer der radikalen Empörer Paschitsch entkam jedoch über die Grenze und durfte später unbehelligt heimkehren.

Als im Februar 1884 Pirotschanaz zurücktrat, folgte ihm der ebenfalls fortschrittlich gesinnte Garaschanin.

Dieser glaubte einen grossen Erfolg zu erzielen, indem er die Verlegenheit Bulgarien's benützte, welches nach seiner Vereinigung mit Ostrumelien durch die Türken bedroht und von Russland im Stiche gelassen war, und demselben den Kriege erklärte. Serbien berief sich dabei auf

den Berliner Vertrag und hauptsächlich auf das gestörte
Gleichgewicht unter den Balkanstaaten.

Dieser für das Ansehen Serbiens bei den Balkanstaaten
sehr nachtheilige Krieg wurde seitens der serbischen Regierung am 13. November 1885 erklärt und dauerte nur
vierzehn Tage.

Serbien konnte wegen fühlbarem Mangel an Munition
für das seit 1882 in der Einführung begriffene ganz vorzügliche Koka-Mauser-Gewehr nur etwa zwei Drittel seiner
Infanterie des I. Aufgebotes mobilisiren, während das
II. Aufgebot nur theilweise in den an Bulgarien grenzenden
Distrikten aufgeboten wurde und das III. Aufgebot vollends
zu Hause blieb.

So kam es, dass schliesslich die unter König Milan's
Commando operirende Haupt-oder Nischava-Armee nur einen
Gefechtstand von etwa 34,000 Mann (Verpflegsstand bei
40,000 Mann) und das gegen Widdin vorrückende Timok-
Corps unter General Ljeschanin einen Gefechtsstand von
rund 11,000 Mann bei einem Verpflegsstande von etwas
über 13,000 Mann, aufwies.

Die Bulgaren hatten sich durch Zuzüge nach und nach
soweit verstärkt, dass sie in den, am 17., 18. und 19. November bei Slivnitza stattgehabten Entscheidungs-Kämpfen
der kaum noch 25,000 thatsächliche Kämpfer zählenden
serbischen Hauptarmee eine ziemlich dicht massirte und
für ihren Fürsten begeisterte Armee von über 30,000 Streit-
baren entgegenstellen konnten.

Der Sieg, welchen Fürst Alexander bei Slivnitza über
die Serben errang, war ein entscheidender und kam es
auch noch auf dem Rückzuge der von den Bulgaren
auf dem Fusse verfolgten Serben zu mehreren blutigen
Kämpfen, so bei Dragoila (Aragoilj) am 22., bei Caribrod
am 23., 24. und 25. und bei Pirot am 26. und 27. November 1885.

Fürst Alexander hätte mit seiner Armee unbedingt
die serbische Grenze überschritten und wäre gegebenen

Falls bis Belgrad vorgedrungen, wenn ihm nicht Oester-reich-Ungarn, durch den schleunigst in das bulgarische Hauptquartier entsendeten Belgrader Gesandten Graf Khevenhüller, ein gebieterisches „Halt" zugerufen hätte.

Nun wurde am 21. Dezember 1885 ein Waffenstillstand geschlossen und am 3. März 1886 der Friede zu Bukarest, welcher den Status quo ante wiederherstellte.

Sowohl dieser militärische Misserfolg, als auch die unter dem Ministerium Garaschanin immer drückender gewordene Finanzlage Serbiens, war die Ursache des am 13. Juni 1887 erfolgten Sturzes Garaschanins.

Hierauf bildete Ristitsch ein liberal-radikales Ministerium und als dieses sich mit der radikalen Mehrheit der der Skuptschina absolut nicht verständigen konnte, so trat schon nach wenigen Monaten ein rein radikales Kabinet unter dem General Sava Gruïtsch, Ende 1887, an dessen Stelle.

Da aber dieses neue Kabinet nicht verhinderte, dass die Skuptschina eine beträchtliche Verminderung des Heeres und neue Eingangszölle beschloss, welche dem mit Oesterreich-Ungarn abgeschlossenen Handelsvertrage entgegen waren, so wurde auch das Kabinet Gruïtsch schon im April 1888 entlassen und Christitsch zum Präsidenten eines energischen Beamtenministeriums ernannt.

Die unaufhörlichen Wühlereien der ehrgeizigen Parteiführer im Innern des Landes erhielten neue Nahrung durch den ehelichen Zwist König Milans mit seiner Gemahlin Natalie, welche als geborene Russin die serbische Politik zu Gunsten des Zarenreiches beeinflusst haben soll.

Nachdem die königliche Ehe am 24. Oktober 1888 durch den Metropoliten getrennt worden war, berief Milan, — um die Stellung seiner Dynastie zu befestigen, — einen aus allen Parteien des Landes gebildeten National-Ausschuss, welcher eine neue Verfassung ausarbeitete.

Darauf wurde die grosse Skuptschina einberufen, welche — trotzdem sie weit überwiegend aus Radikalen bestand, dennoch am 22. Dezember 1888 die neue Verfassung annahm, welche nun verkündet wurde.

Dieselbe räumte dem Volke wichtige Rechte ein, bestimmte aber auch die Stellung und Machtbefugnisse der Krone genauer.

Nachdem dies geregelt war, überraschte König Milan sein Land am 6. März 1889, am 7. Jahrestage nach der Erhebung Serbiens zum Königreiche, mit seiner Abdankung, indem er gleichzeitig seinen einzigen Sohn als Alexander I. zum König proklamirte,

Theils der Ueberdruss an dem unfruchtbaren Parteigetriebe in Serbien, theils seine zerrütteten Familien- und Privatverhältnisse, hatten den überdies nervös überreizten König Milan zu diesem Entschlusse veranlasst.

Da der am 14. August 1876 geborene König Alexander noch unmündig war, so ernannte Milan eine „Regentschaft", die aus Ristitsch, Protitsch und Belimarkovitsch bestand. Diese beauftragte den Führer der Radikalen, Tauschanovitsch mit der Bildung eines Kabinets, welches vorwiegend aus Radikalen bestand, und stellte sich die Versöhnung der Parteien, die Regelung der Finanzen und die Förderung des Wohles des Volkes zur Aufgabe. Auch versprach die Regentschaft die vom König Milan befolgte auswärtige Politik nicht zu ändern.

Hierauf verreiste Milan in's Ausland und legte später sogar die serbische Staatsbürgerschaft ab.

Der Regent Protitsch starb bald darauf, wodurch der energische und ehrgeizige Ristitsch gewissermassen zum Alleinherrscher Serbiens wurde, da der altersschwache Belimarkovitsch nur den Namen hergab. Wegen der Wahl eines dritten Regenten konnten sich die Parteien nicht einigen.

Der aufgeweckte und thatendurstige König Alexander mochte sich durch seine Bevormundung sehr beengt gefühlt haben und hätte je eher, desto lieber, die lästigen Fesseln abgeschüttelt. Sein einziger Vertrauter war sein Erzieher

und Freund der Profssoer Dokitsch, welcher den jungen
König im Sommer 1892 zum Besuche Milans nach Paris
begleitete.

Dort soll zwischen Milan, Alexander, Dokitsch, Nikolitsch und dem Fortschrittler Garaschanin beschlossen
worden sein: Nachdem es den Anschein habe, dass Ristitsch
die Dynastie Obrenovich unmöglich machen wolle, — die
Regenten bei Seite zu schaffen.

Der junge König soll sich aber ausdrücklich vorbehalten haben, die Ausführung des Planes ganz nach eigenem
Ermessen zu bewirken.

Man beschuldigte unter Anderem auch die Regenten
und ihr radikales Ministerium, für Wahlzwecke zwei Millionen Franks verschwendet zu haben.

Die Ereignisse in Belgrad vollzogen sich nun laut
den zur Zeit in den Tagesblättern veröffentlichten offiziellen
Telegrammen folgendermassen:

König Alexander lud sämmtliche Regenten und
Minister für den 13. (1.) April 1893 um 8 Uhr Abends zum
Diner ein; ebenso den Belgrader Divisions-Commandanten
Ostojitsch und den Stadtpräfekten Denitsch.

Während des Diners besetzte Major Christitsch mit
Kavallerie sämmtliche Ministerien, sowie die Häuser der
Regenten und Minister, während Major Rasitsch mit einem
Bataillon Infanterie von der Präfektur Besitz nahm und die
Wache beim königlichen Palais verstärkte. Ebenso stellte
der Gendarmerie-Commandant seine Truppe zur Verfügung
des Königs. Alle diese Commandanten erhielten ihre Be-
fehle direkt vom Könige.

Nachdem all' diese Vorbereitungen getroffen waren,
erklärte beim dritten Gange König Alexander, dass er die
Regierung selbst in die Hand nehme und den Regenten
für ihre geleisteten Dienste danke; sie möchten daher ihre
Demission unterschreiben.

Die Regenten erklärten dies für unmöglich, worauf
der König die Thüren öffnen liess und das im Nebensaale

versammelte Offizier-Corps in den Ruf: „Hoch der König!"
ausbrach.

Hierauf entfernte sich König Alexander und überliess
es seinem Adjutanten Tschiritsch seines Amtes zu walten.
Letzterer forderte die Regenten und Minister auf, sich als
Gefangene in ein anderes Zimmer zu begeben. Die Regenten, mit General Belimarkovitsch voran, wendeten sich
— ihre Autorität geltend machend — dem Ausgange zu.

Auf Commando des königlichen Adjutanten hielten
jedoch die an der Thüre postierten Soldaten die Bajonnete
vor, während Tschiritsch die Regenten und Minister aufmerksam machte, dass die Situation ernst sei und die
Soldaten ihre Pflicht erfüllen würden; worauf jene sich
gefangen gaben.

Indessen hatte der, mittelst königlichem Ukas zum
Commandanten der Belgrader Division ernannte Oberst
Koka Milovanovitsch in sämmtlichen Kasernen und in der
Festung Belgrad den Truppen den Regierungsantritt des
Königs kundgemacht, welche diese Mittheilung begeistert
aufnahmen.

Nach der Rückkehr Milovanovitsch' in das Palais beauftragte der König seinen bisherigen Gouverneur Dokitsch
mit der Bildung des Ministeriums, die sich in einer halben
Stunde vollzog.

Nun erst fuhr der König in Begleitung des Obersten
Milovanovitsch zu seinen Truppen, von denen er begeistert
begrüsst wurde und hielt an sie eine Ansprache.

Nach Mitternacht war der Staatsstreich vollzogen.

Die Verhafteten blieben so lange in Haft in ihren
eigenen Wohnungen unter militärischer Bewachung, bis
sie ihre Demissions-Urkunde unterschrieben hatten; worauf
sie Belgrad verlassen konnten.

Der im Spätherbste 1893 in Abazzia verstorbene
Dokitsch hatte wenige Tage nach den vorgeschilderten Ereignissen in einer mündlichen Auseinandersetzung erklärt,
dass die Ursachen des Staatsstreiches in der für alle Welt

ungeklärten, gefahrvollen Situation gelegen wären, welche
durch die ungesetzliche und verfassungswidrige Haltung
der Regentschaft und des Ministeriums Avakumovitsch
hervorgerufen worden ist.

Das Ministerium Dokitsch stellte sich zur Haupt-
aufgabe, das Land im Innern zu konsolidiren und nach
Aussen hin mit allen Staaten gute Verhältnisse zu pflegen.

Sämmtliche Regierungen hatten den Regierungsantritt
König Alexanders I. sympathisch zur Kenntniss genommen.

Was seither in Serbien vorging, ist leider darnach
angethan die Vorhersage eines jener Machthaber, welche
am 13. April 1893 im königlichen Palais verhaftet wurden,
als richtig anzuerkennen.

Er sagte nämlich, dass es in Serbien für den politischen
Entwicklungsgang keinen Mittelweg gebe; hier heisse es,
entweder stramme Ordnung halten oder Anarchie
walten lassen.

Die Radikalen traten auch im Jahre 1893 in den
Wahlversammlungen und in der Skuptschina immer kühner
auf und bereiteten der Regierung des jungen Königs viele
Sorgen. Dazu kam noch, dass sein ehemaliger Erzieher
und treuester Berather, der Ministerpräsident Dokitsch aus
dem Leben schied, was dem Könige sehr nahe ging.

Er berief Sava Gruïtsch um ein Ministerium zu bilden,
welcher im Jahre 1888 unter seinem Vater durch etwa
vier Monate Ministerpräsident eines radikalen Kabinets gewesen war.

Selbstverständlich gewann nun die radikale Partei in
der Skuptschina wieder die überwiegende Mehrheit und
bewerkstelligte sogar die Versetzung des früheren Ministeriums in den Anklagezustand, deren Präsident doch
der verstorbene Dokitsch, der Freund und treue Vertraute
des Königs Alexander gewesen und nach dessen Tode
wieder Avakumowitsch Ministerpräsident geworden war.
Dies musste den König daher sehr nahe berühren.

Kurz der Uebermuth der Radikalen wurde immer unerträglicher und König Alexander hatte sich in patriotischer Erkenntniss der unhaltbaren Situation entschlossen, dem Wirrsal ein Ende zu machen, um das Einreissen der Anarchie zu verhüten.

Hiezu fand er es nothwendig, seinen Vater aus Paris an seine Seite zu rufen, damit dieser den Knoten löse. Es ist dies von Seite des freiwillig ausgewanderten, ehemaligen Königs Milan ein zwar gesetzwidriger, aber jedenfalls entscheidender Schritt gewesen, dass er dem Rufe seines Sohnes folgend, mit möglichster Schnelligkeit nach Belgrad eilte; wo er am 21. Januar 1894 um halb zwei Uhr Nachmittags in Begleitung des serbischen Gesandten beim Wiener Hofe Simitsch eintraf. — Als die bevorstehende Ankunft des Exkönigs Milan durch Telegramme in Belgrad bekannt geworden, begab sich Ministerpräsident Gruïtsch zum König Alexander und überreichte ihm am 21. Januar 1894 um 11 Uhr Vormittags die Demission des ganzen Kabinets und motivirte diesen Schritt mit der Ankunft des Vaters des Königs, welche verfassungs- oder gesetzwidrig sei.

Der König verlangte nur eine andere Begründung der Demission, was aber vom Ministerpräsidenten entschieden verweigert wurde. Der König versicherte den General Gruïtsch, dass es sich überhaupt nicht um die Betretung von verfassungswidrigen, unparlamentarischen Wegen handle, sondern dass er im Gegentheile von der Anwesenheit seines Vaters eine Klärung der Situation erhoffe.

Der Divisions-Commandant, Oberst Koka Milowanowitsch hatte im Auftrage des Königs die nöthigen militärischen Massnahmen getroffen und die Truppen in den Kasernen konsignirt.

Einer Versammlung der angesehensten Parteiführer, welche König Alexander I. am 21. Januar Abends zu sich berufen hatte, setzte der Vater des Königs in einer ge-

haltvollen Rede die Gründe auseinander, welche die jüngste
Krisis heraufbeschworen hatten.

Er sagte unter Anderem, dass die radikale Partei die
Aufgabe, welche ihr König Alexander am 13. April 1893
gestellt hatte, seit der Erkrankung des verstorbenen
Ministerpräsidenten Dokitsch illusorisch gemacht habe.
Statt der Verfassung und der Gesetze, herrschen im Lande
v o l l s t ä n d i g e U n g e s e t z l i c h k e i t u n d I n t o l e -
r a n z gegen die nicht zur radikalen Partei gehörigen
Staatsbürger. Täglich erscheinen Abordnungen aus den
angesehensten Kreisen, um gegen das Verfahren der ganz
im Sinne der Radikalen amtirenden Behörden Klage zu
führen. — Alle diese Beschwerden bleiben jedoch, — trotz
der eindringlichen Ermahnungen des Königs unberück-
sichtigt. Milan konstatirt, dass einzelne Minister sogar
versucht hätten, dem Könige das R e c h t z u m E m p f a n g e
s o l c h e r D e p u t a t i o n e n z u e n t z i e h e n.

Schon diese Ungebührlichkeit allein habe eine Krise
hervorrufen müssen, deren Lösung nur wegen der Un-
pässlichkeit des Königs hinausgeschoben wurde. Der König
habe beschlossen, der radikalen Partei künftighin für die
Leitung der Staatsgeschäfte n i c h t m e h r c a r t a b i a n c a
zu geben. — Insbesondere verlange der König, dass die
Wahrnehmung der a u s w ä r t i g e n A n g e l e g e n h e i t e n
nur dem jeweiligen Minister des Aeusseren, dem Ministerpräsidenten und der Krone zustehe. Ferner sei es absolut
unzulässig, dass serbische Gesandte, — ohne Wissen des
Königs, — vom Auslande heimberufen werden, wie dies
kürzlich mit P a s c h i t s c h (dem amnestirten Radikalen-
Führer im Topola-Aufstande 1883), dem serbischen G e -
s a n d t e n i n S t. P e t e r s b u r g, geschehen sei. Nicht
minder unstatthaft wäre es, dass ein unverantwortlicher
Faktor, wie das sogenannte p o l i t i s c h e C e n t r a l -
C o m i t é gewissermassen über der Regierung stehe, B e -
a m t e n - E r n e n n u n g e n betreibe oder gegen derartige
Akte der Regierung protestire, wie zum Beispiel gegen

die Ernennung des Obersten Franassovitsch zum Gesandten in Paris diess der Fall gewesen sei.

Der König finde auch, dass die radikale Partei der finanziellen Lage des Landes nicht genügend Rechnung getragen habe und sich mannigfache Verschwendungen, ganz unnöthige Pensionierungen und ähnliche Handlungen zu Schulden kommen liess, und zwar dies alles nur im ausschliesslichen Interesse der radikalen Partei.

Sie habe ferner die Interessen der Armee vernachlässigt, indem sie die Ernennung eines nicht zu ihrer Partei gehörenden Kriegsministers verhinderte. Der König wünsche eine engere Verbindung zwischen seiner Person und der Armee, durch die Errichtung einer königlichen Militär-Kanzlei herzustellen.

Der König wünsche, dass gewisse Gesetze und Verfügungen, die mit der Verfassung im Widerspruche stehen, wie diejenigen betreffend die Verminderung des Zehents und die Vermehrung der Anzahl der Skuptschina-Abgeordneten, aufgehoben, beziehungsweise abgeändert werden.

Der König halte ferner dafür, dass die monatelange Aufregung, welche durch den Prozess gegen das gewesene Kabinet Avakumovitsch hervorgerufen wurde, für das Land schädlich sei. Er verlange die Beilegung der Angelegenheit durch sofortigen Rücktritt von der Anklage und Fallenlassen des Prozesses. König Alexander — betonte zum Schlusse der Vater des Königs — könne nicht eine neue radikale Regierung berufen, ehe ihm nicht die Sicherheit geboten werde, dass das zu bildende Kabinet und die radikale Partei überhaupt in den besprochenen Fragen eine andere Richtung verfolgen werde, wie bisher!

Am 22. Jänner um 11 Uhr Vormittags erschienen General Sava Gruïtsch und Vukovitsch abermals beim Könige, um Namens der radikalen Partei zu erklären, dass sie diese Forderungen des Königs nicht anzunehmen im Stande sei.

Hierauf erklärte König Alexander, d a s s e r s e i n e E n g a g e m e n t s m i t d e r r a d i k a l e n P a r t e i a l s g e l ö s t b e t r a c h t e u n d s i c h a n a n d e r e P e r - s ö n l i c h k e i t e n w e n d e n w e r d e.

Am Abend des 23. Jänner erschien abermals eine Deputation der Radikalen mit Gruïtsch an der Spitze, um dem Könige zu erklären, dass die Partei bereit sei, neue Verhandlungen einzuleiten. Die Radikalen machten nachstehende Vorschläge:

Der Prozess gegen die angeklagten Minister soll binnen vierundzwanzig Stunden beendet sein und im Falle einer Verurtheilung werde die gesammte Skuptschina ein Gesuch um Begnadigung der Verurtheilten an den König richten.

D i e r a d i k a l e P a r t e i w o l l e f e r n e r d e m E x k ö n i g M i l a n e i n e j ä h r l i c h e A p a n a g e v o n 500 000 F r a n k s u n d d e r K ö n i g i n N a t a l i e e i n e s o l c h e v o n 200 000 F r a n k s b e w i l l i g e n! —

Obwohl Gruïtsch bei diesem Anlasse die l o y a l e E r - g e b e n h e i t s e i n e r P a r t e i betheuerte und sich bereit erklärte, zur Herstellung geordneter Verhältnisse beitragen zu wollen; wurde er dennoch kurz abgewiesen und ihm bedeutet, dass nunmehr schon mit anderen Persönlichkeiten Verhandlungen im Zuge seien.

Es berührt doch sehr eigenthümlich, dass die radikale Partei in diesem kritischen Momente es wagen konnte, dem Exkönig Milan und der Königin Natalie ohneweiters eine Art von Bestechung anzubieten! —

In der Nacht zum 24. Jänner 1894 gelang es schliesslich, ein neues Ministerium zu bilden, dessen Präsidium dem bisherigen serbischen Gesandten beim Wiener Hofe Simitsch übertragen wurde.

Das Kabinet trägt schon äusserlich den Charakter eines Uebergang-Ministeriums und ist folgendermassen zusammengesetzt worden:

Simitsch, Präsidium und Aeusseres; Mijato-
vitsch, Finanzen; General Zdravkovitsch, Bauten;
Staatsrath Nikolajevitsch, Inneres; Oberst Milovan
Pavlovitsch, Krieg; Hochschulprofessor Lozanitsch,
Handel und Ackerbau und Hochschulprofessor Andrea
Djordjevitsch, Justiz und interimistisch Unterricht.

Dieses Ministerium ist vollkommen farblos; nur sind
alle Mitglieder dieses Kabinets entweder persönliche Freunde
Milans und seines königlichen Sohnes, oder doch treue
Anhänger der Dynastie Obrenovitsch; und darauf kommt
es der königlichen Familie in diesem Momente in erster
Linie an; da doch über das sonderbare Verhalten des er-
bittertsten Feindes Milans, des serbischen Gesandten in
Petersburg, Paschitsch, ohnehin zahlreiche beunruhigende
Gerüchte im Umlaufe sind.

Dem neuen Ministerium war eine schwere Prüfung
auferlegt, als es sich der eine grosse Mehrheit von Radikalen besitzenden Skuptschina vorstellen und den königl-
lichen Ukas, betreffend die Vertagung derselben, vorlesen
musste.

Um 4 Uhr Nachmittags am 24. Jänner 1894 wurde
die Sitzung der Skuptschina eröffnet.

Unter lautloser Stille zogen die Minister in den Saal
ein und sofort erhielt Simitsch das Wort, um die
ministerielle Erklärung vorzulesen. — In derselben sagt
Simitsch, die Regierung stehe ausserhalb aller
Parteien und gedenke sich auf alle Parteien zu
stützen. Sie werde eine korrekte und freundschaftliche
Haltung allen Staaten gegenüber beobachten; sie appellire
an die Unterstützung aller Parteien und hoffe, — ebenso
wie sie das Vertrauen des Königs geniesst, auch das Vertrauen der Skuptschina zu gewinnen. Sie beantrage die
Session schon jetzt zu schliessen, um sich mit den verschiedenen Vorlagen und Arbeiten vertraut machen zu
können.

Die Skuptschina war bisher ruhig verblieben und

hatten sich die Deputirten jeder Missfallens-Aeusserung enthalten.

Nachdem Simitsch die ministerielle Erklärung zu Ende gelesen hatte, machte er eine Pause, während welcher er ein Amtsschreiben eröffnete und neuerdings mit folgenden Worten zu sprechen begann:

„Nun habe ich dem Hause einen Ukas des Königs zur Kenntniss zu bringen.“

Da springt der extrem-radikale Deputirte Rista Popovitsch auf und ruft:

„Ich bitte um's Wort!“

Jetzt war die Ruhe im Sitzungssaale zu Ende. — Aus hundert Kehlen erscholl ein unartikulirtes Gebrüll. In der Hoffnung, dass er sich doch Gehör verschaffen würde, versuchte Simitsch die königliche Botschaft zu verlesen, aber es blieb nur beim Versuche. Die Einen stürzten mit geballten Fäusten in die Mitte des Saales, Andere stampften mit den Füssen und der Rest schlug wüthend auf die Pulte: aber Alle riefen im Chore: „Hinaus! — Packt euch! — Wir hören Euch nicht an!“

Immer betäubender wurde der Lärm, immer entsetzlicher das Gebrüll.

Wieder entfaltete Simitsch den Ukas, aber wieder brauste der Lärm stärker als zuvor.

Simitsch eilte nun auf den extrem radikalen Präsidenten Katitsch zu und rief: „Machen Sie Ordnung!“ Dieser erwiderte jedoch abweisend: „Hier bin ich Präsident und nicht Sie!“

Und weiter schleuderten die Abgeordneten den Ministern Verwünschungen und Beschimpfungen zu.

Nach einer Weile bekamen die Minister die Szene satt und beriethen untereinander.

Hierauf verlas Simitsch den Ukas pro forma, wobei natürlich kein Laut vernehmbar wurde; dann schritten die Minister von Hochrufen und Flüchen begleitet, aus dem Saale.

Nun ergriff abermals Popovitsch das Wort.

In einer kurzen Rede, die von Beifallssalven begleitet war, protestirte er, im Namen der radikalen Partei, gegen die unparlamentarische Regierung, welche ungesetzlich sei und nicht das Recht habe, irgend einen gouvernementalen Akt zu vollziehen. — Man habe Gewalt gesäet und man werde Gewalt ernten!

Der wüthende Volkstribun wurde jubelnd begrüsst und mit dem Rufe: „Es lebe der König!" ging die Skuptschina auseinander.

Der Andrang des Publikums zu dieser Skuptschina-Sitzung war ein so massenhafter gewesen, dass der Stadt-präfekt persönlich mit dem Aufgebote aller Polizei-Kräfte den Zugang zum Gebäude freihalten mufste.

Tags darauf, am 25. Jänner 1894 zog ein Teil der Belgrader Hochschul-Studierenden in geschlossenem Zuge an dem königlichen Palast vorüber und riefen: „Es lebe die Verfassung! Die Polizei hatte jedoch keinen Anlass einzuschreiten, weil sich die Demonstranten vollkommen friedfertig verhielten.

Am selben Tage sollen die bäuerlichen Skuptschina-Deputirten vom Stadtpräfekten die Weisung erhalten haben, die Residenz innerhalb vierundzwanzig Stunden zu verlassen. Die meisten derselben sind auch that-sächlich im Laufe des 25. Jänner von Belgrad abgereist.

Mit Ausnahme des russischen und französischen, haben sich sämmtliche Gesandten beim Exkönig Milan ein-schreiben lassen. Dies ist eine Formfrage nur für Milan; gegen den König Alexander und das Kabinet Simitsch richtet sich dieser Schritt offenbar nicht.

Die „Politische Korrespondenz" meinte zwar dass das heftige Auftreten der Radikalen gegen das Kabinet Simitsch auf das von letzterem angekündigte Pro-gramm, bezüglich seiner Stellung gegenüber den Parteien keine Rückwirkung ausüben werde. Es ist aber fraglich wie lange es der Regierung möglich sein wird, ihren

Grundsätzen der Versöhnlichkeit und des wohlwollenden
Entgegenkommens gegenüber den Radikalen treu zu
bleiben.

Schon am 25. Jänner 1894 besagten Telegramme der
meist gut informirten „Kölnischen Zeitung“ dass die
Lage im Innern Serbiens, in Folge der Belgrader Vorgänge, höchst bedrohlich sei.

Am 26. Jänner erliess der Klub der Radikalen eine
Erklärung, welche von 106 Skuptschina-Abgeordneten
unterfertigt ist, in welcher die Anwesenheit des Vaters
des Königs als Bruch seines Wortes und als Gesetzwidrig-
keit bezeichnet, gegen jede Theilnahme desselben an
öffentlichen Staatsgeschäften Protest eingelegt und dessen
Verbleiben im Lande als gefährlich bezeichnet wird.

König Alexander liess am 26. Jänner 1894, auf Grund
der Artikel 40 und 41 der Verfassung, mittelst Amnestie-
Dekretes das Prozessverfahren gegen die Mitglieder des
Kabinets Avakumovitsch einstellen; welche Verfügung im
Amtsblatte „Srpske Novine“ am 27. Jänner verlautbart
wurde.

Am 28. Jänner 1894 fand in Belgrad eine Arbeiter-
versammlung statt, welche eine Resolution annahm, worin
der Sympathie für die radikale Partei Ausdruck
gegeben wurde. Hierauf zogen die Arbeiter gruppenweise
durch die Stadt und brachten Zivo-Rufe auf den König,
die Verfassung und auf die Nation aus. Beim Skupt-
schina-Gebäude gingen sie friedlich auseinander, so dass
die Polizei ebenfalls keinen Anlass nahm, einzuschreiten.

Diese belanglose Agitation soll nachgewiesener-
massen von dem bekannten Agitator Pelagitsch in's Werk
gesetzt worden sein.

Zu all' diesen Nachrichten über die im serbischen
Volke herrschende Gährung wäre noch die telegraphische
Meldung aus Belgrad vom 3. Februar 1894 hinzuzufügen,
dass die Radikalen in der Stadt Schabatz (ziemlich grosser
Handelsort an der Save) sämmtliche vorhandenen Revolver

und sonstigen Waffen aufgekauft hätten und dass man ernsthafte Ruhestörungen befürchte.

Zwar widerlegten am 5. Februar 1894 offiziöse Belgrader Telegramme alle diese Gerüchte, als jeder Begründung entbehrend und versicherten, dass in der Stadt und im Lande vollste Ruhe und Ordnung herrsche.

Was wird aber geschehen, wenn der bisherige Gesandte in St. Petersburg, der unerbittliche Feind Milan's — Pasitsch, nach Niederlegung seines bisherigen Postens, in das Land zurückgekehrt sein wird? —

Es wird immer klarer, dass bei der gegenwärtigen Krisis in Serbien die Dynastie Obrenovitsch in grosser Gefahr schwebt von den Wogen der Bewegung hinweg geschwemmt zu werden.

Dass dann wieder das, mit der montenegrinischen Fürstenfamilie und daher auch mit dem russischen Hofe verschwägerte, Haus Karadjordjevitsch in den Belgrader Konak einziehen und die serbischen Staatsinteressen mit jenen Russlands und Montenegros enger verknüpfen würde, dies wäre doch nur eine ganz logische Folge.

Die Situation ist somit sehr ernst und berührt auch vitale Interessen der Nachbarstaaten, insbesondere Oesterreich-Ungarns.

Seither wurde nun das farblose Ministerium Simitsch plötzlich gestürzt und trat der bisherige Minister des Innern Nikolajevitsch an die Spitze des neuen Cabinets (3. April 1894), welches fortschrittlich — liberal genannt werden könnte. Dasselbe beabsichtigt den Kampf gegen die Radikalen, die mehrerer, in jüngster Zeit vorgefallener politischer Morde beschuldigt wurden, ernstlich aufzunehmen und gegen jeden Versuch einer Ruhestörung mit allen dem Staate zu Gebote stehenden Mitteln rücksichtslos vorzugehen.

II. Kapitel.

Geographische und statistische Notizen.

———

Das Königreich Serbien (slaw. Srbija) liegt zwischen 42° 26' und 44° 59' nördlicher Breite und zwischen 19°—18' und 22° 52' östlicher Länge von Greenwich und hat einen Flächeninhalt von 48,589.4 Quadratkilometer.

Es grenzt nördlich an Oesterreich-Ungarn und Rumänien, östlich an Bulgarien bis zum Berge Patarica, welcher den dreifachen Grenzpunkt zwischen Serbien, Bulgarien und der Türkei bildet. Im Süden und Südosten grenzt Serbien an die türkischen Gebiete von Prischtina (unweit des berühmten Kossowo polje oder Amselfeld) und Novibazar und schliesslich im Westen an Bosnien.

Die Grenze ist in den trockenen Strecken, wo dieselbe nicht durch Gewässer in der Natur deutlich bezeichnet erscheint, durch einen etwa 4 Meter hohen, aus Balken und Pfosten solide erbauten Zaun markirt, welcher stellenweise kaum einen Blick in das jenseitige Gebiet zu werfen gestattet. Längs dieses Grenzzaunes, welcher die im türkischen Gebiete wohnenden räuberischen Arnauten abhalten soll, anderswo als an den eigens hierzu bestimmten Punkten nach Serbien zu kommen, stehen auf je eine Stunde Fussmarsches von einander entfernt, sogenannte Karaula's oder Wachhäuser für die Grenzwächter (Straschari).

Diese hermetisch verschlossene Grenze erinnert beim ersten Anblicke unwillkürlich an die chinesische Mauer.

Serbien ist im Allgemeinen ein von zahlreichen Fluss-thälern und Schluchten durchschnittenes, in den Ober-theilen fast durchweg bewaldetes Bergland, welches — ebenso wie das westlich angrenzende Bosnien — an die österreichischen Alpen-Provinzen Steiermark und Kärnthen erinnert. Die Grenzgebirge nehmen meist den Charakter eines hohen bewaldeten Mittelgebirges an; so z. B. die Stara planina, — im weiteren Zuge nach Osten Balkan-Gebirge genannt, — erreicht in der die serbisch-bulgarische Grenze bildenden Kette des Ciprovac-Balkan die grösste Erhebung mit 2034 m; dann die Goljak-planina an der Südgrenze, welche auch in nordwestlicher Fort-setzung die Flussgebiete des Ibar und der bulgarischen Morava trennt und die Grenze zwischen Serbien und dem Paschalik Novibazar bildet. Dieser letztere Gebirgszug, der in der spitzen Kuppe Suvo Rudischti mit einer Höhe von etwa 2100 m kulminirt, heisst: Kopaonik, welcher mit steilen Abstürzen am Ibar bei der serbischen Grenzstadt Raschka endet.

Jenseits des Jbar zieht in westlicher Richtung der Grenzrücken der Golja-planina, deren höchster Punkt 1791 m über dem Meere liegt, die weitere Fortsetzung bildet mit nordwestlichem Zuge die Javor-planina mit Erhebungen von circa 1700 m, welche durch die Tschi-gota-planina mit dem von Uschitze südlich bis an die Grenze sich ausdehnenden, wunderschönen Alpen-gebiete des vielbesungeuen „Zlatibor" zusammenhängt, dessen durchschnittliche Erhebung 950 bis 1000 m be-trägt.

An den Bodenerhebungen Serbiens ist im Allgemeinen eine allmählige Abstufung von Süden gegen Norden deut-lich wahrnehmbar.

Mit Ausnahme der ausgedehnten Alpenflächen in den Obertheilen des Zlatibor und jener kleineren flachen Berg-

wiesen im Gebiete des Kopaonik (Alpenhütte Scholok an
der Nordseite mit einer absoluten Höhe von etwa 1680 m),
dann einigen kahlen Flächen zwischen Uschitze und
Tschajetina, wo der horizontal geschichtete Kalkstein zu
Tage tritt, erscheint insbesondere der nordwestliche Theil
Serbiens von einem hohen Aussichtspunkte betrachtet,
gleich einer endlosen Waldfläche.

Im Innern des Landes ziehen zwei deutlich markirte
Bergrücken von Süden bis zur Donau und Save; und zwar
führt derjenige zwischen dem Grenzflusse Timok und der
vereinigten Morava die Benennungen: Djevica-planina,
nördlich welcher und zwar zunächst der Stadt Boljevac,
der einem Zuckerhute ähnliche Rtanj bis zur Höhe von
1565 m ansteigt. Die vom Rtanj gegen Osten abzweigende
Bergkette führt den Namen Topiznica planina. Nördlich des Rtanj breitet sich die durchschnittlich 1000 Meter
hohe, kahle und steinige Golubinje planina aus, deren
höchster Punkt Malinik mit 1142 m kulminirt, während
die weiter nordöstlich gelegenen Stolovi-Berge die Höhe
von 1185 m erreichen. Die weiter nördlich gegen die
Donau ziehenden Gebirgsrücken erreichen keiner mehr
1000 m Meereshöhe.

Der nordöstliche Ausläufer, die Mirotsch-planina,
tritt gegenüber von Orsova noch mit einer absoluten Höhe
von 789 m knapp an den Donau-Durchbruch von Kazan
bis zum Eisernen Thor heran; wo er lothrecht
abstürzt.

In dem Raume westlich der Mirotsch-planina
und nördlich der Golubinje-planina streichen die
Beljanica-planina, die erzreiche Pek-planina,
mit Höhen von 900—1100 m. Die 700 bis 800 m hohe
Omolje-planina (auch Homolje), dann die Treben-
und Gola-planina, welche mit steilen und bewaldeten
Abhängen zur Donau abfallen.

Die Bodenerhebungen West-Serbiens werden durch die

Serbische Morava in ein nördliches und südliches Gebiet geschieden.

Die nördlichen Gebirgszüge hängen mit dem früher genannten, nahe der Paschaliksgrenze ziehenden, Zlatibor zusammen und zwar zieht vorerst ein Hauptrücken parallel zu Drina in nördlicher Richtung, worauf er sich bei dem 1246 m hohen Powlen-Berge in zwei Gebirgsäste theilt.

Als nördlicher Zweig zieht einestheils die erz-reiche Jagodina-planina (800—900 m. hoch), zur Drina und endet mit steilen, bewaldeten Hängen bei Zwornik und Loznica, — andererseits als Wasserscheide zwischen der Kolubara und dem Jadar die Vlaschic-planina, welche sich bei nordwestlichem Zuge mit dem dichtbewaldeten Bergrücken der Cer-planina verbindet und nahe der Drina bei der Stadt Ljeschnitza mit sanftem Abfalle endet.

Die beim Powlen-Berge in östlicher Richtung abzweigende Bergkette ist ein vielfach verzweigter und dicht bewaldeter Gebirgsrücken, welcher vorerst Maljen-planina heisst und eine durchschnittliche Rückenerhebung von 1000 m besitzt (die Passhöhe Bukowska-planina, welche der Fahrweg Uschice-Valjevo übersetzt hat 800 m. Meereshöhe); dann folgt in weiterer Fortsetzung gegen Osten der Rudnik, dessen höchste Kuppen, der Veliki-Sturac etwa 1100 m. und der Mali Sturac bei 1050 m. Höhe erreichen. Die ebenfalls dichtbewaldeten Ausläufer des Rudnik bilden im Westen und Nordwesten von Kragujewac die an Schlupfwinkeln reiche Schumadija (von „Schuma" oder Wald), wo sich zu Anfang des neunzehnten Jahrhundertes die Aufständischen versammelten und organisirten. Vom Rudnik zweigen sich gegen Süden die Jeschevac-planina und die Kotlenik-planina ab, welche eine durchschnittliche Rückenhöhe von 500 m. aufweisen und an der serbischen Morava gegenüber der

Stadt Kraljevo (ehemals Karanovac) mit nicht zu steilen Abhängen enden.

Südlich und südöstlich von Kragujevac streichen die Bergketten der Tatarina-planina und der Juor, bis gegenüber der Stadt Tschuprija an der vereinigten Morava.

Von dem gewissermassen einen Knotenpunkt bildenden Rudnik streicht nun in nördlicher Richtung eine Bergkette, deren durchschnittliche Höhe 500 bis 600 m beträgt (Kosmaisk 536 m und der Avala 528 m, welcher etwa 15 Kilometer südlich Belgrad eine vorzügliche Aussicht gegen Norden, Westen und Osten gewährt) und endlich östlich von Belgrad (Festung 125 m.) mit steilem Absturze an der Donau endet.

In dem Raume südlich der serbischen Morava und zwar zwischen dem Ibar-Flusse und der bulgarischen Morava zweigen sich vom serbisch-türkischen Grenzrücken ab; und zwar: von der Goljak-planina unweit der südlichsten serbischen Stadt und Eisenbahn-Station Vranja die Kukavica-planina, welche mit nördlichem Zuge und flachen Abhängen bei Leskovac endet; dann südlich der Stadt Prokuplje die Djak-planina, die Petrova-gora und die Mrljak-planina. — Endlich vom Kopaonik zweigt sich nord-östlicher Richtung ab: die Lepenac-planina, dann der Veliki und der Mali Jastrebac (bis 1878 die serbisch-türkische Staatsgrenze) mit Höhenpunkten von 1300 bis 1450 m., deren nördliche flache Ausläufer, im Süden der Kreisstadt Kruschevac das sehr fruchtbare und namentlich auch einen ausgezeichneten Rothwein produzirende Gebiet der Zuppa (spr. Schuppa) durchziehen.

Nördlich des Kopaonik breitet sich unweit Kraljevo der Bergrücken Stolovi-planina, welcher jenseits des Ibar-Flusses der 3 Kuppen tragende etwa 1400 m. hohe Troglav gegenüberliegt.

Zu erwähnen sind noch die etwa zwei Wegstunden

westlich von Tschatschak liegenden zwei Bergkuppen: Ovtschar (990 m.) und Kablar (893 m.), zwischen denen das Thal der serbischen Morava eine felsige Thalenge bildet. Auf den Abhängen dieser beiden Berge befindet sich, ähnlich wie auf dem Berge Athos, eine Colonie griechisch-orientalischer Mönche.

Mit Ausnahme der Donau und der Save (serb. Sava) besitzt Serbien keinen Fluss, der beschifft werden könnte; obwohl es der Drina und der vereinigten Morava keineswegs an hinreichender Wassermenge fehlen würde, vorausgesetzt, dass die dringendsten Regulierungs-Arbeiten, und speziell bei der Morava auch eine gründliche Reinigung des Flussbettes, — vorgenommen würden.

Der Donau-Strom (serb. Dunav) bespült die Nordgrenze des Landes von Belgrad bis zur Einmündung des Timok in dieselbe. Auf dieser Strecke wechselt sowohl die Breite als die Tiefe sehr stark, und zwar wegen der zahlreichen Inselbildungen, Untiefen, Stromschnellen und schliesslich in Folge der höchst veränderlichen Profilverhältnisse zwischen Bazias und Orsova, wo sich der Strom durch das Felsgebirge gewaltsam Bahn bricht.

So ist die Donau bei Belgrad*) etwa 600 m, eine kurze Strecke weiter abwärts ist sie fast 1500 m und längs der Insel Ostrov (zwischen Semedria oder Smederevo und Bazias) soll die Breite des Wassers selbst 2150 m erreichen; am schmalsten hingegen ist sie beim Prigrada-Riff mit nur 117 m Breite.

Die Tiefe der Donau wird bei normalem Wasserstande angegeben: bei Belgrad mit 35 m, bei Tahtalija mit 66 m und an der engsten Stromstelle beim Prigrada-Riff mit 51 m.

Die Stromgeschwindigkeit beträgt zwischen Belgrad und Bazias durchschnittlich 1,3 bis 1,5 m in der

---

*) Siehe „Serbien und die Serben" von Sp. Gopcevic, Leipzig 1888. — I. Band.

Sekunde; sie vermehrt sich jedoch in den Engen des Durchbruches ganz ausserordentlich und wird bei Tahtalija mit 2,4 m; bei Izlaz mit 3,1 m; im Kazan-Pass mit etwa 4,0 m und beim Prigrada-Felsen sogar mit 5 m angegeben.

Die serbische Strecke des Donau-Stromes steht in ganz Europa einzig da. Sowohl der herrlichen Natur-schönheiten seiner Uferlandschaften, als auch der daselbst befindlichen Ueberreste römischer Kunstbauten wegen, die unser Erstaunen und unsere Bewunderung in gleichem Masse erregen, dann auch die allenthalben sichtbaren Spuren des hartnäckigen, Jahrhunderte lang dauernden, Kampfes zwischen der Christenheit und dem Halbmonde; all' diesem kann man in Europa nichts Aehnliches zum Vergleiche gegenüberstellen.

Man ist eben daran, die Schiffahrts-Hindernisse auf der vorgeschilderten Donaustrecke, durch Sprengungen zu beseitigen. Nach deren Beendigung wird es nicht mehr nöthig sein, die Donau-Engen mit Hilfe eigens gebauter Katarakten-Schiffe zu passiren, wodurch das jetzige kost-spielige und zeitraubende zweimalige Umladen der Fracht-güter und das Umsteigen der Reisenden entfallen würde.

Die Donau macht besonders an der Einmündung der Save, wo sie eine nahezu 1600 m breite Wasserfläche dar-stellt, — einen grossartigen Eindruck.

Aber im Vergleiche zum Rheine, hat der Schiffahrts-verkehr auf der Donau noch keinen allzu grossen Auf-schwung genommen; was sich hoffentlich, nach der Be-seitigung der Verkehrshindernisse im eisernen Thore und bei andauernder politischer Consolidirung der Donau-Ufer-staaten, — recht bald bedeutend bessern wird.

Emil v. Laveleye sagt diesbezüglich: „Der Strom, „welcher an Mannheim, Mainz, Koblenz und Köln vorüber-„geht, wird von unzähligen Schiffen der verschiedensten „Art befahren, und an seinen beiden Ufern führen Schienen-„wege hin. Er befördert unendliche Mengen von Reisenden

„und Frachtgütern und scheint im wahren Sinne des Wortes
„ein „gehender Weg" zu sein. Doch an der herrlichen
„Donau (der Verfasser meint hier speziell die ungarische
„und serbische Strecke) ist's öde und einsam, und ihre
„Fluthen haben kaum mehr als schwimmende Mühlen zu
„treiben. Woher das kommt? Nun, sie strömt ja dem
„Schwarzen Meere zu und geht also durch Länder, auf
„denen der Fluch des türkischen Regimes gelastet hat,
„während der Rhein dem Westen und den Marktplätzen
„Hollands und Englands entgegenfliesst."

Die meisten Frachten und zwar insbesondere auch
voluminöse Verkehrsobjekte, wie Holz, Steine, Ziegel, Kalk,
Salz und oft auch Getreide, werden hauptsächlich durch
grosse Ruderboote verführt, während die werthvolleren
Rohprodukte des Ostens und die Industrieerzeugnisse des
Westens auf Dampfschiffen versendet werden. Noch immer
entfallen jedoch auf die Ruderschiffahrt zwischen 55 bis
60 Prozent des gesammten Schiffsverkehres auf der Donau.

Nachdem unterhalb des Eisernen Thores auch Segel-
schiffe und kleinere Seedampfer verkehren können; so
dürfte sich nun der Fall wohl öfter ereignen, dass ein
französischer oder englicher See-Dampfer in einem der
unteren Donauhäfen Serbiens anlegt, um einen direkten
Waarenverkehr zu vermitteln. Im Jahre 1887 geschah es
zum ersten Male, dass ein Seedampfer, die „Unità" von
600 Tonnen Gehalt, in d i r e k t e r Fahrt von B e r g e n in
Norwegen, im serbischen Donau-Hafen von R a d u j e v a t z
eintraf, daselbst seine Ladung (Hanfsäcke und leere Fässer)
löschte und dafür ausgezeichneten N e g o t i n e r - W e i n
für eine Weinhandlung in N a n t e s einnahm. Mit dieser
Ladung kehrte die Unità nach fünftägigem Aufenthalte
durch die Donau, das Schwarze Meer, Marmara-Meer, den
Archipelagus, dann durch das Mittelmeer und den Atlan-
tischen Ocean nach Nantes und schliesslich nach Norwegen
zurück.

Da die Fracht, trotz der 25 tägigen Dauer der Fahrt

(einschliesslich der nothwendigen Aufenthalte) nur 8,75 Dinars (Franks) per Meterzentner betragen hatte; so dürfte wohl dieser erste Versuch Nachahmung gefunden haben.

Den hauptsächlichsten Verkehr auf der Donau und Save vermittelt, — trotz der seit etwa zehn Jahren in Conkurrenz getretenen russischen Dampfschiffahrts-Gesellschaft des Fürsten G a g a r i n, — noch immer die k. k. priv. D o n a u - D a m p f s c h i f f a h r t s - G e s e l l s c h a f t, welche ihre Thätigkeit im Jahre 1830 mit einem einzigen kleinen Dampfschiffe begonnen hatte und nun schon nahe an 1000 eiserne Fahrzeuge, — worunter nahezu 200 Dampfer, — besitzt; wobei die hölzernen, dann die Baggerschiffe etc. gar nicht mitgerechnet sind.

Selbstverständlich konnte bisher keines der nachher gegründeten Schiffahrts-Unternehmen mit jener grossen Gesellschaft konkurriren; so z. B. die 1860 vom Fürsten Milosch gegründete französische Dampfschiffahrts-Gesellschaft M a g n a n und die vor einigen Jahren vom Kriegsminister S. G r u i t s c h projektirte s e r b i s c h e D a m p f - s c h i f f a h r t s - G e s e l l s c h a f t, welcher Plan schliesslich gar nicht verwirklicht wurde.

Die serbische Regierung besitzt nur einen Dampfer den „D e l i g r a d" (160 Pferdekräfte) und 6 Schlepper, welche hauptsächlich zum Transport von Truppen und Kriegsmateriale bestimmt sind. Ueber die seit Anfang 1890 im Entstehen begriffene — von Russland unterstützte — „E r s t e s e r b i s c h e p r i v i l e g i r t e S c h i f f - f a h r t s - G e s e l l s c h a f t" wird im VIII. Kapitel ausführlicher berichtet.

Von den serbischen Donau-Zuflüssen ist die S a v e (serb. Sava) der bedeutendste.

Die S a v e bildet von R a t s c h a bis zu ihrer Mündung in die Donau bei Belgrad die Grenze gegen Oesterreich-Ungarn. Sie durchfliesst in dieser Strecke ausgedehnte Ebenen, die häufig versumpft sind; so z. B. die etwa 850 qkm grosse M a t s c h v a von Ratscha bis östlich Schabac reichend mit dem Kitor-Sumpfe, ferner die versumpfte Thalebene westlich von Obrenovac, dann das Makisch-Moor zwischen Ostruschnitza und Topschider etwa 40 qkm gross.

Die Save hat einen stark gewundenen Lauf und ein sehr wechselndes Profil. Es kommen Flussbreiten von 100 bis 400 m vor und an ihrer Mündung bei Belgrad wetteifert die Save hinsichtlich der Breite selbst mit der Donau.

Ihre Tiefe ist an manchen Stellen sehr gering; so dass bei starkem Niederwasser im Hochsommer der in der Regel drei Mal wöchentlich stattfindende Dampferverkehr zwischen Belgrad und Sissek eingestellt, oder doch auf die unterste Strecke beschränkt werden muss.

Die Stromgeschwindigkeit der Save muss, im Vergleiche zur Donau, geradezu träge genannt werden.

Wegen der häufig vorkommenden sehr niedrigen Ufer, finden fast bei jedem Hochwasser Ueberschwemmungen des meist vollkommen ebenen Ufergeländes statt, welche erst nach einigen Wochen ablaufen. — Diess ist auch die Ursache, dass selbst die Uferbewohner, sowohl auf ungarischer, als auch auf serbischer Seite vielfach am Wechselfieber erkranken und dass daher Fremde um so wahrscheinlicher von dieser Krankheit befallen werden.

Die Save hat auf der serbischen Strecke nur die Staatsbahn-Brücke zwischen Belgrad und Semlin (Eisengitter-Construktion auf 4 steinernen Mittel- und ebensolchen Landpfeilern ruhend); an anderen Punkten wird der Verkehr zwischen beiden Ufern nur durch Ueberfuhren bewerkstelligt.

Ihr rechtsseitiger Hauptzufluss, — die Drina, — bildet die serbisch-bosnische Grenze. Dieselbe entsteht beim bosnischen Dorfe Hum durch den Zusammenfluss der Piva und der Tara, passirt die Städte Fotscha, Gorazda und Vischegrad und bildet hierauf von etwa zwei Wegstunden unterhalb Vischegrad bis zur Mündung in die Save bei Ratscha die Landesgrenze.

Bis unterhalb Zwornik fliesst die Drina in einem engen von hohen Gebirgen eingeschlossenen Thale, welches sich von Loznica an immer mehr erweitert um schliesslich in die sumpfige Matschva-Ebene überzugehen.

Die Drina ist von ihrem Eintritt in Serbien bis zur Mündung, bei normalem Wasserstande, ohne künstliche Mittel nicht zu passiren und feste Brücken giebt es auf der Strecke unterhalb Vischegrad nicht. Dagegen bestanden schon vor zwanzig Jahren bei den serbischen Städten Bajna Baschta, Ljubovija, ferner bei Mali Zwornik, bei Loznica und Leschnica vom Staate unterhaltene Fähren; zu welchen häufig Soldaten des Pontonnier-Corps als Fährleute abkommandirt waren.

Sowohl die Breite (zwischen Zwornik und Loznica gegen 130 und 150 m.), als die Tiefe der Drina würde das Befahren derselben mit kleineren Dampfbooten von Zwornik abwärts gewiss ermöglichen; jedoch müssten vorerst, besonders an der Mündung Baggerungen vorgenommen werden, um das Flussbett zu vertiefen und überhaupt zu reinigen.

Die rechtsseitigen Zuflüsse der Drina sind der Jadar, der in seinem Oberlaufe zahlreiche torrentenartige Gebirgsbäche aufnimmt, deren Thäler meist schluchtartige Engen bilden. In seinem Unterlaufe bewässert der Jadar ein schönes und fruchtbares Thal, wovon der ganze Verwaltungsbezirk den Namen führt. Seine Wassermasse ist gering; denn an der Chausséebrücke nahe seiner Mündung hat er eine Breite von nur 6—8 m., dagegen eine Tiefe über 3 m. und schlammigen Grund. Der unweit des Jadar in die Drina mündende Lesnica potok (Bach) ist noch unbedeutender, als jener.

Die nächsten rechtsseitigen Zuflüsse der Save, nämlich: der Zasavica-, Bitva- Jerez-, Komitschak- Dob-

rova und Vukodraz-potoksind theils — wie die drei Erst-
genannten — Sumpfadern, theils sonst unbedeutende Bäche,
deren Oberläufe jedoch häufig den Charakter von Giessbächen
haben.

Die Tamnava rjeka (Fluss) ist im ersten Drittel
ihres Laufes ebenfalls ein Giessbach, im Mittel- und Unterlaufe fliesst sie hingegen durch ebenes, stellenweise sogar
stark versumpftes Gelände langsam und träge dahin. Die
Tamnava nimmt rechts den unbedeutenden Ub-Bach auf
und mündet selbst nördlich von Obrenovac in die
Save.

Die Kolubara rjeka sammelt ihre Quellen südlich
der Kreisstadt Valjevo in der Maljen-Planina, durchfliesst von Valjevo etwa fünfzehn Kilometer lang ein
ziemlich breites und fruchtbares Thal, welches sich bei
Belacrkva (oder Markova crkva) für eine kurze Strecke
verengt; worauf die Kolubara das wellenförmige Flach-
land und schliesslich von Belibrod an, durch eine scharfe
Wendung gegen Norden, das bewaldete theilweise von
Sumpf bedeckte Tiefland betritt.

Während die Kolubara bei der Furth Belibrod
etwa 30 m breit 0,5 m tief ist und hier noch ein Gefälle
von mehr als 2 m per Sekunde aufweist, überdies groben
Schotter mitführt, womit sie bei Ueberschwemmungen auch
die umliegenden Thalgründe bedeckt; ist sie bei Obrenovac, eine kurze Strecke vor ihrer Mündung in die Save,
zwar gegen 70 m breit und 3 m tief, jedoch ohne merkliches
Gefälle.

Die Kolubara nimmt rechts mehrere Bäche von
geringer Bedeutung auf, so die Toplica, Ljig, Peascht-
janska, Turja und die Bjelanica.

Westlich von Belgrad nimmt die Save noch den
Abfluss des schluchtartigen und schönen Topschider-
Thales auf.

Zu den weiteren Zuflüssen der Donau aus dem
Königreiche Serbien übergehend, finden wir auf der Strecke

unterhalb Belgrad bis Semendria (Smederevo) nur
geringfügige Gebirgsbäche. Zwischen der letzteren Stadt
und der Dampfschiff-Station Dubravica (Landungsstelle
für Pozarevac) erstreckt sich aber das gegen zwölf Kilometer breite Mündungs-Delta der Morava, welche der
vielbesungene nationale Fluss Serbiens ist.

Die beiden Quellflüsse, die Srpska (Serbische) und
die Bugarska (Bulgarische), auch Binatschka Morava
genannt, vereinigen sich bei Stalac, etwa 15 Kilometer
nordöstlich der Kreisstadt Kruschevac.

Die Srpska Morava entspringt südlich Jvanjica
in der etwa 1800 m hohen Javor-planina, durchfliesst
bis etwa halben Wegs zwischen Jvanjica und Pozega
ein ziemlich enges von steilen Gebirgshöhen eingefasstes
Thal, welches unterhalb der vom Gradina- und Malitsch-
Brdo (deutsch: Berg) gebildeten Enge sich allmählig erweitert und einer gutbebauten Thalsohle von 1000 bis
1500 m Raum lässt, welche bei Pozega in einen förmlichen Thalkessel von etwa 5 qkm Flächeninhalt übergeht.
Daselbst vereinigen sich nämlich zahlreiche Zuflüsse, wie
die Djetina (entspringt im Gebiete des Zlatibor auf der
Schargan-planina, durchfliesst bis knapp vor ihrer Mündung ein durchweg schluchtartiges Thal, in welchem auch
die Kreisstadt Uzice liegt), — ferner der von der Maljen-
planina herabfliessende Skrapesch potok mit seinem
rechtsseitigen Zuflusse, der Luznica, dann die Kravarica
und die Belica, welche beide aus Südosten von der
Jelica-planina kommen.

Nach Aufnahme all' dieser Zuflüsse wendet sich die
Serb. Morava etwa 1 Wegstunde unterhalb von Pozega
in ihrem bisherigen südnördlichen Laufe plötzlich gegen
Osten und betritt eine etwa 15 Kilometer lange Felsenge,
deren Begleitungshöhen nahe des östlichen Thalausganges
in den beiden Bergen Ovtschar 990 m (am südlichen
oder rechten Ufer) und Kablar 895 m (am nördlichen
Ufer) Höhe erreichen.

An den Abhängen dieser beiden Berge befindet sich eine griechisch-orientalische Mönchs-Colonie, ähnlich jener des Berges Athos.

Jenseits dieser Felsenge tritt die Serb. Morava in eine sehr fruchtbare und vorzüglich kultivierte Thalsohle, welche zwischen Tschatschak und Kraljevo eine Breite von 7—8 Kilometer besitzt. Oestlich von Kraljevo vermindert sich die Thalbreite immer mehr, bis sie in der etwa drei Kilometer langen Enge bei Tretenik kaum noch 400 m Breite aufweist. Weiter abwärts erweitert sich das Thal wieder nahezu bis zur vorigen Breite, die sich schliesslich, — zwischen Kruschevatz und dem Zusammenflusse mit der Bulg. Morava, — auf zwei Kilometer verringert.

Die Breite der serbischen Morava beträgt im Thalbecken von Pozega bei der etwa vier Kilometer unterhalb dieser Stadt befindlichen Fähre*) circa 80—90 m, während dieselbe im Oberlaufe zwischen Jvanjica und Pozega — somit vor der Aufnahme der wasserreichen Zuflüsse: Djetjina und Skrapez — nur 30 bis 40 m Breite hat. In der Felsenge zwischen dem Ovtschar und Kablar vermindert sich die Flussbreite auf etwa 60 m, um sich gegen die Mündung hin bis zu 100 und 120 m zu vermehren.

Die serbische Morava erhält nach dem Austritte aus der Thalenge östlich von Pozega folgende Zuflüsse; und zwar rechts: nebst zahlreichen kleinen Bächen von durchschnittlich 6—12 m Breite, den Ibar, welcher südlich von Mitrovitza im Vilajet Kossovo entspringt, bei der serbischen Grenzstadt Raschka den westlich der türkischen Stadt Novibazar entspringenden Raschka-potok aufnimmt (bei Raschka etwa 16 m breit und 1 m tief; Thalbreite gegen 150 m und erweitert sich gegen die

---

*) Dieselbe dürfte seither durch eine feste Brücke ersetzt worden sein.

Stadt Novibazar bedeutend); hierauf in engem Thale (durchschnittlich 400—600 m breit), welches nach der Aufnahme der Studenica Rjeka auf einer Strecke von etwa zwanzig Kilometer Länge, durch kahle und meist lothrechte Felsen vollkommen eingeengt ist, — in vorherrschend nördlicher Richtung fliesst und unweit Kraljevo (ehemals Karanovac) etwa 60—70 m breit in die serbische Morava mündet.

Von den Zuflüssen des Ibar verdient ganz besonders hervorgehoben zu werden: Die rechtsseitige Joscha- nitza, wegen ihrer äusserst interessanten Thalbildung, indem sie in ihrem Oberlaufe in einer Felsschlucht über mehrere 3 bis 6 m hohe Stufen des Granitgesteins tosend herabstürzt und sodann an dem Dorfe Banja vorbeifliesst; wo auf einer Wiese im Thalgrunde wohl die heisseste Schwefelquelle Europa's — mit einer Temperatur von 79° C. aus zwei Trichtern dampfend und brodelnd an das Tageslicht tritt.

Weiters verdient auch der linksseitige Ibar-Zufluss: die Studenica-rjeka erwähnt zu werden. Der- selbe entspringt auf dem Grenzrücken Golja-planina erreicht seine grösste Wasserbreite von 30 m in seinem Unterlaufe, unweit des serbischen (griechisch-orientalischen) Mönchsklosters Studenica, welches in historischer Be- ziehung unter den Klöstern des Königreiches den ersten Rang einnimmt.

Unweit ihrer Vereinigung mit der bulgarischen, nimmt die serbische Morava bei Kruschevac noch zwei Gewässer von beinahe paralleler Laufrichtung auf, welche Beide die sehr fruchtbare und daher auch auffallend dichter bevölkerte „Zuppa" durchfliessen. Die westlich von Kruschevac mündende Tschitlutschka rjeka ist die minder wichtige von Beiden; erreicht eine Wasser- breite von 20—25 m und ihr von sanft geböschten, gut bebauten Abhängen eingeschlossenes Thal erreicht durch- schnittlich eine Breite von 500—600 m.

Dagegen ist die östlich K r u s c h e v a c mündende
R a s i n a viel bedeutender und wasserreicher. Sie entspringt — gegenüber der J o s c h a n i t z a — auf einer
nördlichen Fortsetzung der K o p a o n i k - p l a n i n a (dem
Zelin Berge 1822 m) und durchfliesst ein fruchtbares Thal,
welchs bald nach der Vereinigung der Quellbäche bei der
Ruine K o z m i t s c h schon 500 bis 600 m breit, und diese
Breite auch bis zur Thalenge bei K r i v i b r o d - R a z -
b o j n a beibehält. Nördlich von R a z b o j n a, — woselbst
die R a s i n a den aus der historisch bekannten „J a n k o v a
K l i s s u r a" abfliessenden Bach B l a t a c n i c a aufnimmt,
— wird das Hauptthal sofort wieder gegen 400 m breit, —
bei der etwa drei Kilometer thalabwärts gelegenen Gemeinde Z l a t a r i beträgt die Thalweite bereits über 1000 m
und steigt schliesslich unweit von Kruschevatz über
1500 m, bei sehr sanft ansteigenden und sehr gut kulti-
vierten Begleitungshöhen. Das beiderseits der R a s i n a
und der T s c h i t l u t s c h k a r j e k a sich ausdehnende
Gelände der „Z u p p a" erhebt sich durchschnittlich nur
450—500 m absolut, somit nur etwa 300 m über die
Thalsohle der M o r a v a und R a s i n a. In diesem herrlichen Berglande gedeiht auch ein vorzüglicher Wein.

Nun müssen auch noch die l i n k s s e i t i g e n
Zuflüsse der serbischen M o r a v a Erwähnung finden.

Die o b e r h a l b des Thaldurchbruches zwischen dem
Ovtschar und Kablar aufgenommenen Zuflüsse: der V e l i k i
R z a v (mündet bei Arilje 20 m breit), dann die in enger
Felsschlucht von der Kreisstadt U z i c e kommende D j e -
t j i n a, endlich der S k r a p e s c h mit der Luznica,
wurden an einer früheren Stelle schon besprochen.

Unter den unterhalb des Durchbruches der Morava
links zufliessenden Gewässern sind nur folgende nennens-
werth:

Die K a m e n i t z a, die T s c h e m e r n i t z a mit der
D e s p o t o v i c a, welche in einem 30 m breiten, stark
versandeten Bette eine kurze Strecke unterhalb T s c h a t-

s c h a k in die Morava mündet. Auf dem zwischen der
T s c h e m e r n i t z a und der M o r a v a ziehenden — etwa
100 m die Thalsohle überhöhenden Waldrücken „L j u b i t s c h"
haben im Jahre 1815 etwa 3500 Serben gegen 5000 Türken
einen Sieg erfochten.

Die D e s p o t o v i c a fliesst einige Kilometer südlich
der Kreisstadt G o r n j M i l a n o v a c in einer Felsschlucht,
durch welche schon im Jahre 1874 eine in den Felsen ge-
sprengte Chaussee führte. Gegenüber von K r a l j e v o
mündet die bedeutendere G r u z a, deren Thal im untersten
Laufe bis zu 3 Kilometer breit und sehr gut kultivirt ist.
Im Mittellaufe hingegen ist deren Thal durch eine längere
Strecke sehr beschränkt, weshalb sich daselbst auch keine
Ansiedlungen befinden.

Die B u g a r s k a (bulgarische) M o r a v a entsteht aus
mehreren Quellbächen im Vilajet K o s s o v o und bildet
gewissermassen den Gegenfluss der Sitnica, eines Neben-
flusses des I b a r. Am Nordabhange dieser Wasserscheide
erstreckt sich das von der S i t n i c a durchflossene Hoch-
land: „K o s s o v o - p o l j e" (Amselfeld), wo seiner Zeit die
serbische Freiheit für mehrere Jahrhunderte begraben
worden war.

Die B u l g a r i s c h e M o r a v a betritt unweit V r a n j a
das neuserbische Gebiet, durchfliesst bei im Allgemeinen
nördlicher Laufrichtung ein — anfangs beschränktes, jedoch
immer mehr sich erweiterndes, gut bebautes Thal und vereinigt sich, wie schon mehrmals erwähnt wurde, bei S t a l a c
mit der S e r b i s c h e n M o r a v a. Etwa in der Mitte der
Flusstrecke: Vranja-Leskovac ist das Thal in einer Länge
von ungefähr vier Wegstunden von theils bewaldeten,
theils felsigen Gebirgshängen eingeengt, worauf die fruchtbaren Thalbecken von L e s k o v a c, N i s c h und A l e k s i n a c
folgen. Ungefähr zehn Kilometer oberhalb der Vereinigung
mit ihrem Schwesterflusse ist das Thal der bulgarischen
Morava abermals durch Waldgebirge verengt.

Dieselbe wird theils von mehreren Strassenbrücken

theils von zehn Eisenbahn-Brücken übersetzt.*) Das Thal
ist bis Nisch reich an Naturreizen, welche Gopcevic in
seinem Werke **) in Wort und Bild interessant schildert.
Besonders der kurze Engpass bei Kurvingrad mit
seinen lothrechten Felswänden ist wildromantisch.

Die Zuflüsse der Bulgarischen Morava sind r e c h t s :
die V r l o r j e k a , die L j u b a r a z d a , welche ein enges
Thal durchfliesst und gegenüber von Leskovac mündet,
ferner die N i s c h a v a , welche von Bulgarien kommend
bei Caribrod die serbische Grenze betritt und westlich
Nisch mündet. In ihrem Thale liegen die, durch den sieg-
reichen Vormarsch der Bulgaren im Jahre 1885 bekannten,
Städte P i r o t und B e l a P a l a n k a. Ihr Thal ist im Allgemeinen ziemlich geräumig, fruchtbar und gut kultivirt.
Nur zwischen Bela Palanka und Nisch bildet das Thal auf
einer Strecke von zwölf Kilometer eine solche Enge,
dass sowohl die alte Heerstrasse als die jetzige Bahntrace
zum Ausweichen nach Süden gezwungen wurden. Endlich
mündet noch bei Aleksinatz die meist in einem beschränkten,
von waldigen Hängen eingeschlossenen Thale fliessende
M o r a v i c a (oder kleine Morava).

Von den l i n k s s e i t i g e n Zuflüssen der B u l g a r i s c h e n
M o r a v a sind folgende der Erwähnung werth; und zwar:
die V e t e r n i c a , die M e d v e d j a , dann die T o p l i c a , welche
in dem Thalbecken von K u r s c h u m l j e , von den Ostab-
hängen des Gebirgsstockes Kopaonik kommend, zahlreiche
Zuflüsse aufnimmt, sodann in einem ziemlich geräumigen
und fruchtbaren Thale an der neuserbischen Stadt Prokuplje
vorbeifliesst und unmittelbar südlich der Felsenge bei
Kurvingrad in die Bulgarische Morava mündet. Von Kur-

---

*) Strassenbrücken bestehen, ausser primitiven Uebergängen
im obersten Laufe, bei V r a n j a, beim D j e v o - H a n, beim G r d e l i c a -
H a n (beide in der Thalenge oberhalb Leskovac) dann beim Dorfe
T s c h e t s c h i n a, bei Mramor (westlich Nisch), bei A l e k s i n a t z ,
D j u n i s und bei Stalac.
**) Serbien und die Serben 1888, Leipzig bei Elischer.

schumlje führt in deren Thale eine gute Fahrstrasse über
Prokuplje nach Nisch Schliesslich wäre, ausser einigen unbedeutenden Bächen, die Djuniska rjeka anzuführen, welche
bei dem, durch die im Jahre 1876 daselbst zwischen Serben
und Türken geschlagene Schlacht berühmten, Orte Djunis
von einer etwa 30 m langen Brücke übersetzt wird.

Die vereinigte Morava ist wasserreich und hat
schon bei Stalac eine Breite von etwa 80 m, welche sich
jedoch im Unterlaufe bis zu 250 m vergrössert. Ihre Tiefe
wechselt zwischen 6 und 8 m und das Gefälle beträgt
zwischen Stalac und Tschuprija 1 Meter auf 1618 Meter,
vermindert sich jedoch weiter abwärts um ein Bedeutendes.
Das unterste Thal von Svilajnac abwärts steht gelegentlich
der Ueberschwemmungen in der Donau meist zum grossen
Theil unter Wasser. Diese Strecke des Morava-Thales ist
auch an vielen Stellen versumpft und wenig bewohnt.
Hier könnte eine rationelle Regulirung des Flusslaufes und
die damit Hand in Hand gehende Trockenlegung der mitunter über 15 Kilometer breiten Thalsohle mehrere Tausend
Hektare vorzüglichen Bodens der Cultur gewinnen.

Auch die Schiffahrt kann auf diesem vollkommen ver-
wilderten Flusslaufe unmöglich zweckentsprechend betrieben
werden. Obwohl die Morava von Tschuprija abwärts mit
Kähnen befahren werden kann, so ist dieser geringfügige
Verkehr doch nur von geringem Belange.

Im Jahre 1867 erhielt die Donau-Dampfschiffahrts-
Gesellschaft von der serbischen Regierung die Ermäch-
tigung, auf der Morava einen Dampfschiffs-Verkehr ins
Leben zu rufen.

Die Gesellschaft sollte die technischen Leiter, die
serbische Regierung hingegen die nöthigen Pontonnier-
Soldaten beistellen, um die Schiffahrts-Hindernisse zu beseitigen.

Es stellte sich jedoch bald heraus, dass die Regulirungs-
kosten viel zu gross gewesen wären; nachdem vorerst
Schutzmassregeln gegen die alljährlich wiederkehrenden

Hochwasser-Ueberschwemmungen, sowie Durchstiche zur Abkürzung grosser Flusskrümmungen, als nothwendig erkannt wurden und schliesslich hätte das Bett selbst von den vielen Baumstämmen, Steinen und Untiefen gereinigt werden müssen, welche einen geregelten Schiffsverkehr unmöglich machen.

In Folge der Eröffnung der längs des Morava-Thales nach Smederevo an der Donau führenden Bahntrace ist die Regulirungsfrage wieder auf unbestimmte Zeit vertagt worden; obwohl eine grosse Fläche vorzüglichen Culturbodens hiedurch vollkommen brach liegen muss. Allerdings hat Serbien bei seiner geringen Bevölkerungsziffer noch nicht das Bedürfniss, jeden Fleck seiner Bodenfläche sorgfältigst ausnützen zu müssen.

Es ist interessant zu erfahren, dass der englische Arzt Ed. Brown, welcher Serbien im Jahre 1669 bereiste, mittheilt; es hätte damals die Morava die Haupthandels- und Verkehrsstrasse zwischen Serbien und Ungarn gebildet: wobei hauptsächlich Salz eingeführt worden sei.

Die Zuflüsse der vereinigten Morava sind, rechts die meist unbedeutenden Gewässer: Crnica, Kavanica und Resava; ferner links: die Gruza, der antike Lugomir, die Belica, an welcher Jagodina liegt, dann die Lepenica, die in Kragujevatz zwei etwa 24 m lange Brücken hat; endlich die Jasenica.

Unterhalb Svilajnac beginnt die Deltabildung der Morava, indem sich vorerst mehrere Flussarme rechts vom Hauptbette abzweigen, von denen der grösste den Namen Resavtschina führt und sich westlich von Pozarevatz wieder mit der Morava vereinigt; während die etwa 35 Kilometer unterhalb Svilajnac von der Morava abzweigende Jesava rjeka sich nicht mehr mit derselben vereinigt, sondern 12 Kilometer oberhalb der Morava-Mündung bei Smederevo in die Donau fällt.

Stabile Brücken hat die vereinigte Morava nur bei Obrez (?) Tschuprija, ferner in der Nähe von Pozarevac,

beim Staatsgestüte Ljubitschevo und bei Dragovac (?).
Vor zwanzig Jahren bestand bei Tschuprija eine solide
Pontonbrücke mit 16 schwimmenden Unterlagen und bei
den drei anderen Orten waren nur Fähren vorhanden; desgleichen gab es solche westlich von Paratschin, dann nordöstlich von Jagodina bei Glogovac, ferner bei Bagrdan,
bei Svilajnac und bei Velike Oraschje östlich
von Palanka.

Der nächste rechtsseitige Zufluss der
Donau ist die Mlava, welche am Westabhange der
Stolovi planina entspringt und bei Kostolac gegenüber der
grossen Insel Ostrov in die Donau mündet. Das Mlava-
Thal ist im Oberlaufe bis gegen Petrovac sehr enge, weiter
abwärts jedoch durchwegs zwischen 3 bis 5 Kilometer breit
und gut kultivirt.

Der nächste Donau-Zufluss ist der Pek, welcher
seinen Ursprung am Nordabhange der Stolovi planina,
unweit der Mlava-Quelle hat und bei Gradischtje in
die Donau mündet. Dessen Thal ist bis zu den Schmelz-
hütten des nahen Kupferbergwerkes von Majdanpek sehr
beschränkt, sodann kommen einige Beckenbildungen, wie
jene bei Kruschevica (Kutschevo) vor und im untersten
Laufe ist die Thalsohle 2 bis 3 Kilometer breit und meist
gut bebaut.

Etwa 5 Kilometer östlich von Dolnji Milanovac
ergiesst sich die Porotschka rjeka, ein torrenten-
artiger Gebirgsbach in die Donau, in dessen engem Thale
eine Fahrstrasse von der Donau in das Timokthal nach
Zajetschar führt.

Nach dem Austritte aus der Felsenge des Eisernen
Thores nimmt die Donau einige aus der Mirotsch plania
kommende Gebirgs-Bäche; z. B. den Podorschki, den
Zlatinski und den Zamna potok auf, welche alle mit
starkem Gefälle in engen Waldschluchten dem Donaubette
zueilen.

Der letzte hier in Betracht kommende Donauzufluss

ist der in seinem untersten Laufe die Grenze gegen Bulgarien bildende Timok.

Der Timok entsteht bei Knjazevac durch die Vereinigung des Sorljitschki (auch Beli) Timok und des Trgovischki Timok, wovon der erstere am Nordhange der Babina glava (nördlich von Bela Palanka im Nischava-Thale) und der letztere am Pass Sv. Nikolaja in der Stara planina (Westende des Balkan-Gebirges) entspringt.

In den engen Thälern dieser beiden Quellflüsse führen militärisch wichtige Strassen aus dem Timok-Thale theils in das Nischava-Thal nach Bela Palanka und Pirot, theils nach Belogradschik in Bulgarien (Widiner Kreis).

Von Knjazevac durchfliesst der Timok mit anfangs nördlichem und dann nordöstlichem Laufe ein durchschnittlich 1 bis 2 Kilometer breites, sehr gut kultivirtes Thal, welches bei Vratarnica eine kurze Waldenge bildet und hierauf gegen Zajetschar hin wieder an Breite zunimmt. Etwa eine Wegstunde unterhalb Zajetschar beginnt eine etwa 12 Kilometer lange Felsenge, nach welcher das Thal noch immer ziemlich beschränkt bleibt bis es sich oberhalb Bregovo plötzlich auf etwa 3 Kilometer Breite öffnet und weiter in die gegen 16 Kilometer lange und fast 15 Kilometer breite Ebene von Negotin — die sehr fruchtbare und besonders weinreiche „Krajna" übergeht.

Der Timok mündet unterhalb Radujevac in die Donau.

Von unterhalb Zajetschar bildet der Timok die serbischbulgarische Staatsgrenze, welche vor nicht langer Zeit durch die Verhandlungen in der bekannten Bregova-Affaire eine Berichtigung zu Gunsten Serbiens erfuhr. Der Timok pflegt häufig in seinem untersten Laufe nach Hochwässern sein Bett zu verändern, ein Umstand der ihn eben zum Grenzflusse wenig geeignet macht.

Bei Knjazevac und Grljan unweit Zajetschar führen über den Timok stabile Brücken.

Im Timok-Thale führt eine 85 Kilometer lange, schmal-

spurige Kohlenbahn von Radujevac (an der Donau) nach
dem Bergwerke im Grenzgebirge Vrschka Tschuka und
nebstbei folgt dem ganzen Flusslaufe eine fahrbare Strasse.
Von den Zuflüssen des Timok können die rechtsseitigen füglich übergangen werden, weil dieselben wegen
der grossen Nähe der durchschnittlich 1000 m hohen bulgarischen Grenzgebirge durchweg nur reissende Gebirgs-
bäche von kurzem Laufe sind.

Von den linksseitigen Zuflüssen des Timok
mögen nachstehende Erwähnung finden.

Der Crni Timok (Schwarzer Timok) auch Crna
rjeka genannt, sammelt seine Quellen am Südfusse der
Golubinje planina, führt im Oberlaufe auch den Namen
Mali (Kleiner) Timok dann auch Krivovirski Timok und
fliesst mit sehr gewundenem Laufe in einem meist engen
Thale und mündet unterhalb Zajetschar in den eigentlichen
Timok. Bei Zajetschar führen über denselben zwei feste
Strassenbrücken, während er im oberen Laufe zumeist ohne
künstliche Mittel passirt wird.

Die Bela rjeka entspringt am südöstlichen Fusse
des Gebirgsstockes Stolovi planina, durchfliesst ein meist
enges Thal, in welchem die Fahrstrasse von Zajetschar
nach Doluji Milanovac an der Donau führt, und mündet
einige Kilometer unterhalb des Crni Timok in den eigentlichen Timok.

In der Negotiner-Ebene (Krajna) nimmt der Timok
noch mehrere wasserreiche Bäche auf, welche die Frucht-
barkeit dieses gesegneten Landstriches noch erhöhen; es
sind die bei Bregova mündende Tschubra, dann die
Jasenica und die Samarinovacka, welche sich unweit
Radujevac vereinigen und alsbald in den Timok münden.

Am 31. Dezember 1890 (12. Jänner 1891) wurde in
Serbien, nach der in anderen Staaten üblichen Weise, eine
allgemeine Volkszählung vorgenommen, welche alle in
früheren Jahren vorgenommenen Volkszählungen an Ge-
nauigkeit bedeutend übertreffen dürfte. Die Resultate der-

selben wurden im Laufe des Jahres 1891 von der statistischen Abtheilung des serbischen Ackerbau-Ministeriums in einem Buche veröffentlicht, dessen wesentlichste Angaben im Nachfolgenden angeführt werden.

Ende 1890 gab es im Königreiche Serbien 1270 Gemeinden, davon 71 städtische (sammt den Marktflecken) und 1199 Dorfgemeinden. In den städtischen Gemeinden gab es 50.457 Häuser mit 293.328 Einwohnern, in den Dorfgemeinden 286.811 Häuser mit 1.869.290 Einwohnern; mithin kamen auf ein Haus in der Stadt 5,8 Einwohner, — im Dorfe 6,5 und im Durchschnitte überhaupt 6,4 Bewohner auf ein Haus.

Ueber diese durchschnittliche Zahl erheben sich die Kreise: Podrinje mit 7,2, Toplitza mit 7,1, Pirot mit 6,9, — Podunawlje mit 6,8, Timok mit 6,7 und Vranja mit 6,5 Einwohnern auf ein Haus.

Die für einen westeuropäischen Leser befremdende Thatsache, dass ein Haus im Dorfe mehr Einwohner habe, als ein Haus in der Stadt, erklärt sich aus der spezifisch, serbischen Institution der Hauskommunion (Zadruga), wo mehrere Hausstände derselben Familie in demselben Hause wohnen.

Gemeinden mit einer relativ grossen Bevölkerung giebt es in Serbien wenige. Die meisten (484) zählen zwischen 1001 bis 1500 Seelen. 5001—6000 Seelen zählen 9 Gemeinden, von 6001—7000 Seelen — 4 Gemeinden, von 7001—8000 Seelen — eine — mit 8001—10.000 Seelen gibt es 2 und über 10.000 Seelen zählen 5 Gemeinden.

Bei der letzten Volkszählung fand man 2,162.759 Einwohner faktischer Bevölkerung, während die legale Bevölkerung die Ziffer von 2,172.814 Seelen beträgt; wovon 1,119.282 männliche und 1,053.532 weibliche Bewohner sind.

Gelegentlich der Volkszählung von 1884 fand man 1,897.869 Einwohner faktischer und 1,901.736 Seelen legaler Bevölkerung. Der Zuwachs betrug daher in den 6 Jahren (1884—1890) bei der faktischen Bevölkerung 264.890 und

bei der legalen Bevölkerung 271.078 Seelen. Dies macht
rund 2,37 Prozent pro Jahr. Der Zuwachs der männlichen
Bevölkerung betrug in diesen 6 Jahren 2,50 Prozent, jener
der weiblichen hingegen nur 2,24 Prozent.

Das Verhältniss zwischen den beiden Geschlechtern
ist seit 1884 unverändert geblieben, nämlich 100 : 96. —
Einen Unterschied macht das Verhältniss der Geschlechter
bei der städtischen und bei der Landbevölkerung. —
Während sich dieses Verhältniss 1884 in den Städten derart stellte, dass auf 100 männliche 85 weibliche Bewohner
kamen, stand es Ende 1890 wie 100 : 83. In den Landgemeinden ist das Verhältniss 100 männlich zu 95 weiblich
in jenen 6 Jahren gleich geblieben.

Auffallend ist die Erscheinung, dass bei allen Staaten
auf der Balkan-Halbinsel, im Gegensatze zu dem übrigen
Europa, die männliche Bevölkerung der weiblichen nume-
risch überlegen ist (im Jahre 1884 — 50,000; im Jahre 1890
gegen 70,000).

Nach den einzelnen Kreisen stellen sich die Resultate
der beiden Conskriptions-Jahre 1884 und 1890 also:

Kreis	1890	1884	Zuwachs in Procenten
Valjevo	114,940	100,757	14,08
Vranja	149,465	128,276	16,52
Kragujevac	140,686	121,573	15,72
Krajina	92,523	83,549	10,74
Kruschevac	150,694	129,496	16,37
Morava	161,083	140,937	14,29
Pirot	121,808	109,433	11,31
Drina	178,946	157,274	13,88
Donau	257,786	215,854	19,43
Poscharevac	207,243	184,122	12,56
Rudnik	153,442	138,438	10,86
Timok	93,552	83,870	11,47
Toplitza	140,146	115,551	21,20 (!)
Uschitze	140,162	128,526	9,05
Crna Reka	70,332	64,080	9,76

Die städtische Bevölkerung betrug: 1890 : 284,443, im Jahre 1884 : 237,304. Sie vermehrte sich daher binnen 6 Jahren um 47,139 Seelen oder fast 20 um Prozent. Hievon kommt der Löwenantheil auf Belgrad, welches von 35,483 Einwohnern, die es im Jahre 1884 gehabt, auf 54,458 gestiegen ist.

Die einzelnen Städte wiesen mit Ende des Jahres 1890 folgende Bevölkerungsziffern auf: Aleksinatz 5780, Belgrad 54,458, Valjevo 5976, Vranja, 11,591 Gorji Milannovac 2025, Zajtschar 5814, Jagodina 4660, Kujaschevac 5053, Kragujevac 11,932, Kruschevac 6730, Loznitza 3628, Njegotin 5426, Nisch 19,970, Pirot 10,108, Poscharevac 11,216, Prokuplje 4866, Semendria (Smederevo) 6784, Tschuprija 4649, Uschitze 6664, Tschatschak 3869, Schabatz 10,732. — Von den Marktflecken wären noch zu erwähnen: Leskovatz mit 12,264, Paratschin mit 5647 und Svilajinac mit 5127 Einwohnern.

Das Verhältniss der Bevölkerung zum Flächeninhalt stellt sich folgendermassen dar:

Kreis	Flächeninhalt in qkm.	Entfällt auf 1 qkm.		Zunahme
		im Jahre 1890	im Jahre 1884	
Valjevo	2907,1	40	35	5
Vranja	4196,7	36	31	5
Kragujevac	2385,4	63	51	12
Krajina	3258,7	28	26	2 (!)
Kruschevac	3255,5	46	40	6
Morava	3109,5	52	45	7
Pirot	3142,8	39	35	4
Drina	3266,6	53	46	7
Donau	3241,9	80	67	13 (!)
Poscharevac	3638,5	57	51	6
Rudnik	4551,5	34	30	4
Timok	2091,8	45	40	5
Toplitza	3632,6	39	32	7
Uschitze	4373,3	32	29	3
Crna Reka	1439,5	49	45	4
Ganz Serb.	48,589,4	46,2	42,8	3,4

Die grösste Bevölkerungsdichtigkeit per Quadratkilometer zeigt der Donau-Kreis, wohl wegen der Hauptstadt
Belgrad, nach welcher Viele von auswärts kommen, daher
auch in demselben der grösste Zuwachs, mit 13 per Quadratkilometer, vorkommt. Von den übrigen Kreisen zeigt verhältnissmässig die grösste Bevölkerungszunahme (siehe
auch die erste Zahlen-Tafel) der Kreis Toplitza, weil in
demselben die in den letzten Jahren eingewanderten Montenegriner angesiedelt worden sind.

Die geringe Vermehrung im Kreise Uschitze ist durch
die Armuth der Bevölkerung in den hohen Gebirgen an
der Südwestgrenze Serbiens zu erklären.

Hingegen ist die geringe Bevölkerungszunahme im
Kreise Krajina wohl nur ethnischen Gründen zuzuschreiben,
weil daselbst die Rumänen den grössten Theil der Bevölkerung ausmachen.

Die Bevölkerung ist zum weitaus überwiegenden
Theile, — nämlich etwa 90 Prozent, — serbischer
Nationalität. Auf die ebenfalls zur selben griechisch-
orientalischen Religion gehörenden Rumänen im Osten
Serbiens entfallen rund 7 Prozent, auf die im Lande lebenden Zigeuner etwa 1,9 Prozent, auf die Juden nur 0,2 Prozent, auf die Türken gar nur 0,1 Prozent und auf alle
anderen im Lande ansässigen Nationalitäten kommen circa
0,8 Prozent.

Im Jahre 1874 veröffentlichte der, nach den dies-
jährigen Jänner-Ereignissen entlassene Minister-Präsident,
General Sava Grujitsch (damals noch Artillerie-Hauptmann)
ein in Kragujevatz erschienenes Werk: Vojna organisa-
zija Srbije (Heeres-Organisation Serbiens), in welchem
folgende interessante Daten über die Bevölkerungszunahme
in dem Territorial-Umfange, welchen Serbien als Fürstenthum vor seiner im Jahre 1878 stattgehabten Gebietsvergrösserung besessen hatte, vorkommen.

Nach der Volkszählung im Jahre 1859 ergaben sich

1,108668 Einwohner, bei jener im Jahre 1866 waren
1,213,576 Einwohner nachgewiesen; was einer Zunahme
von 104,908 Seelen oder 9,47 Prozent im Zeitraume von
7 Jahren entsprach, woraus sich etwa 1,3 Prozent per Jahr
ergab. Nachdem von 1866 bis 1874 keine Volkszählung
stattgefunden hatte, so nahm Sava Grujitsch diesen Prozentsatz der Zunahme als konstant an und berechnete für 1874
die Einwohnerzahl Serbiens appraximativ mit 1,340000
Seelen; was mit den Thatsachen auch ziemlich genau
übereinstimmte. (Nach einer anderen Angabe gab es 1874
1,352,522 Einwohner).

Im Jahre 1887 wies die amtliche Statistik nach:
22,555 Trauungen, 93,911 Geburten, — worunter nicht
ganz 9 Prozent uneheliche, — und 50,481 Sterbefälle. Es
betrug somit der Ueberschuss der Geburten etwa 2,16 Prozent speziell für das Jahr 1887; während sich der durchschnittliche Jahres-Prozentsatz für die Periode von 1884
bis 1890, wie oben dargestellt wurde, thatsächlich mit
2,37 Prozent beziffert. Dies findet jedoch seine Erklärung
darin, dass eben innerhalb dieser 6 Jahre die grösste Zahl
der nunmehr in Serbien angesiedelten Montenegriner einge-
wandert war.

Man dürfte daher nicht fehlgehen, wenn man die Bevölkerungszunahme — ohne Berücksichtigung der ausnahmsweise stattgehabten Einwanderung Fremder — mit
rund 2,20 Prozent pro Jahr als vorläufig konstant annimmt;
dies ist ohnehin bedeutend höher angenommen, als die
Bevölkerungsstatistik in allen übrigen Staaten Europas
nachweist.

Wenn man diesen Prozentsatz von 2,20 für die weitere
Bevölkerungszunahme seit Anfang 1891 gelten lässt, so
dürfte sich die Einwohnerzahl bis Ende 1893 auf etwa 2,314,000
Einwohner faktischer und auf 2,324,000 Seelen legaler Bevölkerung belaufen haben.

Ueber den Volkscharakter, die Lebensweise, Sitten

und Gebräuche des serbischen Volkes wurde schon in der „Einleitung" berichtet.

Obwohl Serbien mit Oberitalien unter einem Breitegrade liegt, so entspricht dessen Klima doch mehr jenem der österreichischen Alpen-Provinzen, oder wie A. Ubicini in seinem Werke: „Les Serbes de Turquie" (Paris 1865) sagt: „Doueé d'un climat doux et tempéré, qui rappelle celui de nos contrées du centre."

In den hauptsächlich ebenen Theilen im Norden des Landes ist das Klima milder, ungefähr ähnlich jenem von Südsteiermark, während es in den allmälig gegen Süden ansteigenden Gebirgsgegenden immer rauher wird und daselbst beiläufig mit dem Klima Kärnthens verglichen werden kann.

Die mittlere Jahres - Temperatur beträgt $+$ 13° C., jene des Sommers im nördlichen Theile durchschnittlich $+$ 23° C.; sie steigt jedoch an manchen Tagen des Hochsommers bis zu 45° C. im Schatten! Im Winter sinkt selbst im milderen Norden die Temperatur mitunter bis auf $-$ 15° C. und im rauheren Süden sogar bis auf $-$ 25° C., woselbst der Winter überhaupt in manchem Jahre bis zu sechs Monaten andauert.

Die schönste Jahreszeit von anhaltender Dauer pflegt in der Regel in die Monate September und Oktober zu fallen, wogegen gewöhnlich im Juli und August die intensivste Hitze herrscht. Mitunter findet auch ein sehr rascher Temperaturwechsel statt, welcher an einem Herbsttage mit 15° C. beobachtet worden ist.

Das eigenthümliche Klima Serbiens findet seine Erklärung in dem allmäligen Ansteigen des Landes gegen Süden und durch dessen Waldreichthum.

Das Land ist in Folge dessen gegen die aus der wallachischen Tiefebene herüberwehenden mitunter sehr rauhen Winde nur wenig geschützt, während die milden Süd- und Westwinde durch die hohen und bewaldeten Grenzgebirge abgehalten werden.

Durch die zahlreichen ausgedehnten Waldungen findet im Sommer eine sehr starke Ausdünstung und mitunter eine ebenso plötzliche, als empfindliche Abkühlung der Erde statt, wodurch häufige Gewitterbildungen veranlasst werden.

Anhaltende, manchmal bis zu drei Wochen dauernde, Landregen stellen sich meist gegen Ende April oder auch im Spätherbste ein.

III. Kapitel.

Regierung und Verfassung.

Serbien war im Jahre 1879 in Folge des Berliner Vertrages ein unabhängiges Fürstenthum geworden und ist seit dem 22. Februar (6. März n. St.) 1882 ein konstitutionelles Königreich.

An seiner Spitze steht als Oberhaupt des Staates der König.

Er ist unverantwortlich und seine Person unverletzlich.

Er genehmigt und erlässt die von der Skuptschina (Volksvertretung) durchberathenen und votirten Gesetze und seinen Befehlen gehorcht das gesammte Heer. Die Minister sind sowohl dem Könige, als auch der Skuptschina verantwortlich. Er repräsentirt den Staat gegenüber den fremden Mächten und schliesst mit ihnen Verträge ab.

Des Königs Grossjährigkeit tritt gesetzmässig mit seinem vollendeten 18. Lebensjahre ein. Er muss unbedingt der griechisch-orientalischen (orthodoxen) Religion angehören und leistet den Eid auf die Verfassung sowohl mündlich als schriftlich. — Die Verfassung schreibt übrigens genau vor, was im Falle einer Erledigung des Thrones zu geschehen habe. Nach der Staatsverfassung (Ustav) vom 22. December 1888 (a. St.) ist die Königswürde in der Familie Obrenovitsch erblich. —

Gegenwärtig ist König von Serbien Alexander I. aus dem Hause Obrenovitsch.

Nachdem derselbe noch nicht grossjährig war (König Alexander I. ist am 14. August 1876 geboren, daher noch nicht 18 Jahre alt), so ernannte Milan I. anlässlich seiner Abdankung am 6. März 1889 (n. St.) eine Regentschaft, welche jedoch Alexander I., unter Androhung von Waffengewalt, am 13. (1.) April 1893 gelegentlich eines Hofdiners zur Demission zwang und sich, im Widerspruche zur Staatsverfassung, gewissermassen selbst grossjährig erklärte.

Hierdurch wurde der erste Grund zu der heute in Serbien herrschenden Lage gelegt. Die eingetretene Missstimmung im Lande nützte die rücksichtslos vorgehende radikale Partei für ihre Zwecke aus und zwang schliesslich den energischen jungen König zu dem Schritte, dass er seinen Vater, den Exkönig Milan, — welcher mittlerweile auch die serbische Staatsbürgerschaft abgelegt haben soll, — an seine Seite nach Belgrad berief, wo derselbe am 21. Januar 1894 (n. St.) thatsächlich eingetroffen ist und nunmehr, nach Entlassung des radikalen Ministeriums, an der Führung der Staatsgeschäfte einen hervorragenden Antheil nehmen dürfte.

Die Situation in Serbien ist demnach in jüngster Zeit in dürren Worten folgende: Der König ist noch nicht grossjährig und Milan ist nicht mehr Träger der Krone, daher ist die Regierungsthätigkeit Beider nicht im Einklange mit der Staatsverfassung, welche für den Fall einer Erledigung des Thrones und einer Regentschaft alle Massnahmen auf das Genaueste vorgesehen und festgesetzt hat, welche jedoch ausser Acht gelassen wurden. Alexander I. kann sich demnach augenblicklich nicht „von Gottes Gnaden und durch den Willen des Volkes" König von Serbien nennen, wie sich Milan vor seiner Abdankung mit vollem Rechte genannt hatte.

Der sonst friedliebende, aber an den Grundfesten seiner Staatsverfassung zähe festhaltende Theil des serbischen

Volkes ist nun durch diesen an der Spitze der Regierung bestehenden Widerspruch ebenfalls gereizt und dürfte daher dem Ansturme der radikalen Wühler noch weniger gewachsen sein, als früher.

Mit dem 21. Jänner 1894 ist nun die Staatsverfassung thatsächlich suspendirt und regiert König Alexander I. mit seinem Vater Milan gewissermassen absolut; nachdem auch die Volksvertretung (Skuptschina) auf unbestimmte Zeit vertagt worden ist.

Dem König zur Seite steht der Ministerrath, in welchem ein vom ihm ernannter Minister den Vorsitz führt. Der König ernennt und entlässt die Minister. Wegen Hoch- oder Landesverrath, Verletzung der Verfassung, dann wegen eines dem Staate durch Pflichtvergessenheit, oder aus persönlichem Interesse zugefügten Schadens kann ein Minister in den Anklagezustand versetzt werden.

Bei Verhandlungen von besonderer Wichtigkeit führt der König im Ministerrath persönlich den Vorsitz.

In Serbien giebt es acht Ministerien, nämlich: Aeusseres, Inneres, Krieg, Justiz, Finanzen, Oeffentliche Arbeiten, Kultus und Unterricht, dann Ackerbau und Handel.

Der Minister des Aeussern ist mit der Unterhaltung der Beziehungen zu den fremden Mächten betraut. Er verhandelt über die Verträge und Uebereinkommen und überwacht deren Ausführung. Er verkehrt mit den Vertretern Serbien's im Auslande und unterhält Beziehungen zu den beim Könige beglaubigten fremden Gesandten und diplomatischen Agenten. Er schützt die serbischen Staatsbürger und deren Interessen im Auslande. Ueberdies ist der Minister des Aeussern auch Ordens-Kanzler.

Dieses Ministerium zerfällt in zwei Abtheilungen, nämlich: in eine politische und eine administrative.

Vom Minister des Aeussern sind auch die bei fremden Mächten beglaubigten Vertreter Serbiens abhängig, welche nachstehende Titel führen: Ausserordentliche Gesandte und bevollmächtigte Minister, dann Ministerresidenten, Ge-

schäftsträger, endlich General-Konsuln, Konsuln und Vize-
konsuln.

Im Jahre 1888 unterhielt Serbien Gesandtschaften in
Wien, Berlin, Petersburg, London, Rom, Konstantinopel,
Athen, und Bukarest. Es war beabsichtigt, aus wirthschaftlichen Gründen die Gesandtschaftsposten, mit Ausnahme jener von Wien, Petersburg und Konstantinopel,
aufzuheben.

Ausserdem befindet sich ein diplomatischer Agent in
Sofia, dann je ein besoldeter Generalkonsul in Budapest,
Skoplje und Salonik; während alle übrigen Generalkonsuln
und Konsuln Serbiens im Auslande Honorarkonsuln sind.
Am 5. Mai 1889 wurde auch in Monastir ein serbisches
Konsulat neu errichtet.

In Belgrad unterhalten: Oesterreich-Ungarn, Deutschland, Frankreich, Russland (erst seit dem Feste der feierlichen Salbung des Königs Alexander im Jahre 1889), England, Italien, Rumänien, Belgien, die Türkei und Griechenland ausserordentliche Gesandte und bevollmächtigte,
Minister, hingegen die vereinigten Staaten (und bis 1889
auch Russland) nur einen Minister-Residenten und Bulgarien
einen diplomatischen Agenten.

Ausserdem giebt es in Belgrad je einen österreichisch-
ungarischen und italienischen Konsul und in Nisch je
einen österreichisch-ungarischen, italienischen, französischen
und türkischen Vizekonsul.

Der Minister des Innern sorgt für den Schutz
der Person und des Eigenthums, für die öffentliche Gesundheitspflege und den Gesundheitsdienst. Er wacht
über die Ausführung des Vereins- und Versammlungs- dann
des Press- und Kolportage-Gesetzes. Er ist mit der Einberufung der Skuptschina und mit der Leitung der Wahlen
für dieselbe betraut.

Die Staatspolizei, mit der ihr zur Verfügung stehenden
Gendarmerie, untersteht verfassungsgemäss seinem Befehle.

Das Ministerium des Innern zerfällt in eine Sanitäts- und eine Polizei-Abtheilung.

Die Ministerien des K r i e g e s, der J u s t i z, der F i n a n z e n und ö f f e n t l i c h e n A r b e i t e n; dann jenes für K u l t u s und U n t e r r i c h t, sowie das M i n i s t e r i u m f ü r A c k e r b a u u n d H a n d e l werden in den diesen Verwaltungszweigen speziell gewidmeten Kapiteln zur Besprechung gelangen.

Ausser dem Ministerium, steht dem Könige noch ein „S t a a t s r a t h" zur Seite, welcher aus dem ehemaligen „Senate" hervorgegangen ist.

Im Jahre 1835 wurde durch die Verfassung und 1838 durch das von der Pforte herausgegebene organische Statut dem damaligen Fürsten ein „Senat" zur Seite gestellt, welcher gewissermassen eine ununterbrochene juristische Vertretung der Volksinteressen zur Aufgabe hatte und gleichzeitig an der Gesetzgebung des Landes und an der Kontrolle der Staatsverwaltung theilnehmen sollte.

Dieser Senat wurde im Jahre 1861 umgestaltet und bestand damals aus einem vom Fürsten auf Lebenszeit ernannten Vorsitzenden, aus dessen Stellvertreter, dann dem Thronfolger nach erlangter Grossjährigkeit und 17 ebenfalls vom Fürsten ernannten Mitgliedern, welche mindestens das 35. Lebensjahr überschritten und durch 10 Jahre im Staatsdienste mit Auszeichnung verwendet worden sein mussten.

Einen untrennbaren Bestandtheil des Senats bildete die oberste Kontrollbehörde, welche aus einem Vorsitzenden und zahlreichen Rechnungsbeamten zur Prüfung der öffentlichen Einnahmen und Ausgaben, bestand.

Bei der im Jahre 1869 stattgehabten Verfassungsänderung (zur Zeit der Regentschaft: Blaznavac, Ristitsch und Gavrilovitsch) wurde der Senat in einen „S t a a t s r a t h" umgewandelt. Derselbe bildet nach dem Staatsoberhaupte die zweite Obrigkeit im Lande.

Seine Mitglieder wurden bis zur Abänderung der Verfassung im Jahre 1889 durch den König ernannt. Sie gehören zu den besoldeten Staatsbeamten. Ihre Zahl durfte nie geringer sein, als 11 und nicht höher als 15. Der König ernannte einen Vorsitzenden, — jedoch nicht mehr auf Lebensdauer, — und dessen Stellvertreter.

Seit 1889 werden die Mitglieder des Staatsrathes — jetzt 16 — gewählt. Hierfür werden von der königlichen Regierung 8 und von der Skuptschina 16 Kandidaten vorgeschlagen. Aus diesen 24 Kandidaten werden sodann erst die 16 Staatsräthe gewählt.

Staatsrath soll nur Jener werden, der in Serbien geboren oder gesetzmässig naturalisirt und 35 Jahre alt ist, ferner soll er wenigstens 10 Jahre lang gedient haben und liegende Güter in Serbien besitzen, oder eine Fakultät absolviert haben. In der jüngsten Zeit hat die radikale Partei mehrere junge Lehrer von Untergymnasien, trotz des Protestes der Liberalen, in den Staatsrath gewählt.

Der Staatsrath hat bei Weitem nicht mehr die ausgedehnten und nicht hinlänglich klar begrenzten Befugnisse und Vorrechte des früheren Senats. — Er giebt seine Ansicht über alle ihm von der Regierung vorgelegten Fragen; er bearbeitet und prüft die Gesetzvorlagen und die Verwaltungsvorschriften; er entscheidet über die Klagen gegen ministerielle Entscheidungen in Verwaltungsangelegenheiten, sowie auch bei Competenzstreitigkeiten zwischen den Verwaltungsbehörden selbst; er genehmigt die Verwendung von Staatsmitteln für öffentliche Arbeiten, falls hiedurch der den einzelnen Ministerien bewilligte Kredit überschritten werden sollte; er entscheidet über die ausnahmsweise Zulassung zum serbischen Staatsbürgerrecht; er ermächtigt die Regierung zur Aufnahme von Staatsanlehen; er entscheidet über die Besteuerung der Kreise, Bezirke und Gemeinden, wenn deren Höhe jenen Betrag überschreiten sollte, bis zu welchem das Gesetz die Verwaltungsbehörden ermächtigt; er genehmigt die von Kreisen, Bezirken und Gemeinden beabsichtigte Aufnahme von An-

lehen, sowie auch den Verkauf der diesen gehörenden
öffentlichen Güter; er entscheidet ob im Interesse der
allgemeinen Nützlichkeit, im Rahmen der bestehenden
Gesetze, eine Enteignung ausgesprochen werden soll; ferner
ertheilt er in aussergewöhnlichen Fällen die Bewilligung
von Vorschüssen aus der Staatskasse und ausnahmsweise
auch aus der Uprava fondova; er entscheidet über die
Abschreibung von uneinbringlichen Forderungen der Staatskasse; schliesslich kann der Staatsrath von dem Rechnungs-
hofe die nöthigen Berichte und Aufklärungen über die
Staatsrechnungen verlangen.

Man sieht aus dem Vorstehenden, dass der Staatsrath
zwar nicht mehr einen immer tagenden Ausschuss der
Volksvertretung darstellt, wie dies beim früheren Senate
der Fall war, dass derselbe jedoch ein zwischen der Krone
und dem Ministerium stehendes berathendes und über-
wachendes Mittelglied der Regierungsgewalt vorstellen
soll und in diesem Sinne mit ähnlichen Einrichtungen in
andern Staaten kaum verglichen werden kann.

Die Skuptschina oder Nationalversammlung (eigentlich Volksvertretung) war bei den Serben seit jeher das
Mittel, durch welches das an seiner Freiheit zähe festhaltende Volk seinen Einfluss auf die gesammte Regierungsthätigkeit im Lande geltend machte. Man könnte sagen,
dass diese konstitutionelle Einrichtung so alt sei, wie die
serbische Nation selbst und es soll die Skuptschina selbst
während der Türkenherrschaft wiederholt heimlich zusammenberufen worden sein, um die Volksinteressen berathen zu können.

Ehemals war dieselbe eine mehr patriarchalische Versammlung der Aeltesten und Angesehensten des Volkes.

Im Jahre 1848 trat die Skuptschina zum ersten Male,
nach einem wieder in Wirksamkeit getretenen Wahlgesetze
zusammen und verlangte dieselbe nun ihre regelmässige
Einberufung nach je drei Jahren. Der damalige Fürst
Alexander Karadjordjevitsch versprach ein diesbezügliches

Gesetz zu erlassen, welches jedoch thatsächlich niemals erschienen ist. — Die erst zehn Jahre später wieder einberufene Skuptschina entthronte diesen Fürsten und schloss die ganze Familie Karadjordjevitsch von der Thronfolge aus; worauf der alte verbannte Milosch Obrenovitsch zur Uebernahme der Regierung zurückberufen wurde. Unter dessen Nachfolger, dem Fürsten Michael erschien das durchgesehene Verfassungsstatut, laut welchem nun die Skuptschina alle 3 Jahre regelmässig zusammentreten sollte; jedoch konnte sie bei wichtigen Anlässen auch ausser diesem Termine einberufen werden.

Der Skuptschina stand das Recht zu, nicht nur die ihrer Genehmigung von der Regierung vorgelegten Gesetzentwürfe zu prüfen und zu berathen, sondern solche auch selbst anzuregen. Ohne ihre Zustimmung sollten weder die Verfassungs- noch die Steuergesetze abgeändert werden.

Der von der Skuptschina gewählte Ausschuss prüfte die abgelaufene Budgetperiode.

Wähler war jeder Steuerzahler, folglich fast ausnahmslos jeder Serbe.

Wählbar wurde er jedoch erst nach erreichtem 30. Lebensjahre.

Den Vorsitzenden und die Sekretäre der ordentlichen Skuptschina wählte der Fürst selbst Auf je 10,000 Seelen entfiel ein Abgeordneter (Skuptschinar).

Im Staatsdienste befindliche Beamte und Militärs hatten weder ein aktives noch ein passives Wahlrecht. Hierdurch wurde die Skuptschina ein rein demokratisches Parlament. Die Skuptschina-Mitglieder genossen volle Immunität und bezogen ein Taggeld von 5 Dinar (Franks) in Gold.

Im Jahre 1869 wurden die gesetzlichen Bestimmungen über die Skuptschina folgendermassen festgesetzt:

Es giebt eine grosse und eine gewöhnliche Skuptschina.

Die Abgeordneten für die grosse Skuptschina werden

vom Volke gewählt und zwar ist deren Zahl vier Mal so gross, als jene der gewöhnlichen Skuptschina.

Die grosse (Velika) Skuptschina wird in folgenden Fällen einberufen:

1) Zur Wahl eines Monarchen, falls der regierende, ohne männliche gesetzmässige Nachkommen zu hinterlassen, gestorben wäre, und um für den Nachfolger die Civilliste festzustellen.

2) Um in den vom Gesetze festgesetzten Fällen die Regentschaft einzusetzen und deren Mitglieder zu wählen.

3) Für eine Aenderung der Verfassung.

4) Im Falle der Nothwendigkeit einer Veräusserung oder Vertauschung von Theilen des Staatsgebietes; endlich

5) in allen jenen Fällen, wo es der Monarch in Angelegenheiten von besonderer Wichtigkeit für nöthig hält, diese Körperschaft um ihren Rath zu fragen.

Für die gewöhnliche Skuptschina, welche bis zum Jahre 1888 durchschnittlich 180 Mitglieder zählte, wählte jeder Bezirk und jede Kreisstadt für sich so viele Abgeordnete, dass auf je 3000 Steuerzahler je ein Volksvertreter entfiel.

Für je 3 gewählte Volksvertreter, ernannte der König einen Abgeordneten „aus den durch ihre Bildung oder Erfahrung in öffentlichen Angelegenheiten hervorragenden Personen". Somit waren ein Viertel der Abgeordneten, nämlich 45, vom Könige ernannt.

Das Wahlrecht war von 1869 bis 1888 folgendermassen festgesetzt: Jeder grossjährige, und direkte Steuern zahlende Serbe war Wähler. Jeder Wähler, der das 30. Lebensjahr erreicht hat, war wählbar; wenn er wenigstens 30 Dinar Steuern zahlt.

Die Beamten, Offiziere, Advokaten und die Mitglieder des ordentlichen Klerus waren vom aktiven und passiven

Wahlrecht ausgeschlossen; sie konnten jedoch vom Könige zu Abgeordneten e r n a n n t werden.

Die vom Könige ernannten Abgeordneten repräsentirten gewissermassen dasjenige, was man in den Parlamenten anderer Staaten mit dem Namen „Oberhaus" oder „Herrenhaus" bezeichnet, mit dem Unterschiede jedoch, dass die serbischen Pairs ihre Sitzungen mit dem Hause der Gemeinen, nämlich mit den vom Volke selbst gewählten Vertretern, vereint hielten.

Es ist unzweifelhaft, dass eine solche Einrichtung gewissermassen den Keim bildet, aus welchem sich vielleicht auch im Königreiche Serbien in nicht gar ferner Zeit das Zweikammer-Parlament herausgebildet hätte, was gewiss zur leichteren Verständigung und besseren Vermittlung, zwischen der Krone und dem Volke bei entstandenen Gegensätzen, wesentlich beigetragen hätte.

Es würde, gemäss dem Prinzipe des Zweikammer-Systems, in der welch' immer Namen habenden oberen Kammer, ein konservatives Gegengewicht gegenüber der unteren Skuptschina-Kammer gebildet; auch wäre dem Bedürfnisse Rechnung getragen, wichtige und insbesondere politische Fragen durch zwei verschiedene Körperschaften wiederholt und gründlich zu erörtern und schliesslich würde das jeder Abstimmung zu Grunde liegende Majoritätsprinzip bedeutend gemildert werden.

Nun ist aber, wie wir weiter unten sehen werden, das Recht des Königs, Abgeordnete selbst zu ernennen, seit 1889 überhaupt gänzlich aufgehoben.

Die S k u p t s c h i n a übt gemeinsam mit dem Könige die gesetzgebende Gewalt aus. Kein Gesetz kann ohne ihre Zustimmung erlassen, abgeschafft oder auch nur abgeändert werden. Sie hat weiter die ihr von der Regierung unterbreiteten Vorlagen und ebenso den Budgetentwurf zu berathen. Die Regierung kann einen Gesetzentwurf zurückziehen, so lange darüber die Skuptschina noch nicht endgiltig abgestimmt hat.

Wenn die Skuptschina eine Gesetzvorlage verworfen
hat, so kann dieselbe seitens der Regierung in der nächst-
folgenden Sessionsperiode neuerdings unverändert vorgelegt werden.

Ohne Genehmigung der Skuptschina kann der Staat
kein Anlehen aufnehmen. Sollte der Staat genöthigt sein,
eines aussergewöhnlichen und dringenden Bedürfnisses
halber ausserhalb der Sessionsperiode ein Anlehen aufzunehmen, so muss die Skuptschina zu einer ausserordentlichen Sitzung einberufen werden.

Die Skuptschina kann schriftliche Klagen über Angelegenheiten annehmen, welche Gegenstand einer ministeriellen Entscheidung waren; jedoch kann sie die Be-
schwerdeführer nicht persönlich empfangen.

Die Minister können den Skuptschina-Sitzungen bei-
wohnen und an deren Berathungen theilnehmen; sie müssen
angehört werden, so oft sie das Wort verlangen.

Der König kann Commissäre bestimmen, um der
Skuptschina entweder im Vereine mit den Ministern, oder
in deren Vertretung die auf den Verhandlungsgegenstand
Bezug habenden Aufklärungen zu ertheilen. Es dürfen
jedoch weder die Minister noch derlei Commissäre an der
Abstimmung theilnehmen.

Ein Abgeordneter darf, wegen der von ihm in der
Skuptschina abgegebenen Stimme, unter gar keinem Vor-
wande zur Rechenschaft gezogen werden.

Nur wenn ein Abgeordneter die Person des Königs,
ein Mitglied der königlichen Familie, dann die Skuptschina
selbst oder einzelne Abgeordnete derselben beleidigt; so
kann der Vorsitzende die Sitzung aufheben und in der
nächsten die Ausschliessung des Betreffenden auf eine bestimmte Zeit beantragen.

Ausser dem Falle eines Verbrechens, oder offenkun-
digen Vergehens gegen die Gesetze, kann ein Abgeordneter fünf Tage vor Beginn der Sessionsdauer und

während derselben weder verhaftet noch vor ein Gericht gestellt werden.

Die Skuptschina wird seit 1869 in der Regel jedes Jahr einberufen; doch kann sie auch, bei dringender Veranlassung, zu einer ausserordentlichen Session einberufen werden.

Der König beruft, eröffnet und schliesst die Skuptschina. Er bestimmt den Ort (in der Regel Belgrad, Nisch oder Kragujevac) und den Zeitpunkt ihrer Versammlung. Er kann die Skuptschina nach ihrem Zusammentritt auf einige Zeit vertagen, doch muss gleichzeitig die Dauer der Vertagung festgesetzt werden und diese darf den Zeitraum von 6 Monaten nicht überschreiten.

Der König kann auch die Skuptschina auflösen und Neuwahlen ausschreiben.

Diese müssen jedoch binnen 4 Monaten stattfinden und die neugewählte Skuptschina muss, spätestens 6 Monate nach Auflösung der vorherigen, einberufen werden. Jeder Verhandlungsgegenstand muss vor der Berathung in der Skuptschina selbst der Prüfung durch einen oder mehrere Ausschüsse unterzogen werden.

Zur Beschlussfähigkeit der Skuptschina ist die Anwesenheit von mindestens drei Viertel ihrer Mitglieder erforderlich.

Ueber die Annahme oder Verwerfung eines Berathungsgegenstandes entscheidet die absolute Stimmenmehrheit. Die Abgeordneten können nur persönlich und öffentlich abstimmen.

Die Skuptschina hat nur mit den Ministern zu verkehren. Ihre Sitzungen sind öffentlich; jedoch kann auf Verlangen des Vorsitzenden oder eines Ministers, beziehungsweise Regierungskommissars, die Verhandlung auch geheim geführt werden.

Niemand darf bewaffnet, weder in den Verhandlungssaal, noch in die Einfassung des Sitzungsgebäudes eintreten.

Schon ungefähr seit dem Jahre 1880 war die jeweilige Opposition bestrebt eine Aenderung der Verfassung durchzusetzen. Die Radikalen gingen hierin am weitesten und verlangten eine der englischen nachgebildete Verfassung. Bis zum Ende des Jahres 1887 (damals übernahm General Sava Grujitsch die Bildung eines rein radikalen Kabinets) hatten schon zwei Skuptschinen den Wunsch nach einer Verfassungsänderung ausgesprochen, so dass es daher nur mehr von dem Beschlusse einer dritten Skuptschina abhing, ob die Aenderung wirklich vorgenommen werden sollte. Alle Parteien waren damals darin ziemlich einig, dass die Bestimmung der alten Verfassung (Ustav) vom Jahre 1869, nach welcher es der Regierung — oder vielmehr dem Könige — freistand, ein Viertel der Abgeordneten selbst zu ernennen, verwerflich sei; da hierdurch jede wie immer geartete Regierung der Majorität beinahe immer sicher sein musste, dass somit die Skuptschina niemals genau den Volkswillen darstellte.

Der Zwist des damaligen Königs Milan mit seiner Gemahlin Natalie Keschko und die am 24. Oktober 1888 durch den Belgrader Metropoliten bewirkte Trennung der königlichen Ehegatten gaben den unaufhörlichen Wühlereien der ehrgeizigen Parteiführer neue Nahrung, so dass sich Milan bewogen fand, zur Beruhigung der Gemüther und hauptsächlich um die erschütterte Stellung seiner Dynastie zu befestigen, einen aus allen Parteien gebildeten Nationalausschuss zusammenzuberufen, welcher eine neue Verfassung ausarbeitete.

Darauf wurde die grosse Skuptschina gewählt und einberufen, welche — obwohl weit überwiegend aus Radikalen bestehend — dennoch die neue Verfassung am 22. Dezember 1888 annahm, die nun verkündet wurde.

Dieselbe räumte dem Volke wichtige Rechte ein, bestimmte aber auch die Stellung und die Machtbefugnisse der Krone genauer, wodurch dieselben allerdings mehrfach

eingeschränkt wurden; — aber dafür war wenigstens die
Sicherheit der Dynastie Obrenovitsch gewährleistet! —

Kaum zweieinhalb Monate nach diesem für die Ver-
fassungsgeschichte Serbiens hochwichtigen Schritte, legte
Milan am 6. März 1889 die Königskrone nieder.

Die wichtigsten Punkte der am 22. Dezember 1888
(3. Jänner 1889) in's Leben gerufenen neuen Verfassung
bedeuten fast durchgehends eine Einschränkung der souve-
ränen Macht der Krone.

So kann der König die Mitglieder des Staatsraths
nicht mehr aus eigener Machtvollkommenheit ernennen,
sondern er kann der Skuptschina nur 8 Staatsraths-Kandi-
daten zur Wahl vorschlagen, während die Skuptschina
selbst 16 solche Kandidaten aufstellt. Aus diesen 24
Kandidaten werden nun die 16 Staatsräthe erst gewählt.

Weiter beseitigt die neue Verfassung das bisher dem
Könige gewahrte Recht 45 Abgeordnete (ein Viertel der
gesammten Mitglieder) der Skuptschina aus den intelligenteren Kreisen der Bevölkerung selbst zu ernennen, wodurch der frühere Einfluss der Regierung auf die Verhandlungen in der Vertretung vollkommen ausgeschlossen
erscheint. Es ist klar, dass eben dieses weittragende Zugeständniss die radikale Partei absolut angestrebt hatte
und mit allen Mitteln erreichen wollte.

Ferner wird jetzt der Skuptschina das Recht einge-
räumt, über alle Verträge befragt zu werden, welche eine
Belastung des Volkes oder eine Veränderung der politischen
Rechte mit sich bringen.

Die Wahlen für die Skuptschina sind jetzt im ganzen
Lande vollkommen direkte; und zwar im Gegensatze zu
den früheren, wo jeder Kreis und jeder Bezirk eine ge-
wisse normirte Anzahl von Abgeordneten durch gewählte
Wahlmänner zu wählen hatte. Der Census ist nun 30
Dinar (Franks) unmittelbare Steuer und 30 Lebensjahre.
Beamte, nichtaktive Offiziere, Advokaten und Geistliche
können jetzt auch gewählt werden. Die Abstimmung ist

geheim. Für den sehr komplizirten Wahlvorgang musste das Ministerium eine Million rother und weisser Kugeln anschaffen. Dieselben müssen von Gummi oder Kautschukmasse gemacht sein, damit deren Einwurf in die Wahlurne ohne Schallerzeugung möglich sei.

Zu wählen sind jetzt nur 130 Abgeordnete, somit um die 45 ehemals vom König ernannten Skuptschina-Mitglieder weniger.

Es kommt nunmehr ein Abgeordneter auf circa 160,000 Seelen der Gesammtbevölkerung. — Bei demselben Verhältnisse würden beispielsweise die österreich-ungarischen Parlamente zusammen etwa 3000 Abgeordnete haben müssen.

Nachdem also auch die intelligenteren Kreise der Bevölkerung, welche früher von der Wahl ausgeschlossen waren, gewählt werden konnten; so stellte sich die äussere Physiognomie der am 1./13. Oktober 1889 auf Grund der neuen Verfassungsgesetze zusammenberufenen Skuptschina wesentlich anders dar, als dies vorher gewöhnlich der Fall war.

In früheren Jahren dominirte die nationale, bäuerliche Tracht, weil die alte Verfassung eben den grössten Theil der Intelligenz von der Gesetzgebung ausschloss und dieselbe einer Bauernversammlung überlassen hatte.

Jetzt herrscht im Sitzungssaale der Skuptschina die städtische Kleidung vor und ist die Intelligenz genügend vertreten.

Das neue Wahlgesetz bestimmt auch, dass jeder fünfte Abgeordnete akademische Bildung besitzen und eine Hochschule mit Erfolg besucht haben soll.

Diese neuartige Zusammensetzung gab der ersten Skuptschina im Jahre 1889 ein höheres geistiges Gepräge. Damit ist gesagt, dass die neue Verfassung der Volksvertretung schärfere Waffen in die Hand drückt, während die Krone gleichzeitig auf die frühere Einflussnahme in der

Skuptschina verzichtete, somit gewissermassen dem Volke entwaffnet gegenübersteht: —

Sehr bemerkt wurde in dieser neuartigen Skuptschinasitzung die Anwesenheit des Generals Leschjanin als gewählten Abgeordneten und die starke Vertretung des priesterlichen Elements, welches zehn Abgeordnete umfasst, während es früher beinahe ganz fehlte.

Die Radikalen, unter der Leitung von Nikola Paschitsch, verfügten in dieser ersten Skuptschina über eine erdrückende Majorität von 102 Stimmen.

Nachdem die bäuerlichen Radikalen mit ihrem Streben, an den Beamtengehalten und an der Armee zu sparen, um desto weniger Steuern zu zahlen, lange nicht so gefährlich für geordnete Verhältnisse sind, als die radikale Intelligenz, welche ihre sozialdemokratischen — und mitunter auch anarchistischen Ideen vom Auslande mitgebracht, oder durch schlechtverstandene Lektüre erworben hat; so war es nur natürlich, dass Serbien in den letzten vier Jahren zu keiner Ruhe kommen konnte und dass schliesslich solche Umwälzungen eintreten mussten, wie jene vom 21. Jänner 1894. —

IV. Kapitel.

Innere Verwaltung. (Eintheilung, Kreise, Bezirke, Gemeinden, Zadruga oder Hauskommunion).

Bis zur Verfassungsänderung im Jahre 1889 war Serbien in 21 Kreise eingetheilt, welche in 69 Bezirke zerfielen. Ausserdem bildeten die Landeshauptstadt Belgrad und die Bergstadt Majdanpek besondere Distrikte.

Nach der neuen Eintheilung bestehen dermalen 15 Kreise, nämlich: Valjevo, Vranja, Kragujevac, Krajina (Hauptort Njegotin), Kruschevac, Morava (Hauptort Tschatschak), Pirot, Drina (Hauptort Loznica), Donau (Hauptort Smederevo), Poscharevac, Rudnik (Hauptort Gornji Milanovac), Timok (Hauptort Knjaschevac), Toplitza (Hauptort Nisch-Prokuplje?), Uschitze und Crna Reka (Hauptort: Zajetschar). Die Landeshauptstadt Belgrad und die Bergwerks-Colonie Majdanpek haben ihre eigene Verwaltung beibehalten.

Der Flächeninhalt und die Einwohnerzahl der einzelnen Kreise wurden im II. Kapitel unter den statistischen Notizen spezifiziert.

Unter den Vorschlägen für eine Aenderung der politischen Eintheilung Serbiens befand sich auch das Projekt einer zu Beginn des Jahres 1888 zusammengesetzten Commission, welche unter dem Präsidium des Generals Ljeschjanin beantragte, dass die bestandenen 21 Kreise vollkommen aufgelassen werden sollten und die 69 Bezirke auf 40 zu reduziren wären. Ferner sollte das ganze Land in 5 Gouvernements abgetheilt werden, die von Gouverneuren zu verwalten gewesen wären.

Dieses Projekt, welches dem Wunsche der radikalen Landbevölkerung gemäss die Verwaltung wesentlich vereinfacht und eine bedeutende Reduzirung des Beamtenstatus zur Folge gehabt hätte, wurde nicht angenommen.

In der nun zu Kraft bestehenden politischen Eintheilung des Landes hat jeder Kreis eine mehr autonome Verwaltungsbehörde und ist jedem derselben auch ein Kreisgericht beigegeben.

Durch die neue Verfassung vom Jahre 1889 wurde auch die Autonomie der Gemeinden gegen früher wesentlich erweitert.

Jeder Kreis hat einen Kreisvorsteher (Natschelnik) und jeder Bezirk einen Bezirksvorsteher (Sreski-natschelnik).

Jede Kreisbehörde zerfällt in eine Abtheilung für Finanz-, Oeffentliche Arbeits-, Gesundheits-, Cultus,- Unterrichts- und Polizei-Angelegenheiten.

Die Kreis-Vorsteher korrespondiren direkt mit allen Ministerien, Verwaltungsbehörden und Gerichten des Landes.

Zur Versehung des öffentlichen Sicherheitsdienstes und zur Exekutive überhaupt, stehen den Kreis- und Bezirks-Vorstehern sogenannte Panduren (Gendarmen) zur Verfügung.

Jeder Bezirk umfasst eine verschiedene Anzahl von Gemeinden, welche ganz gleiche Rechte geniessen; nur die Stadtgemeinde Belgrad macht hievon insofern eine Ausnahme, als die Belgrader Polizei eine Staatsinstitution ist und in den Händen der königlichen Präfektur liegt.

Jede Gemeinde (Optschina) hat einen Gemeindevorsteher (Kmet) und eine Art Friedensgericht von drei Richtern, welches in Civil-Angelegenheiten bis zum Betrage von 200 Dinars rechtliche Urtheile fällen darf.

Die Gemeinde wählt ihren Gemeinderath selbst. Dessen Wirkungskreis ist ein ausgedehnter. Er veröffentlicht die Gesetze, welche ihm vom Bezirksamte übermittelt werden. Ihm obliegt ferner die Einhebung der direkten Steuern, die Ausübung der Polizeigewalt, die Anstellung und Absetzung der Gemeindebeamten und die Ueberwachung des Gemeinde- (Friedens-) Gerichtes. Von den Gemeinderäthen ist jeder zum Erscheinen in der ausgeschriebenen Sitzung verpflichtet, widrigenfalls er in eine Geldstrafe verfällt. Alle Entscheidungen des Gemeinderathes werden mit Stimmenmehrheit gefällt.

Die Gemeinde selbst erhebt die Steuern. Die gewöhnlichen Steuern (porez) werden von jedem Einwohner nach der mittleren Schätzung seines Einkommens gezahlt; die Schätzung wird vom Gemeinderathe vorgenommen.

Der mittlere Steuerbeitrag beträgt 30 Dinar (Franks) per Kopf; die Armen zahlen mindestens 1 Dinar, die Wohlhabenden mitunter bis zu 400 Dinars jährlich.

Die Stadt-Munizipalitäten haben gleich den Gemeinden das Recht, für Gemeindebedürfnisse die obige Kopfsteuer um ein Fünftel der Gesammtschätzung zu erhöhen.

Interessant ist in dieser Beziehung, was Emil von Lavelaye (Die Balkanländer 1888), auf Grund genauer Beweisstücke über die jährliche Steuerleistung eines Belgraders mittheilt. Sein Gewährsmann gehört der 11. Steuerklasse an, deren es 40 giebt.

Er zahlt im Ganzen 58,80 Dinar (Franken). Davon werden eingezogen 30,32 Dinar direkt für den Staat, 2,50 für die Schulen, 1,60 für die Krankenhäuser, 2 für die Geistlichkeit, 13,48 für die Gemeinde, 1,90 für die Armen, 1 Frank für militärische Zwecke, 1 Frank für die Erwerbsunfähigen und 4 Franken zur Tilgung der Staatsschuld.

Es ist ein grosser Vortheil, dass jeder Steuerzahler genau weiss, wofür er eigentlich zahlt. In England wird in gleicher Weise verfahren.

Die Dorfgemeinden und die Munizipalitäten müssen

den jährlichen Gemeindehaushalt (Budget) entwerfen und dem Gemeinderathe zur Genehmigung vorlegen.

Um über irgend eine Angelegenheit entscheiden zu können, bedarf es der Anwesenheit von mindestens drei Mitgliedern des Gemeinderathes.

Die Nebensteuern (priresi) werden durch das Gesetz geregelt.

Die Gemeinden haben jedoch das Recht für Gemeinde-bedürfnisse aussergewöhnliche Steuern bis zur halben Höhe dieser staatlichen Nebensteuern zu erheben. — Um noch höhere Gemeindesteuern ausschreiben zu können, muss die Gemeinde die Genehmigung des Finanzministeriums ein-holen.

Die Gemeinden haben das Recht einen Theil des liegenden Gemeindebesitzes an arme Familien zu über-lassen. Diese Güter gehen nach Ablauf von 15 Jahren in den Besitz der damit betheilten Familie über, dürfen aber während dieses Zeitraumes nicht veräussert werden.

Ausländer, welche sich als Ansiedler in Serbien nieder-lassen, erhalten ebenfalls unentgeltlich Ländereien; jedoch hängt deren Nutzniessung von dem mit der Regierung ab-geschlossenen Vertrage ab.

Niemals hat aber weder ein Neuangesiedelter noch ein serbischer Bauer das Recht seinen ganzen Grundbesitz zu veräussern; denn mindestens 5 Morgen Grund und Boden bleiben unverkäuflich, weil sie der ganzen Familie und nicht einer einzelnen Person gehören. Diese Einrichtung stammt aus grauer Vorzeit und schützt den kleinen Grund-besitz vor gänzlicher Verarmung.

Auf Grund eines Gesetzes vom Jahre 1873 und einer darauf Bezug habenden ministeriellen Verordnung vom Jahre 1874 dürfen Landwirthe, Handarbeiter u. dgl. die Einrichtungsstücke, Werkzeuge und überhaupt die zur Aus-übung ihres Berufes unentbehrlichen Gegenstände, sowie auch die Zugthiere, Pflüge Karren etc. nicht veräussern. Ebensowenig darf die zur Ernährung der eigenen Familie bis zur nächsten Ernte erforderliche Menge an Getreide und Vieh verkauft werden. Alle diese Dinge werden vom Gesetze als Gemeingut der Familie und nicht als persönliches Eigenthum betrachtet.

Dank dieser patriarchalischen Einrichtungen giebt es in Serbien, insbesondere auf dem Lande thatsächlich keine Armen, sondern nur mehr oder minder Bemittelte.

Wahrlich, in dieser Beziehung könnte Serbien für manchen Grossstaat als Muster hingestellt werden.

Ueberdies giebt es in Serbien noch eine Einrichtung, welche in der ganzen Welt einzig dastehen dürfte Mit Ausnahme von Belgrad, ist jede Gemeinde verpflichtet, einen Gemeindespeicher zu unterhalten, in welchen jeder Steuerzahler nach der Ernte 150 Oka (etwa 195 Kilogramm) Mais oder sonstiges Getreide hinterlegen muss. Aus diesem Speicher erhält die Bevölkerung zur Zeit der Hungersnoth, bei Krieg oder sonstigem Missgeschicke, Lebensmittel ausgefolgt.

Für gewöhnlich beträgt dieser Reservevorrath in den Gemeindespeichern des ganzen Königreiches mehr als 50 Millionen Oka oder etwa 65 Millionen Kilogramm Getreide. Diese Vorräthe stehen unter der Aufsicht und Controlle einer eigenen Abtheilung im Finanzministerium.

Die Grundlage einer gesunden Gemeindeverwaltung bildet das auf alterthümliche Sitten des Volkes basierte Familienleben.

Auf dem Lande findet man noch grösstentheils die Zadruga oder Haus-Communion, deren Einrichtung sich seit dem ersten Erscheinen der Serben an der Donau nur wenig verändert hat.

Die Zadruga ist eine freiwillige Vereinigung von mehreren Verwandten von väterlicher Seite, welche unter der Autorität des Stareschina (Aeltesten), des Vaters oder Grossvaters, von dem sie alle abstammen, zusammenleben.

Die Zadruga's sind vom Gesetze anerkannt, welches diese spezifisch südslawische Einrichtung als „eine auf Verwandtschaft gegründete Gemeinschaft des Lebens und und des Besitzes" definirt.

Die Grundstücke, die Arbeiten und das Einkommen, alles ist in der Zadruga gemeinschaftlich. Der Stareschina leitet und verwaltet die Gemeinschaft, ohne nöthig zu haben für seine Handlungen immer die Zustimmung aller Mitglieder einzuholen. Jedes Mitglied der Zadruga hat seine bestimmten Aufgaben und Verpflichtungen. Die verheiratheten weiblichen Mitglieder halten eine nach der anderen ihren Wochendienst. Den Frauen obliegt auch die Sorge für die Kinder, die Hausordnung, die Broterzeugung und überhaupt die Zubereitung der Kost.

Der Stareschina besitzt über alle Mitglieder der Zadruga die moralische Autorität eines römischen „pater familias". Er hat das Recht der Bestrafung über alle noch nicht grossjährigen Kinder und ist ihr natürlicher Vormund, falls sie Waisen werden sollten.

Wenn der Stareschina nicht mehr fähig ist die Zadruga zu leiten, so überträgt er seine Macht (stareschinstvo) nicht immer auf den Aeltesten seiner Söhne, sondern demjenigen, welchen er zur Nachfolge am fähigsten hält.

Alle Mitglieder der Zadruga unterordnen sich dann dem Willen ihres Aeltesten und nehmen ohne Widerrede den neuen Stareschina an.

Nichtsdestoweniger bleibt der frühere Stareschina, so lange er lebt, das moralische Oberhaupt der Familie. Er spricht die Gebete vor, welche die ganze Familie nachbetet, — er empfängt Fremde und bietet ihnen Gastfreundschaft unter seinem Dache an und er allein sitzt mit den Gästen beim Mahle, während die anderen Mitglieder der Zadruga stehen müssen.

Während im Piroter Kreise im Jahre 1886 eine Zadruga, mit einem Besitzthume von etwa 20 Hektaren Land, 60 Schafen und Ziegen, 8 Rindern, 2 Pferden und 3

Schweinen, bei einer Steuerleistung von 250 Dinar jährlich
als sehr arm bezeichnet wurde, fanden wir schon im Jahre
1874 – allerdings in der sehr gesegneten und weinreichen
Schuppa im Thale der Rasina (südlich Kruschevac) eine
Zadruga, welche offenbar sehr wohlhabend war und sich
manchen Luxus gestattete. So lagen beispielsweise daselbst auch zwei Belgrader Tagesblätter auf, aus denen
zwei für die Ferienzeit nach Hause gekommene Enkel des
Stareschina (ein Universitätshörer und ein junger Geistlicher) die neusten Nachrichten vorlasen.

Die Zadrugas begannen in den Sechziger und Siebziger
Jahren sichtlich abzunehmen; indem schon häufiger die
grossjährig gewordenen Söhne, welche nach serbischem
Gebrauche in der Regel sehr früh heirathen, noch bei
Lebzeiten des Vaters das elterliche Haus verliessen um
sich einen eigenen Hausstand zu gründen. Und die Regierung ermuthigte eher diese neue Tendenz, statt sie zu
verhindern.

Denn, wenn auch anerkannt werden muss, dass das
patriarchalische Regime in Serbien, unter welchem das
Land bis jetzt lebte, einen günstigen Einfluss auf die
Volkssitten ausgeübt und dazu beigetragen hatte, den
Familiengeist und die gewohnheitsmässige Disziplin zu erhalten, was bei einem Volke von Hirten und Kriegern
nicht hoch genug angeschlagen werden konnte, so muss
andererseits doch auch zugegeben werden, dass hierdurch
mitunter das Individuum in seinen Bestrebungen nach
etwas Höherem theilweise behindert wurde und dass diese
sehr schöne Einrichtung häufig einem nützlichen und zeit-
gemässen Aufschwung, sowohl beim Betriebe der Landwirthschaft, als in der Industrie hemmend im Wege
stand.

Die Polizeistatistik, welche Gopcevic in seinem sehr
interessanten Werke „Serbien und die Serben (Leipzig 1888)"
anführt, weist nach, dass im Jahre 1886 noch 118.738
solche Zadruga's (Hausgenossenschaften) in ganz Serbien

bestanden haben. Rechnet man nun, dass jede Hausge-
nossenschaft mindestens 15 Personen, — häufig aber auch
weit über 20 Köpfe zählt; so kann man behaupten, dass
von der gesammten, im Jahre 1886 kaum 2 Millionen
Seelen zählenden Bevölkerung Serbiens etwa 1.700000 Personen in Hausgenossenschaften (Zadruga's) gelebt haben.
Ueber die jährlich im ganzen Lande aus der Zadruga aus-
scheidenden meldet die erwähnte Polizei-Statistik, dass im
Jahre 1885 — 5295 und im Jahre 1886 — 12.950 Personen
in ganz Serbien aus ihren Hausgenossenschaften ausgetreten sind.

V. Kapitel.

Justizpflege.

In der ersten Zeit der Regierung des Fürsten Milosch diente bei Rechtssprüchen nur das Herkommen und das Gewohnheitsrecht als Richtschnur. Der Zakonik (Gesetzessammlung) des Caren Duschan aus dem Mittelalter war selbst unter der Intelligenz des Volkes kaum bekannt und hätte auch bei den vollkommen veränderten Verhältnissen keine Anwendung finden können.

Dem Mangel an Gesetzen und an vollziehenden Gerichts-Organen suchte man anfänglich dadurch abzuhelfen, dass man die Bezirks-Behörden und insbesondere die Gemeinden selbst für die Sicherheit der Person und des Eigenthums verantwortlich machte. Sie hatten den Thäter selbst ausfindig und den zugefügten Schaden nach Möglichkeit gut zu machen. Ueber grössere Verbrechen wurde in erster Linie vom Bezirksvorsteher oder Natschalnik, in zweiter von dem vereinigten Regierungs- und Justiz-Kollegium zu Kragujevac (dem damaligen Sitze der Regierung) und in letzter Instanz vom Fürsten persönlich entschieden. Ihm allein stand das Recht zu, die Todesstrafe zu verhängen.

Das Gerichtsverfahren war summarisch und fand ohne Beistand eines Rechtsanwaltes oder Vertheidigers statt.

Advokaten wurden damals (etwa bis 1840) im Lande überhaupt nicht geduldet.

Selten dauerte die Entscheidung in einem Rechtsstreite oder die Fällung eines Strafurtheiles länger als zwei Monate.

Die Gerichtstaxen waren äusserst mässig.

Fürst Milosch selbst erkannte nur zu bald, dass ein allgemein giltiges Gesetzbuch auch für das damalige Serbien ein dringendes Bedürfnis wäre. Um diesem Mangel abzuhelfen, versammelte er eine Commission von Senatoren, Staatsbeamten und nicht-angestellten Rechtsgelehrten, welche unter seinem Vorsitze, aus den besten europäischen Gesetzbüchern und vornehmlich aus dem Code Napoléon, eine für die damaligen einfachen Verhältnisse seines Volkes passende Gesetzessammlung zusammenstellte, welches nun die Grundlage für eine geordnete Justizpflege bildete und die staatsbürgerlichen Rechte des Volkes festsetzte.

Unter der Regierung des Fürsten Alexander Karadjordjewitsch wurden die Gesetzentwürfe des Fürsten Milosch bedeutend erweitert.

Nun entstanden mehrere Gesetzbücher, nämlich: für das Civilrecht: „das bürgerliche Gesetzbuch" (vom 25. März 1844) welchem einige Ergänzungen nachfolgten. Für das Strafrecht erschien im Jahre 1850 das „Strafgesetzbuch für Polizeiübertretungen". Früher waren für das Strafrecht schon einzelne Gesetze erschienen, und zwar im Jahre 1843 betreffs Störung der öffentlichen Ruhe, Hochverrath und Majestätsbeleidigung, dann im Jahre 1845 ein Gesetz betreffend den Diebstahl und 1847 eines, das von Raub und Plünderung handelte. Im Jahre 1853 erschien das „Gesetzbuch für das Rechtsverfahren in bürgerlichen Rechtsstreitigkeiten," mit einem Nachtragsgesetze vom Jahre 1855. Für das eigentliche strafrechtliche Verfahren bestanden blos einzelne Bestimmungen in den im Zeitraum von 1840 bis 1846 erlassenen Organischen Gesetzen für die Gerichte.

Eine Advokatenordnung fehlte gänzlich.

Den im aktiven Dienste stehenden Beamten war die Vertretung der Parteien vor Gericht unter schweren Strafen verboten. Die Abfassung von Bitt- und Klageschriften war nur pensionirten Staatsbeamten, gegen eine festgesetzte Taxe, gestattet.

Jedoch war eine vor den Gerichten giltige Vertretung der Parteien durch fremde, — hauptsächlich österreichische, Advokaten gesetzlich gestattet.

Sowohl der wissenschaftliche als der praktische Werth der meisten vorerwähnten Gesetze erwies sich alsbald dennoch als ungenügend. Die Landesversammlung vom Jahre 1848 sprach schon die Forderung aus, es möge ein, der nationalen Rechtsaufassung entsprechendes Civilgesetzbuch abgefasst werden.

Die Regierungen der Fürsten Milosch und Michael entwickelten vom Jahre 1858 angefangen eine grosse Thätigkeit auf dem Gebiete der Gesetzgebung. Ausser den unter Fürst Milosch am 26. Januar und am 29. März 1860 und durch seinen Nachfolger Michael am 17. März 1861 verlautbarten Straf- und Wechsel-Gesetzen, traten am 10. April 1865 auch neue Civil- und Kriminalprozess-Ordnungen thatsächlich in Wirksamkeit, welche bis zum heutigen Tage zum grössten Theile noch Giltigkeit haben.

Die heutige Organisation der Gerichte ist folgende:

Oberster Gerichtsherr ist der Souverän.

An der Spitze des gesammten Justizwesens steht der Justizminister und Siegelbewahrer des Königreichs. Er hat dem Könige Bericht zu erstatten über die Justizverwaltung, über Gnadengesuche und ·Bitten um Strafänderungen.

Er überwacht die Einrichtung und Verwaltung der Gefängnisse. Er bewahrt das Staatssiegel und veröffentlicht die Gesetzessammlungen, Dekrete und sonstigen Verfügungen.

In den Amtsbereich des Justizministers gehören alle Staatsgerichte für Civil - oder Kriminalangelegenheiten, dann die Verwaltung der Strafhäuser.

Mit dem Gesetze vom 9. Februar 1881 (welches vom Minister Pirotschanac nach dem Muster des bezüglichen belgischen Gesetzes verfasst wurde) ist den Richtern die Unabhängigkeit und Unabsetzbarkeit gewährleistet.

Der König ernennt die Gerichtsbeamten auf Vorschlag des Justizministers; ausgenommen hiervon sind nur die Friedensrichter und die Beisitzer der Belgrader Handelskammer.

Die Ernennung ist eine lebenslängliche. Gegen seinen Willen darf der Richter weder versetzt noch befördert werden.

Die Absetzung eines Richters ist nur, in Folge einer rechtskräftigen Verurtheilung desselben, statthaft.

Dessen Versetzung in den Ruhestand kann nur der Cassationshof, unter Beobachtung der hierüber bestehenden gesetzlichen Bestimmungen, verfügen. Für einen von ihm verursachten Schaden ist der serbische Richter verantwortlich. Auch in diesem Falle entscheidet der Cassationshof, ob dem Gerichtsbeamten eine gesetzwidrige Handlung zur Last gelegt werden soll oder nicht.

Gelegentlich der im Jahre 1889 durchgeführten Verfassungsänderung wurde auch die zeitweilige Aufhebung des Gesetzes über die Unabsetzbarkeit der Richter verfügt, und zwar zu dem Zwecke, um eine grössere Anzahl derselben versetzen, pensionieren oder entlassen zu können. Die zur Herrschaft gelangte radikale Partei wollte nämlich das zum grossen Theile der Fortschrittspartei angehörende Personal des Richterstandes einer ausgiebigen Purifikation unterziehen. Das nur zeitweilig aufgehobene Gesetz über die Unabsetzbarkeit der Richter sollte, nach beendeter Durchführung der neuen Gerichts-Organisation, wieder in Wirksamkeit treten. Ob dies nun thatsächlich geschehen ist, denn über die Details der auf Grund der neuen Verfassung stattgehabten Aenderungen im Justizwesen, darüber liegen uns keine sicheren Nachrichten vor.

Die im Folgenden skizzirte Organisation der serbischen Gerichtshöfe ist somit jene, wie dieselbe vor der Verfassungsänderung im Jahre 1889 bestanden hatte und thatsächlich auch noch im Jahre 1890 ausgeübt wurde.

Die Organisation und Hierarchie der Gerichte ist nun folgende:

1) Der Cassationshof, welcher durch ein Gesetz im März 1865 ins Leben gerufen wurde, und aus drei Sektionen besteht.

Der Cassationshof soll eine gesunde und gleichmässige Anwendung der Gesetze überwachen und garantiren. Er hebt in letzter Instanz Urtheile auf — oder kassirt selbe, — wenn sie dem deutlichen Sinne des Gesetzes nicht entsprechen, er stellt den Wirkungskreis der verschiedenen Gerichtshöfe fest und schlichtet alle zwischen ihnen entstehenden Meinungsverschiedenheiten. Weiter hat auch der Cassationshof, über Aufforderung des Justizministers und auf Grund der beigebrachten Beweise, zu entscheiden, ob ein Richter in Anklagezustand zu versetzen sei. Er kann den Justizminister auf vorgefundene Mängel oder Unklarheiten im Gesetze aufmerksam machen und kann verlangen, dass die betreffenden Gesetzes-Paragraphen richtiggestellt oder ergänzt werden. Auch hat der Cassationshof das Recht, dem Justizminister über die von ihm erlassenen Verordnungen in dem Falle Vorstellungen zu machen, wenn jene mit dem Texte oder mit dem Geiste des Gesetzes nicht übereinstimmen sollten.

Der Cassationshof ist zusammengesetzt aus einem Präsidenten, zwei Vize-Präsidenten und 15 Richtern.

Niemand darf beim Cassationshofe Richter werden der nicht das 30. Lebensjahr überschritten, und die sämmtlichen Rechtsstudien regelrecht vollendet hat, oder mindestens sieben Jahre lang an einem anderen Gerichtshofe als Richter angestellt war.

Von den drei Sektionen des Cassationshofes entscheiden zwei für die Zivilrechts-Angelegenheiten und für den Rechnungshof, während die dritte über Vergehen und Verbrechen entscheidet. — In besonderen vom Gesetze vorhergesehenen Fällen entscheidet der Cassationshof bei Vereinigung aller drei Sektionen.

Um rechtskräftig beschliessen zu können, müssen bei der Generalversammlung des Cassationshofes mindestens 13 Mitglieder aus allen drei Sektionen anwesend sein.

Die vom Cassationshofe ausgesprochenen Todesurtheile, dann Urtheile auf sechs Jahre Gefängniss und darüber, ferner auf Dienstentsetzung und Degradation sind jedoch immer durch das Justizministerium, mit einer Darlegung der etwaigen Milderungsgründe, dem Könige vorzulegen.

Die Strafurtheile werden verkündet, sobald sie durch die gesetzlichen Instanzen gegangen und rechtskräftig geworden sind.

2) Der Appellations-Gerichtshof in Belgrad ist in zwei Kammern getheilt, wovon die eine für die zivilrechtlichen und die andere in Criminal-Angelegenheiten in zweiter und zumeist auch letzter Instanz die bezüglichen Urtheile fällt.

Die Entscheidung des Appellations-Gerichtshofes erfolgt nur dann, wenn eine der beiden Parteien gegen ein Urtheil erster Instanz binnen acht Tagen die Berufung einreicht.

Es giebt aber auch Fälle, wo die Berufung an das Appellations-Gericht überhaupt gesetzlich unzulässig ist; so z. B. bei Urtheilen von Civilgerichten, welche sich auf unumwundene Geständnisse oder auf einen entscheidenden Eid stützen, ferner auch dann, wenn der Streitfall die Werthsumme von 421 Dinars nicht übersteigt.

3) Gerichte erster Instanz, deren ausser der Landeshauptstadt Belgrad noch jeder Kreis eines besitzt,

weshalb sie auch Kreisgerichte genannt werden. Ausserdem gehört hieher auch das Handelsgericht in Belgrad.

Die Kreisgerichte können nach Bedarf eine oder mehrere Kammern bilden, doch ist zur Fällung eines rechtskräftigen Urtheiles die Anwesenheit von mindestens drei Mitgliedern erforderlich.

In der Regel entscheiden die Kreisgerichte auch in Handelsangelegenheiten.

Das Kreisgericht entscheidet über alle in dem betreffenden Kreise begangenen Vergehen und Verbrechen. Der Kläger ist verpflichtet, alle nöthigen Beweismittel beizubringen. In allen andern vom Staate zu verfolgenden Gesetzesverletzungen ist die Polizeibehörde (Kreisvorsteher) verpflichtet, die Kreisgerichte auf jede Weise zu unterstützen.

Das Gerichtsverfahren ist mündlich und seit 1865 auch öffentlich. Für die Abwesenden oder Minderjährigen müssen offizielle Vertheidiger beigestellt werden. — Die Geständnisse dürfen durch keinerlei Zwangsmittel erpresst werden. Straferkenntnisse von mehr als drei Monaten Gefängniss müssen dem Appellations-Gerichtshofe zur Genehmigung vorgelegt werden.

Kein Civil-Rechtsstreit darf begonnen werden, bevor die Parteien nicht nachgewiesen haben, dass der friedensrichterliche Ausgleich vergeblich versucht worden ist. Auch nach erhobener Anklage sollen die Kreisgerichte darauf hinwirken, dass ein gütlicher Vergleich herbeigeführt werde, ehe der Prozess angenommen wird.

Das Urtheil mit den Entscheidungsgründen wird schriftlich ausgefertigt, vom Vorsitzenden und einem Sekretär unterzeichnet, mit dem Amtssiegel versehen und beiden Parteien zugestellt. Falls binnen acht Tagen keine Berufung erfolgt, wird es rechtskräftig und muss binnen weiteren 15 Tagen der Kreisbehörde zur Vollziehung übergeben werden.

Die Kreisgerichte fungiren auch als Waisenämter und beaufsichtigen die Verwaltung des Vermögens der Unmündigen. Hiefür befindet sich an jedem solchen Gerichte ein Curator-Richter, welcher nach dem Gesetze vom 25. Oktober 1872 die Interessen der Minderjährigen, der natürlichen Kinder u. dgl. zu wahren hat. Dieser Richter ernennt auch die Curatoren und deren Gehilfen und setzt sie — wenn nöthig — wieder ab.

Durch das vorerwähnte Gesetz wurde auch jedem Kreisgericht ein Richter für die Erledigung von Erbschaftsangelegenheiten beigegeben.

Er lässt sich den Todtenschein mittheilen, befiehlt die Aufnahme des Inventars, schreitet zur Testamentseröffnung, weist die Parteien im Falle von Streitigkeiten an das Civilgericht, u. s. w. Auch nimmt er an der Verfassung gewisser Klageschriften in der Eigenschaft eines Notars theil, nachdem es derlei öffentliche Funktionäre in Serbien noch nicht giebt; er setzt auch Testamente und ähnliche Dokumente auf. Gewöhnlich sind die Funktionen dieses Richters und jene des oberwähnten Curator-Richters in einer Person vereinigt.

Berufungen gegen die Entscheidung erster Instanz in Vormundschafts- und Erbschafts-Angelegenheiten kommen vor den Appellations-Gerichtshof, manchmal auch vor den Cassationshof.

In folgenden Rechtsstreitigkeiten müssen S c h i e d s - r i c h t e r entscheiden.

a) Wenn es sich um Schäden handelt, welche das Vieh auf dem Besitzthume eines anderen Eigenthümers verursacht hat.

b) Wenn es sich zwischen zwei Gemeinden um das Recht der Weide handelt;

c) Wegen des gegenseitigen Leihens von Zugvieh für die Feldarbeit;

d) Wenn sich das Vieh des einen mit jenem eines andern Besitzers vermengt und vereinigt hat.

8*

e) Bei Theilungsfragen zwischen den Hausgenossen der Zadruga's.

Hier muss erwähnt werden, dass jede Zadruga (Hauskommunion) gewissermassen eine einzige juridische Person im zivilrechtlichen Sinne bildet, deren Rechte nach Aussen hin durch ihren Aeltesten (Stareschina) der Gemeinde und dem Staate gegenüber vertreten werden.

In polizeilicher und strafrechtlicher Hinsicht ist hingegen jedes einzelne Mitglied der Zadruga für sich selbst den Staatsgesetzen unterworfen

4) Das Handelsgericht in Belgrad wurde durch das Gesetz vom 12. (24.) December 1859 ins Leben gerufen. Es hat einen Vorsitzenden, einen ständigen Richter, einen Sekretär nebst einigen Gehilfen und 12 Beisitzer, welche zu den angesehensten Handelsleuten Belgrads gehören. Die eine Hälfte bildet die ordentlichen und die andere die Ersatz-Mitglieder. Ihr Mandat dauert stets nur für ein Jahr und ist unentgeltlich.

Das Gesetz bestimmt ausdrücklich, welche Streitfälle der Entscheidung des Handelsgerichtes unterzogen werden sollen.

Ausser jenem in Belgrad, bestand etwa bis zum Jahre 1870 auch ein Handelsgericht in Smederevo (Semendria).

5) Die Friedensgerichte wurden durch das Gesetz vom 24. März 1866 eingeführt und durch jenes vom 8. Oktober 1875 theilweise abgeändert.

Sie besorgen in jeder Gemeinde die Civilrechtspflege und schöpfen ihre Urtheile, weniger auf Grund von ihnen minder bekannten Gesetzen, als mit Hilfe einer gesunden Logik und mit Berücksichtigung der nationalen Sitte und althergebrachten Gepflogenheit.

Das Friedensgericht einer Gemeinde besteht aus dem Gemeindevorsteher (Kmet) und aus zwei Gehilten (Pomocnici), welch' Letztere auf ein Jahr gewählt werden.

Das Friedensgericht urtheilt in allen die Summe von 200 Dinars nicht überschreitenden Streitfragen, ausgenommen

sind Erbschaftsangelegenheiten. Bei unbeweglichen Streit-
objekten und Wechseln darf der Werth 100 Dinars nicht
überschreiten. Es dient als Vermittler und genehmigt das
zwischen den Streitenden getroffene Uebereinkommen.

Beim Einverständniss beider Parteien, genehmigt es
die Ernennung von Schiedsrichtern und bestimmt den Tag
der schiedsrichterlichen Verhandlung.

Erklären beide Parteien von Vornherein ihre Bereit-
willigkeit sich der Entscheidung des Friedensrichters zu
unterwerfen, so kann derselbe auch über höhere Werthe
urtheilen.

Eine Berufung gegen die Erkenntnisse des Friedens-
gerichtes ist nur dann statthaft, wenn eine der Parteien
oder deren Zeugen nicht vernommen wurden, ferner wenn
einer der drei Friedensrichter mit einer der beiden Parteien
verwandt oder deren erklärter Feind ist, — oder schliesslich, wenn sich das Urtheil auf die Aussagen von zur
Zeugenschaft unberechtigter Personen stützt.

In einem solchen Falle muss die Berufung innerhalb
dreier Tage stattfinden. Dieselbe wird von einem Ausschuss geprüft, der aus fünf, auf drei Monate gewählten,
Mitgliedern des Gemcinderathes besteht. Erscheint diesem
Ausschusse die Begründung der Berufung gerechtfertigt,
so ist das friedensrichterliche Verfahren, — bei Ausschluss
der beanstandeten Richter und Zeugen, — zu wiederholen.

Das Verfahren ist beim Friedensgerichte öffentlich
und mündlich. Protokolle werden über die summarischen
Verhandlungen nicht geführt. Die gefällten Urtheile treten
nach drei Tagen in Rechtskraft, falls keine Berufung erfolgt, und der Vollzug der Urtheile steht einzig dem
Friedensrichter zu.

Auch in Strafsachen urtheilt das Friedensgericht, jedoch
nur über solche Vergehen, welche nach dem Gesetzbuche
nur mit Gefängnis bis zu 30 Tagen, oder mit einer Geldstrafe bis zu 100 Dinar geahndet werden können.

6) Ausser den Vorgenannten, giebt es in Serbien noch

ein Gericht, welches aus höheren Beamten der Centralver-
waltung besteht und die über die Beamten zu verhängenden
Disziplinarstrafen bestimmt. Es setzt sich aus sieben
Mitgliedern und vier Ersatzmännern zusammen, welche alle
durch den König ernannt werden. Dieser Beamten-
Disziplinar-Gerichtshof urtheilt über die von den
Beamten innerhalb oder ausserhalb ihrer Amtsthätigkeit
begangenen Vergehen.

7) Auch der Rechnungshof muss füglich an dieser
Stelle angeführt werden, weil er auch die Funktionen
eines Verwaltungs-Gerichtshofes versieht und infolgedessen
durch das Gesetz vom 25. November 1868 dem Justizminister
unterstellt wurde.

Der Rechnungshof befasst sich hauptsächlich mit der
Prüfung von, der staatlichen Kontrolle unterworfenen
Rechnungen. Die Entscheidungen des Rechnungshofes
werden vom Vorsitzenden und zwei Räthen getroffen.

Eine Berufung dagegen kann beim Cassationshofe ein-
gereicht werden.

8) Mit dem Gesetze vom 21. Oktober 1871 wurden
auch in Serbien Geschwornen-Gerichte eingeführt,
ähnlich jenen die schon im Art. 196 des Duschan'schen
„Zakonik" (Gesetzbuches) erwähnt werden.

Diese Gerichte urteilen über grosse Diebstähle, Raub
und Brandlegung.

Im November eines jeden Jahres wählen die Ge-
meinderäthe eine, je nach der Grösse und Wichtigkeit
der Gemeinde verschiedene, Anzahl von Geschworenen.

Gewöhnlich sitzen in der Jury die Geschworenen
jener Gemeinde, welcher der Angeklagte selbst angehört.

Die Jury besteht aus einem Vorsitzenden des Kreis-
gerichtes, aus 2—3 staatlichen Richtern und aus 4 Geschworenen. Die Richter stellen im Vereine mit den Geschworenen die Schuld oder Unschuld des Angeklagten
fest. Im Falle eines Schuldigspruches, erkennen die
Richter die gesetzlich zu verhängende Strafe zu. Gegen

die Erkenntnisse der Geschwornengerichte ist eine Berufung an die höhere Instanz zulässig.

Advokaten giebt es in Serbien noch wenige, etwa 120—130 (von denen ein Drittel in Belgrad selbst wohnt), weil der serbische Advokatenstand seine Existenzberechtigung überhaupt erst durch ein Gesetz vom 12. März im Jahre 1862 erlangt hat. Bis zu diesem Zeitpunkte duldete man in Serbien überhaupt keine Advokaten im Lande. Der Advokatenstand untersteht dem Justizminister.

Die Advokaten werden zur Prüfung nur zugelassen, wenn sie ein Doktor-Diplom vorzulegen und weiter nachzuweisen im Stande sind, dass sie vorher zwei Jahre lang entweder in einer Advokatur-Kanzlei, oder bei einem öffentlichen Gerichte gearbeitet haben. Nach Erfüllung dieser Bedingungen leisten sie den Eid und erhalten den Rang eines Advokaten, mit dem Rechte des Plaidirens. —

Nach dem im Jahre 1860 erschienenen, serbischen Strafgesetzbuche, waren die vorgesehenen Strafen durchweg human und den Fortschritten der Civilisation vollkommen entsprechend.

Die nachfolgenden Angaben sind dem „Moniteur universel" vom Jahre 1864 entnommen.

Die gesetzlichen Strafen sind: die Todesstrafe, die Zwangsarbeit, die Kerkerstrafen, Gefängniss, die Absetzung von einem öffentlichen Amte, Geldstrafen, die Prügelstrafe, welche jedoch im Jahre 1873 aufgehoben wurde, dann der Verlust der bürgerlichen Rechte, die Confiskation gewisser Gegenstände, das Verbot ein gewisses Handwerk oder eine bestimmte Industrie zu betreiben, endlich die Verbannung.

Die Todesstrafe wird in Serbien nur durch das Erschiessen vollzogen und kann der Verurtheilte vorher über sein Eigenthum ein legales Testament ausstellen. Die Todesstrafe wird für Angriffe gegen den Monarchen, bisweilen auch für Hochverrath, dann meistens für mit bewaffneter Hand vollführte Mord- und Raubanfälle verhängt.

Die Strafe der Zwangsarbeit kann nur für die Dauer von 2 bis zu 20 Jahren verhängt werden. Die Verurtheilten müssen verschiedene Arbeiten, entweder im Zuchthause oder auf Feldern, verrichten und ein Theil derselben arbeitet in den Staats-Arbeitshäusern zu Ljubitschevo, Dobritschevo, Arandjelovac und Kragujevac. Die zur schweren Zwangsarbeit Verurtheilten tragen, je nach der Anordnung des Gerichtshofes, entweder leichtere Ketten (zu $2^1/_2$ Kilogramm Gewicht) oder schwerere (zu 5 Kilogramm) an den beiden Füssen   Weibliche und minderjährige Sträflinge sind jedoch hiervon ausgenommen. Auch können die weiblichen Sträflinge zu keinerlei Arbeit ausser dem Hause verwendet werden. In dem 1865 gegründeten Strafhause zu Poscharevac haben beispielsweise die Weiber ihre eigene Abtheilung und stehen unter der Aufsicht einer Leiterin, welche zugleich ihre Lehrerin für weibliche Handarbeiten ist. In der Strafanstalt zu Topschider, welche hauptsächlich zur Aufnahme von Minderjährigen bestimmt ist, befindet sich eine Schule, ein Lehrer und ein Pope. — Die meisten der übrigen zur Zwangsarbeit, oder zu schwerem Kerker Verurtheilten verbüssen ihre Strafe in den Kasematten der Belgrader Festung.

Von dem durch die Sträflingsarbeiten erzielten Verdienste wird ein Theil an die Staatskasse abgegeben und den Rest bekommt der Sträfling bei seiner Freilassung ausbezahlt.

Der schwere Kerker in der Dauer von 2 bis 20 Jahren kann nur über Staatsbeamte oder sonstige mit einem öffentlichen Amte bekleidete Personen, und über Geistliche verhängt werden, wenn diesen Personen ein Verbrechen bewiesen wurde.

Diese Kerkersträflinge sind in einer besonderen Abtheilung untergebracht, sind zu keiner Arbeitsleistung gezwungen, dürfen sich auf eigene Kosten verpflegen und

brauchen weder Ketten noch eine besondere Strafhaus-
tracht zu tragen.

Gewöhnliches Gefängniss wird nur in der Dauer von
30 Tagen bis zu fünf Jahren verhängt. Die Häftlinge
sind zur Arbeit bemüssigt. In gewissen Fällen kann die
einfache Gefängnishaft in Zwangsarbeit umgesetzt werden
und auch umgekehrt.

Dann rechnet man acht Monate Zwangsarbeit als
gleichwerthig mit einem Jahre Gefängniss.

Mittelst eines am 22. März 1869 erlassenen Gesetzes
ist auch die bedingungsweise Freilassung, oder gewissermassen eine Beurlaubung, der Gefangenen gestattet. Um
diese Begünstigung zu erlangen, muss der Gefangene mindestens die Hälfte seiner Strafzeit schon verbüsst und
sich im Gefängnisse musterhaft aufgeführt haben. Ein
rückfälliger Verbrecher muss jedoch vorher wenigstens
schon zwei Drittel seiner Strafzeit abgebüsst haben.

Wenn der bedingt Freigelassene nicht die vom Gesetze vorgeschriebenen Bedingungen erfüllt, namentlich
wenn er ohne Genehmigung der Behörden seinen Aufent-
haltsort ändert, so wird er wieder verhaftet und muss
den Rest seiner Strafe im Gefängnisse abbüssen.

Die Höhe der Geldstrafen ist vom Gesetze festgesetzt.
In jenem Falle jedoch, wenn deren Höhe ein Drittel des
Vermögens des Verurtheilten übersteigt, so wird für das
Mehr eine Gefängnissstrafe verhängt, und zwar nach dem
Massstabe, dass bis zu 1500 Dinars für jeden Tag 10
Dinars und für grössere Summen für jeden Tag Gefäng-
niss 15 Dinars gerechnet werden.

Die Prügelstrafe wurde im Jahre 1873 abgeschafft.
Sie wurde aber auch früher nie an einem besitzenden
und freien serbischen Staatsbürger vollzogen. Hauptsächlich wurden damit Vagabunden, Tagelöhner, Dienstboten
und Diebe oder auch solche Männer unter 50 Jahren bestraft, deren Familien ohne Lebensunterhalt geblieben
wären, falls eine Gefängnissstrafe zuerkannt worden wäre.

Die Entziehung der bürgerlichen Rechte kann auf die Dauer von 1 bis 5 Jahre ausgesprochen werden.

Die gerichtlich ausgesprochene Confiskation gewisser Gegenstände erstreckt sich auf solche Werkzeuge und Instrumente, mit welchen ein Verbrechen vollführt wurde, oder welche zur Ausführung desselben bestimmt waren. Dieselben werden zu Gunsten des Staatsschatzes verkauft. —

Das richterliche Verbot, gewisse Gewerbe oder Industriezweige nicht mehr ausüben zu dürfen, wird über diejenigen verhängt, welche sich eines Verbrechens mit Hilfe dieses Gewerbes schuldig gemacht haben. Dieses Verbot kann entweder nur für eine beschränkte Zeit, oder für immer ausgesprochen werden.

Die Ausweisung aus einem mit gezwungenem Aufenthalt im anderen Orte, gewöhnlich auch verbunden mit Stellung unter polizeiliche Aufsicht, kann auf die Dauer von zwei Jahren und darüber verhängt werden.

Fremde können aus dem Königreiche ausgewiesen werden.

Für Staatsbeamte bestehen als Ehrenstrafen: Verweise, zeitweise Enthebung vom Amte oder Gehaltsentziehung und Entlassung aus dem Staatsdienste.

Der Strafvollzug obliegt den Polizeibehörden unter deren Aufsicht auch die Strafanstalten stehen.

Der Verfasser der Studie im „Moniteur universel" vom Jahre 1864 schreibt unter Anderem: Die Behandlung der Gefangenen ist eine sehr milde, die selbst den, zur Zwangsarbeit verurtheilten Sträflingen auferlegten Arbeiten können durchaus nicht übermässig schwer genannt werden. Auch die täglich aus 1 Kilogramm Brot und 75 Gramm Rindfleisch, nebst einer ausgiebigen Portion von Erbsen, Bohnen oder Gemüse, bestehende Kostration ist genügend und diese Nahrung gesund. Die Sträflingskleider sind ebenfalls gut und warm. Es ist gebräuchlich, dass am Neujahrstage und am Namensfeste des Monarchen,

auf Vorschlag des Justizministers, einige minder belastete Sträflinge, deren Strafdauer schon zur Hälfte ab-
gelaufen ist, und deren Aufführung in der Strafanstalt
eine tadellose war, vom Könige begnadigt werden.

Nach der Gerichtsstatistik ergeben sich für die drei
Jahre von 1861 bis 1864 folgende interessante Daten.

Die Zahl der vor den Gerichtshöfen in diesen drei
Jahren verhandelten Criminalprozesse betrug 5834 Fälle;
und zwar: 479 Morde, Todschläge und schwere körperliche
Beschädigungen, 1752 Brandlegungen, ferner Diebstähle
und andere Delikte 3603 Fälle.

Diese gerichtlichen Verfolgungen veranlassten in den
drei Jahren 5135 Verurtheilungen, oder durchschnittlich
per Jahr 1712.

In derselben Zeit wurden von den Civilgerichten
Serbiens 68.917 Prozesse verhandelt, oder jährlich beiläufig
22.972 Prozesse.

Man zählte auch in derselben Periode 204 Selbst-
morde im ganzen Lande. Von 1861 bis 1864 kam nicht
ein einziger Kindesmord vor. Allerdings ist in keinem
Lande der Welt das Verhältniss der unehelichen zu den
ehelichen Kindern so klein und günstig wie in Serbien.
Dieses Verhältniss erreichte von 1861—1864 in Serbien
kaum 1 : 500; — in Griechenland im Jahre 1860—1 : 103
und in Frankreich im selben Jahre: 1 : 14. —

Nach Goptschevitsch wurden im Jahre 1883 : 1002 gemeine und 677 politische Verbrecher, im Jahre 1884 : 1134
gemeine und 74 politische und im Jahre 1885 : 1273 gemeine und 30 politische Verbrecher den Strafanstalten
übergeben. Die grosse Zahl der politischen Verbrecher im
Jahre 1883 erklärt sich durch den Aufstand der Radikalen
unter Nikola Paschitsch im Kreise Crna Reka (Hauptort
Zajetschar).

Interessant ist auch die in der serbischen Statistik
vom Jahre 1863 enthaltene Notiz, dass das Gerichtspersonal
des Appellations-Gerichtshofes und der Gerichtshöfe erster

Instanz) im Jahre 1863 aus 107 Richtern bestand, von denen nur 46 regelrechte Rechtsstudien vollendet hatten. Dieser Umstand mag im ersten Momente überraschend erscheinen; erklärt sich aber sehr einfach, wenn man bedenkt, dass wir es mit einem Volke zu thun haben, welches damals erst kaum aus dem Zustande barbarischer Knechtschaft herausgetreten war und mit einem Lande, in welchem man in den fünfziger Jahren dieses Jahrhunderts gar nicht selten Leute von Rang und hohem Einfluss antreffen konnte, die weder lesen noch schreiben konnten. Der letzte, des Lesens und Schreibens unkundige serbische Richter wurde beispielsweise erst im Jahre 1862 in den Ruhestand versetzt.

Uebrigens konnten die beiden Begründer der serbischen Unabhängigkeit, nämlich sowohl Karadjordjevitsch als auch Milosch, weder lesen noch schreiben.

Die Abdankungsurkunde des Fürsten Milosch, datirt vom 13/25. Juni 1839 endigt folgendermassen:

„Als Bestätigung dessen, dass diese Erklärung meiner „Abdankung gemäss meinem wahren Willen verfasst worden „ist, mache ich zu wissen, dass mein jüngster Sohn Michael „meinen Namen und Vornamen daruntergeschrieben und „mein Siegel beigedrückt hat; nachdem ich selbst nicht „schreiben kann." Gez. Milosch Obrenovich.

Zum Schlusse dieses Kapitels muss noch Einiges über Hypotheken erwähnt werden.

Nachdem in Serbien sonderbarer Weise noch immer kein Grundbuch angelegt ist, so findet die Vormerkung auf Grundstücke oder Häuser in folgender Weise statt. Der Eigenthümer, welcher auf seinen unbeweglichen Besitz Geld aufnehmen will, begiebt sich mit dem Geldgeber oder dessen Bevollmächtigten zum betreffenden Richter erster Instanz und erklärt ihm, dass er dem Geldverleiher bis zum Betrage der vorgestreckten Summe seinen liegenden Besitz verpfände. Diese Erklärung schreibt der Richter in ein eigens dazu angelegtes Register und der Gläubiger erhält vom Richter eine Bestätigung, dass keine andere Hypothek vor der seinigen vorgemerkt worden sei.

Dieser Vorgang ist durch das Gesetz vom 19. November 1854 genau vorgezeichnet.

Das serbische Erbrecht bestimmt, dass in Ermangelung eines Testamentes nur die männlichen Nachkommen des Verstorbenen erbberechtigt sind.

Die Grossjährigkeit tritt in Serbien mit dem vollendeten 21. Lebensjahre ein — und mit dem erreichten 17. Lebensjahr kann jeder Serbe oder jede Serbin ein Geschäft eröffnen; nur müssen die Geschäftsbücher selbstverständlich serbisch geführt werden.

VI. Kapitel.

Kirchliche Angelegenheiten.

Die Serben bekennen sich zur griechisch-orientalischen oder orthodoxen Religion.

Schon im 7. Jahrhunderte kamen die heutigen Serben und Kroaten an die Donau und in die Balkanhalbinsel. Nicht lange darauf wurden sie durch römische Missionäre zum Christenthume bekehrt. Das begonnene Werk wurde später vom byzantinischen Kaiser Basilius mit grösstem Eifer fortgesetzt. Vor etwa einem Jahrtausend vollendeten die beiden Slaven-Apostel Cyrill und Methud die Bekehrung der Südslaven, machten die Serben mit der slavischen Liturgie bekannt und wendeten, bei der von ihnen bewirkten Uebersetzung der Bibel in das Slavische, zum ersten Male das cyrillische Alphabet an, welches noch heute beinahe von allen griechisch orthodoxen Slaven, — wenn auch hie und da mit geringfügigen Unterschieden, — angewendet wird.

Die Länder an der Küste des adriatischen Meeres blieben jedoch dem römischen Glaubensbekenntnisse treu, weil sie mit Italien in ununterbrochener Verbindung standen. So entstand die religiöse Spaltung bei den Südslaven.

Die Spannung zwischen den römischen Katholiken und den griechischen Orthodoxen wurde nur noch empfindlicher, als auf den beiden dalmatinischen Synoden zu Spalato im Jahre 925 und 1059 der Gebrauch der slavischen Kirchensprache verboten wurde.

Die im Jahre 1044 und 1179 zu Antivari und 1121 zu Ragusa von Rom aus eingesetzten Erzbischöfe konnten sich im Innern des Landes kein Ansehen verschaffen. Dagegen wurden die römisch-katholischen Bischöfe in Djakovar und Kreschevo in ihren Diözesen sehr gut aufgenommen und bewirkten die weitere Befestigung des römisch-katholischen Glaubens bei den Kroaten und unter den Bewohnern von Bosnien.

Diese Ungleichheit in religiöser Hinsicht ist die Ursache des heute noch bestehenden Zwiespaltes zwischen Serben und Kroaten.

Bei den Balkanvölkern spielt eben die Religion in der Geschichte eine ebenso wichtige Rolle, als die Nationalität selbst

Auf der Synode zu Pressburg (1309) wurde die Ehe zwischen Katholiken und Orthodoxen verboten. Auch der mächtige Zar Duschan fachte den Hass gegen die Katholiken noch mehr an; so verbot er seinen Unterthanen, bei Strafe der Blendung, einen römisch-katholischen Gottesdienst zu besuchen. Als Duschan Bosnien unterworfen hatte, liess er die katholische Geistlichkeit verjagen und das katholische Volk wurde von den orthodoxen Geistlichen gezwungen, sich noch einmal nach orientalischem Ritus taufen zu lassen.

Anfangs war die serbische Kirche vom Konstantinopler Patriarchate abhängig.

Der serbische Nationalheilige Sava soll schon auf der Synode zu Nikäa (1221) vom Kaiser Theodorus Laskaris und dem Patriarchen Germanos, unter verschiedenen Vorbehalten, die Errichtung eines selbständigen Erzbisthums erlangt haben, dem alle Bisthümer der serbischen Länder unterstehen sollten.

Dieses von Byzanz erlangte Zugeständniss wurde vom

mächtigen Zar Duschan aus eigener Machtvollkommenheit dahin erweitert, dass er ein selbständiges serbisches Patriarchat mit dem Sitze in Ipek (Petsch) errichtete. Erzbischof Janitschije II. war der erste serbische Patriarch, welchem diese Würde auf der Synode zu Skoplje (1346) zu Theil geworden war. Zum Danke dafür krönte Patriarch Janitschije im nächsten Jahre Stephan Duschan zum serbischen Kaiser.

Der byzantinische Patriarch war mit all' dem nicht einverstanden und belegte sowohl den Kaiser Duschan, als auch den ganzen serbischen Klerus, auf dem Concil von Serres (1347) mit dem Bannfluche.

Als Fürst Lazar im Jahre 1374 den serbischen Thron bestieg, knüpfte er sofort mit Byzanz Verbindungen an, um eine Aussöhnung herbeizuführen. — Dies gelang ihm auch schliesslich, denn der griechische Patriarch in Konstantinopel erkannte nun den zweiten serbischen Patriarchen unter der Bedingung an (1376), dass Byzanz von Serbien nicht mehr angegriffen werden dürfe. Seit dieser Zeit lebten die beiden Patriarchen in Frieden, bis 13 Jahre später der serbische Staat als solcher auf dem Amselfelde vernichtet wurde. Aber ihren Glauben bewahrten doch die meisten der nun unter dem Türkenjoche seufzenden Serben und so erfahren wir denn weiter aus der Kirchengeschichte, dass der 21. serbische Patriarch Arsenije Tscharnojevitsch im Jahre 1690 mit 37.000 serbischen Familien *) des Amselfeldes (Kossovo polje) seinen Patriarchensitz Jpek (Petsch) verliess und mit ihnen nach Ungarn auswanderte, wo er seine Residenz zu Karlovitz (Karlovci) aufschlug; wodurch zwei kirchliche Jurisdiktionen der serbischen Nationalkirche entstanden, die ungarisch-serbische in Karlovitz und die türkisch-serbische in Ipek. —

---

*) Wenn damit Zadruga's gemeint sein sollten, so müsste dieser Exodus eine Kopfzahl von mindestens einer halben Million gehabt haben.

Der letzte Patriarch von Ipek war ein Grieche, Namens Hadschi Kalinik (1765). In diesem Jahre kaufte der griechische Patriarch in Konstantinopel vom Sultan das Recht der Bischofsernennungen für das ganze ottomanische Reich. In Folge dessen blieb der serbische Patriarchenstuhl unbesetzt und die serbischen Bisthümer wurden meist an Griechen verliehen.

So blieben die kirchlichen Verhältnisse, bis im Jahre 1832 das Volk und mit ihm auch die serbische Staatskirche wieder ihre Selbständigkeit erhielt. Aber noch blieb dem griechischen Patriarchen in Konstantinopel das Recht, die Wahl des Metropoliten Serbiens gegen eine Abgabe von 300 Dukaten zu bestätigen.

Der im Jahre 1848 von den ungarischen Serben gewählte Patriarch mit dem Sitze in Karlovitz (Karlovci), hat auf die Kirche im Königreich Serbien gar keinen Einfluss.

Durch den Berliner Friedensvertrag (1878) wurde nicht nur das Land vollkommen unabhängig, sondern auch die serbische Kirche wieder ebenso „autocephal" (autonom) wie sie es vor der verhängnissvollen Schlacht auf dem Amselfelde gewesen war. Es ist begreiflich, dass den Serben eine Vereinigung der beiden Jurisdiktionen ihrer Nationalkirche sehr erwünscht wäre.

An der Spitze der serbischen Kirche steht jetzt der „Metropolit von ganz Serbien."

Ausserdem giebt es noch Bischöfe von Zitscha (bei Kruschevatz) und Nisch.

Ehemals wurde der serbische Metropolit, ebenso wie die Bischöfe von der Synode gewählt und vom Könige bestätigt.

In Folge des Kirchenstreites im Jahre 1881 trat hierin eine prinzipielle Aenderung ein.

Der damalige Metropolit Michael widersetzte sich verschiedenen Anordnungen der damaligen, fortschrittlichen Regierung, so unter Anderem auch dem neu erlassenen

Taxgesetze, wonach auch der höhere und niedere Klerus, bei Vorrückungen in die höheren Stellen, zu Gunsten der Staatskasse eine gewisse Summe zu erlegen hatte.

In Folge dessen wurde der Metropolit, Erzbischof Michael abgesetzt und begab sich nach Russland.

Im Jahre 1883 wurde ein neues Gesetz erlassen, welches bestimmte, dass die Wahl der Metropoliten nicht mehr durch die Bischofs-Synode, sondern durch eine direkt zusammentretende, aus den ersten Würdenträgern des Landes bestehende Versammlung zu erfolgen habe.

Nachdem auch die übrigen Bischöfe der königlichen Regierung Opposition machten, so wurden auch sie abgesetzt und durch andere — auf ähnliche Weise wie der neue Metropolit Teodozije Mraovitsch gewählte — ersetzt.

Der oben angedeutete Zwiespalt zwischen Staat und Kirche, welcher durch die im Jahre 1883 von der fortschrittlichen Regierung erlassenen Kirchengesetze verursacht worden war, hatte bis zu der vor der Abdankung des Königs Milan eingeführten Verfassungsänderung fortbestanden, und hat gewiss zur Verwirrung der inneren Verhältnisse Serbiens nicht wenig beigetragen.

Auch ein unparteiischer Beurtheiler wird zugeben müssen, dass die Bestimmungen der am 31. December 1883 erlassenen neuen Kirchengesetzgebung wesentliche Eingriffe in die durch alte kanonische Normen garantierten Rechte der orthodoxen Kirche in Serbien bedeuten. Speziell das Gesetz über die veränderte Zusammensetzung der Synode, sowie das Gesetz über die Taxgebühren, hatten nicht nur in den geistlichen Kreisen, sondern auch in der Bevölkerung eine tiefgehende Unzufriedenheit wachgerufen und zu lebhaften Protestkundgebungen Anlass gegeben.

Eine Regierung, welche — nach Milans Abdankung — in erster Linie die Consolidierung der inneren Verhältnisse anstreben musste, konnte daher unmöglich an diesem schädlichen Zwiespalt achtlos vorübergehen.

Das radikale Cabinet Grujitsch ging daher im Jahre 1889 auch sofort an's Werk, das gute Verhältnis, welches seit jeher in Serbien zwischen Kirche und Staat bestanden hatte, selbst unter der Bedingung wiederherzustellen, dass der Staat nöthigenfalls einige Opfer werde bringen müssen.

Nun wurde vor Allem der abgesetzte Metropolit Michael aus Russland heimberufen und in seine früheren Würden Anfangs Juni 1889 wieder eingesetzt. Sodann setzte die Regierung eine Commission ein, an welcher auch Monsgr: Michael und die vornehmsten Vertreter der serbischen Kirche theilnahmen, und liess von dieser die zur Behebung dieses Zwiespaltes erforderlichen Gesetzentwürfe ausarbeiten.

Nachdem ausser dem Metropoliten Theodosius, auch die übrigen Bischöfe, — mit Rücksicht auf das Staatsinteresse und um den kirchlichen Frieden im Königreich Serbien zu erhalten, — von ihren Posten zurückgetreten waren, wurden auch die Bischofssitze von Zitscha und Nisch wieder an die ehemaligen Inhaber derselben verliehen.

Interessant ist, wie der Hauptbetheiligte nämlich der serbische Metropolit und Erzbischof M i c h a e l den Kirchenstreit selbst und die Stellung, welche er demselben gegenüber einnimmt, in einem k a n o n i s c h e n S e n d s c h r e i b e n an den Erzbischof-Metropoliten Miron Roman in Hermannstadt näher präzisirt. Dieses Schriftstück lautet in deutscher Uebersetzung, wie folgt:

„Euer Heiligkeit! Es ist Euer Heiligkeit bekannt, dass „im Jahre 1881 in Serbien ohne Einvernehmen mit der „geistlichen Kirchenbehörde in Angelegenheit der Kirche „und der Geistlichkeit ein mit den kirchlichen Canones „nicht übereinstimmendes Gesetz erbracht wurde, welches „der Kirche ihre Rechte entzieht, der kirchlichen Behörde „die Möglichkeit benimmt, sich in ihrem eigenen Wirkungs- „kreise frei zu bewegen, die Geistlichkeit mit simonistischen „Abgaben belegt, indem es für Weihen und Benediktionen

9*

„Gebühren verordnet und die Kirche von ihrer göttlichen
„Höhe zu dem gewöhnlichen menschlichen Zustande er-
„niedrigt. Gegen dieses Gesetz haben wir unser Wort
„erhoben und haben sammt unsern vier Bischöfen dagegen
„protestirt. Wir haben unsere oberhirtliche Pflicht ge-
„than und unsere orthodoxe Kirche vor Gott und der Ge-
„meinde unserem oberpriesterlichen Eide gemäss vertheidigt.

„Allein, es ist uns die Möglichkeit entzogen worden,
„der Kirche zu dienen und wir — der Metropolit und
„vier Bischöfe — sind von unseren Sitzen entfernt worden.

„Es ist aber auch noch eine ärgere Verletzung der
„Canones geschehen. Zu einer Zeit, da die gesetzlichen
„Bischöfe auf ihren Stühlen sassen, trat unter dem Namen
„einer Bischofssynode zum Behufe von Bischofswahlen
„eine Versammlung zusammen, bei welcher nicht ein ein-
„ziger Bischof zugegen war. Und diese aus Laien beste-
„hende Versammlung wählte den Archimandriten Theodosius
„Mraovitsch zum Bischof und Metropoliten.

„Der solchergestalt wider das Gesetz und die Canones
„gewählte Theodosius suchte seine Bischofsweihe in einer
„fremden Diözese, während doch alle Bischöfe auf ihren
„Sitzen waren, mit Ausnahme des Metropoliten, der ein
„Jahr zuvor enthoben worden war.“

„Dass die neue Hierarchie unter Theodosius eine
„canonwidrige und ungesetzliche war, haben wir in unserem,
„an den Patriarchen, weiland Joachim IV. gerichteten
„Protest vom 29. December 1884 klar nachgewiesen.“

„Allein die göttliche Vorsehung hat nicht gestattet,
„dass die in unserem Vaterlande erschütterte orthodoxe
„Kirche umgewandelt oder vernichtet werde. Das serbische
„Volk erhob Klage über dieses, gegen seine gesetzlichen
„Oberhirten befolgte Verfahren und forderte immer und
„immer wieder, dass in der Kirche der gesetzliche Zustand,
„die Ordnung und der Friede wiederhergestellt werden. —
„Und Gott dem Herrn, dem Haupt der Hirten und der
Kirche, Jesu Christo sei Dank, die jetzige gottliebende

„serbische Regierung hat den Wunsch des Volkes erfüllt;
„wir sind auf unsere Bischofssitze zurückgekehrt und haben
„am 29. Mai (a. St.) d. J. die Leitung der Kirche über-
„nommen. Indem wir hiervon Euer Heiligkeit in Kennt-
„niss setzen, bitten wir dieselben, uns mit ihren Gebeten
„und ihrer brüderlichen Liebe unterstützen zu wollen und
„uns durch die geistige Glaubenseinheit Trost zu bieten,
„auf dass wir die Last des oberhirtlichen Amtes in gott-
„gefälliger Weise und zum Seelenheile der uns von Christus
„anvertrauten Heerde zu tragen vermögen.

„Die antikanonische Hierarchie hat sich freiwillig zu-
„rückgezogen und lebt in Ruhe, indem sie vom Staate
„eine ihren Dienstjahren entsprechende Pension geniesst;
„Theodosius, Demeter und Nikanor (die antikanonischen
„Bischöfe) sind persönlich vor uns erschienen und haben
„uns gehuldigt. Wir haben jedoch den Beschluss über
„die Gesetzlichkeit ihrer bischöflichen Thätigkeit bis zum
„Zusammentritt der Episkopal-Synode vertagt, haben sie
„in Frieden belassen und ihnen Zeit gegönnt, auch ihrer-
„seits durch ihr gutes Beispiel dazu mitzuwirken, dass im
„Schoosse der väterländischen Kirche die Liebe und Ein-
„tracht erstarke. In tiefer Hochachtung und Liebe habe
„ich die Ehre zu sein, Euer Heiligkeit Bruder in Christo,
„Erzbischof von Belgrad und Metropolit von Serbien.
Belgrad am 8. Juni 1889 (a. St.) Michael m. p." —

So wurde denn der kirchliche Friede in Serbien wiederhergestellt; jedoch nur für die Dauer von zwei Jahren.

Anfangs Oktober 1891 war ein neuer Kirchen-Conflikt
ausgebrochen, welcher eine Ministerkrisis zur Folge hatte.

Die zwischen dem Cultusminister Andra Nikolitsch
und dem Metropoliten Michael entstandene Differenz war
nicht bloss ein Competenzstreit, sondern eine in die Verhältnisse tief eingreifende Prinzipienfrage.

Die Synode hatte den Erzpriester Milutin Stokitsch
aus Belgrad zum Bischof von Njegotin erwählt, welche
Wahl jedoch der Cultusminister Nikolitsch nicht bestätigen

konnte. Der Cultusminister forderte, unter Darlegung der
sehr triftigen Gründe, den Metropoliten auf, dem Kirchengesetze Rechnung zu tragen und eine Neuwahl, — mit
Ausschluss des erwähnten, in nicht gutem Rufe stehenden
Stokitsch, — zu veranlassen.

Metropolit Michael bestand jedoch auf seinem Willen,
und auf seine Veranlassung wurde bei der seitens der
Synode vorgenommenen Wahl abermals Stokitsch zum
Bischof von Njegotin nominirt; wobei Metropolit Michael
noch die Erklärung abgab, dass er unter keiner Bedingung
einen Anderen als Stokitsch zum Bischof von Njegotin
consecriren werde.

Dieser Fall beweist nur wieder, dass der Metropolit
Michael die serbische Regierung als seine weltliche Obrigkeit nur sehr ungern anerkennt und seine Verhaltungs-
befehle wahrscheinlich von anderer Seite erhalte.

Nach dieser Abschweifung auf das kirchenpolitische Gebiet kehren wir nun zu den hierarchischen Einrichtungen
der serbischen Kirche zurück.

In jeder Diöcese befindet sich ein Consistorium, welches
den Conseil und gewissermassen auch das geistliche Gericht
des Bischofs bildet.

Das Consistorium wird aus fünf Mitgliedern (geistlichen
Würdenträgern), gebildet, von denen eines den Vorsitz
führt; es hat die geistliche Disziplin zu erhalten und in
Ehescheidungsangelegenheiten, ebenso wie bei Bitten um
Ehedispens, im Falle als kirchliche Hindernisse bestehen,
das Votum abzugeben.

Gegen die Beschlüsse des Diözesan-Consistoriums ist
eine Berufung an das Metropolitan- (Appellations-) Consistorium möglich. Das Letztere hat seinen Sitz in Belgrad und besteht, — nach dem Gesetze vom 30. September
(a. St.) 1862, — aus einem Präsidenten (Bischof), einem
Vizepräsidenten und aus vier Erzpriestern. Dieses Consistorium wird jährlich ein Mal vom Metropoliten einberufen und tagt dann in der Regel einen Monat.

In jedem der 15 politischen Kreise besteht ein Protojerej (Erzpriester, Protopope) als höchster geistlicher Würdenträger, welcher über alle Pfarrer seines Sprengels die Disziplinargewalt ausübt und überdiess in zweiter Instanz, über die geistlichen Fragen, zwischen der niederen Geistlichkeit und deren Pfarrkinder, entscheidet.

Der Metropolit und die Bischöfe gehen aus der Klostergeistlichkeit hervor. Sie beziehen einen fixen Staatsgehalt und dürfen keinerlei Abgaben vom niederen Klerus oder vom Volke erheben.

Sie haben das Recht über ein Drittel ihres selbsterworbenen Vermögens testamentarisch zu verfügen, während die übrigen zwei Drittel dem Landesschulfonds, Wohlthätigkeitsanstalten oder bedürftigen Kirchen zufallen.

Sonst lebt die Klostergeistlichkeit, — welche im Jahre 1887 nur 95 Mönche in 53 Klöstern umfasste, — von den Einkünften ihrer Klöster.

Während die Mönche im Cölibat zu leben gezwungen sind, müssen sich die Weltgeistlichen vor der Weihe verehelichen.

Die Letzteren erhalten keinen festen Gehalt vom Staate oder von der Gemeinde, sondern einen Antheil der Steuer; nämlich von jedem Steuerzahler 2 Dinar; ausserdem noch die von der Gemeinde gestellte Wohnung sammt Garten.

Die Klöster Serbien's sind reich an beweglichen Gütern und auch an Baarvermögen.

Auffallend ist die geringe Zahl der Mönche im Vergleich zu den bestehenden Klöstern. Nach dem in der Skuptschina von 1864 vorgelegten Rapporte des Cultus-Ministers, bestanden in dem damaligen Fürstenthume Serbien 44 Klöster mit 118 Mönchen, während im Jahre 1887 in dem heutigen Königreiche Serbien: 53 Klöster mit nur 95 Mönchen vorhanden waren.

Im Jahre 1864 gab es überhaupt 757 Geistliche und 360 Kirchen, nebst 44 Klöstern; hingegen gegenwärtig beträgt die Zahl der sämmtlichen Geistlichen 1114, nebst

522 Kirchen und 53 Klöstern. (Der bedeutende Zuwachs erklärt sich durch die im Jahre 1878 erfolgte Gebietsvergrösserung).

Herangebildet werden sowohl die Weltgeistlichen (Popen) als auch die Mönche (Kaludjeri) in der, unter der unmittelbaren Aufsicht des Metropoliten stehenden Theologie-Schule in Belgrad und werden dann von ihrem zuständigen Bischof geweiht. Diejenigen Theologen, welche Weltgeistliche zu werden beabsichtigen, müssen sich vor der letzten Weihe verehelichen. Im Falle die Frau eines Popen stirbt oder sich von ihm scheiden lässt, so darf er nicht wieder heirathen; jedoch kann er nun Mönch werden und als solcher in der kirchlichen Hierarchie Carrière machen.

Ueber den socialen und moralischen Zustand der serbischen orthodoxen Geistlichkeit schreibt Rev. W. Denton in seinem: „Servia and the Servians (London 1862).

„Es giebt eine grosse Analogie zwische unserem (dem „anglikanischen) und dem serbischen Klerus. In Folge „ihres Zusammenlebens mit dem Volke, bilden die Popen „keine Kaste für sich, sondern sind allgemein geachtet; „auch weil sie verheirathet sind und mitten unter ihren „Pfarrkindern leben, üben sie einen grossen Einfluss in „ihren Pfarren aus. Die nationalen Schriftsteller definiren „die Mission und die Lebensweise der serbischen Geist- „lichen folgendermassen: Der Priester betet zu Gott mit „seinen Gläubigen in der Kirche oder unter einem ge- „heiligten Baume, für das Glück der Menschheit und für „die Ergiebigkeit der Felder; — er kämpft mit seinen „Pfarrkindern auf dem Schlachtfelde für die Religion, für „die Freiheit und für's Vaterland, aber er theilt auch mit „dem Volke die Freude an den nationalen und kirchlichen „Festen. — Kurz, obwohl er Priester geworden ist, bleibt „er noch immer Bürger und im Falle der Nothwendigkeit „auch Krieger."

Thatsache ist, dass die serbischen Popen bei ihren Mitbürgern in viel höherem Ansehen stehen, als dies bei der orthodoxen Geistlichkeit in Russland der Fall ist.

Die Mönche sind in Serbien durchschnittlich viel weniger gebildet und auch weniger beim Volke beliebt, als die Weltgeistlichen. M. Denton nennt sie wahre Bauern in der Soutane (peasants in cassaks).

Nach dem Gesetze vom 21. September 1853 herrscht in Serbien Religionsfreiheit. Jede christliche Religionsgenossenschaft kann ein eigenes Gotteshaus aus eigenen Mitteln unterhalten.*)

Es genügt, an die Regierung ein Ansuchen zu richten und sie ertheilt sofort die nöthige Einwilligung.

Auf solche Weise wurde im Jahre 1858 die Kirche der Reformirten-Gemeinde in Belgrad gestiftet. Die serbische Regierung überliess hiezu unentgeltlich ein Haus, welches ursprünglich für den Gottesdienst der römischen Katholiken bestimmt war. Ueberdies soll der Pastor unter Anderem von der serbischen Regierung auch eine Jahres-Subvention von 1.500 Dinars erhalten. An diese Kirche ist eine Elementarschule für Knaben und Mädchen angebaut, woselbst der Unterricht in deutscher Sprache ertheilt wird. Im Jahre 1862 zählte diese protestantische Gemeinde in Belgrad 339 Gläubige (Siehe Ubicini's „Les Serbes de Turquile" — Paris 1865). Hieraus ist ersichtlich, dass die Andersgläubigen in Serbien nicht nur geduldet vor dem Gesetze sind, sondern dass sie sogar in gewissem Masse von der Regierung unterstützt werden.

Auch die Juden Serbiens geniessen vollkommene Religionsfreiheit und seit 1878 auch freie Wahl des Wohnortes, während sie sich früher nur in Belgrad niederlassen durften.

Diese Juden (sogenannte Spaniolen, wie in allen Balkanstaaten) besitzen auch in Belgrad seit langer Zeit eine Synagoge.

---

*) Für die Bewohner rumänischer Nationalität wird die Liturgie in den orthodoxen Kirche rumänisch gelesen.

Nur die römischen Katholiken Belgrads waren bisher nicht im Stande, sich als Kirchengemeinde zu konstituiren. Die Lage der Katholiken in Serbien ist schon seit einer Reihe von Jahren der Gegenstand von Verhandlungen zwischen der serbischen Regierung und den dabei interessirten kirchlichen Instanzen, dem Erzbischof von Djakovár und dem päpstlichen Nuntius in Wien, die im Auftrage der Curie theils Beschwerden vorbrachten, theils dauernde Verhältnisse zu begründen versuchten.

Diese Verhandlungen reichen bis weit in die Regierungszeit des Fürsten Michael zurück, wurden manchmal eifrig betrieben, dann für einige Zeit fallen gelassen und wieder neu aufgenommen, bis gegen Ende des Jahres 1892 der Abschluss eines Conkordats zwischen Serbien und dem heiligen Stuhle im Vatikan in Aussicht genommen wurde; worüber die Verhandlungen in nicht ferner Zeit beginnen sollten. In Folge der politischen Ereignisse vom 13. April 1893 und vom 21. Jänner 1894 geschah jedoch vorläufig zu Gunsten der römisch-katholischen Kirche nichts. Erst am 15. März 1894 meldete ein Telegramm aus Rom, dass der ehemalige serbische Gesandte am Wiener Hofe und nachmalige Minister-Präsident Simitsch vom Papste in Audienz empfangen worden sei, um den Wunsch der serbischen Regierung, um Ernennung eines römisch-katholischen Bischofs für Belgrad auszusprechen.

Die Zahl der Katholiken war bis vor wenigen Jahren in Serbien noch eine ziemlich beschränkte (1874 in ganz Serbien 4101 Personen); nur in Belgrad war deren Anzahl genügend gross, um eine regelmässige Seelsorge und eine katholische Schule nothwendig erscheinen zu lassen.

Da die Katholiken Serbiens, — besonders in Belgrad, zum grössten Theile Unterthanen Oesterreich-Ungarns waren oder es noch sind; so fand sich die österreichisch-ungarische Regierung veranlasst, sowohl für das Seelsorge-Bedürfniss, wie für die Schule der Katholiken in Belgrad zu sorgen.

Im Gebäude der Gesandtschaft wurde eine Kapelle eingerichtet und in einem anderen Gebäude eine Schule mit deutscher und serbischer Unterrichtssprache geschaffen, in welcher seit dem Jahre 1888 auch die ungarische Sprache gelehrt wird.

Die Kosten für die Erhaltung eines Priesters und eines Lehrers, dann für die Erwerbung und Instandhaltung der Kapelle und Schule, wurden zum weitaus grössten Theile aus Oesterreich-Ungarn bestritten; von Seite Serbiens wurde nichts dazu beigetragen. Auch aus kirchlichen Fonds und Stiftungen Oesterreich-Ungarns wird für die katholischen Pfarreien in Serbien beigesteuert.

Dadurch, dass Oesterreich-Ungarn die Kosten für die Erhaltung der Pfarrei und katholischen Schule in Belgrad zum grössten Theile beigesteuert hat, der Gottesdienst in der k. k. Gesandtschaftskapelle Belgrads für alle dortselbst lebenden katholischen Gläubigen öffentlich abgehalten wird und die in Serbien wirkenden katholischen Priester dem Bischofe von Djakovar unterstehen, hat sich scheinbar eine Art von österreichisch-ungarischem Protektorat über die Katholiken Serbiens herausgebildet, welches zwar staats- und völkerrechtlich festgestellt, dafür aber auch geistig fühlbar geworden sein soll. Ein ähnliches Verhältniss findet auch bei den zwei anderen noch in Serbien existirenden katholischen Pfarreien, — in Kragujevac und in Nisch statt; auch diesen beiden wird von Seite Oesterreich-Ungarns Geldunterstützung gewährt, weil die Pfarrangehörigen, wie auch die Schulkinder der katholischen Schulen, fast ausschliesslich österreichisch-ungarische Unterthanen sind.

Von Seite der Regierung und von der orthodoxen Bevölkerung Serbiens wurde der geistige und materielle Schutz, der den Katholiken in Serbien von Seite Oesterreich-Ungarns bisher zu Theil wurde, nicht sehr wohlwollend betrachtet, weil derselbe sich naturgemäss auch auf jene Katholiken ausdehnte, welche serbische Unterthanen waren.

Es tauchten, wie überall, wo zwei gegnerische Confessionen nebeneinander bestehen, zwischen der Geistlichkeit beider Riten wiederholt Gegensätze auf, welche eine bessere Regelung der Verhältnisse der katholischen Kirche in Serbien wünschenswerth machten, und so fanden schon zur Zeit des Fürsten Michael Verhandlungen des Vatikans mit der serbischen Regierung über diese Angelegenheit statt.

Die Fürstin Julie (geborene Gräfin Hunyady), die katholische Gemalin des Fürsten Michael, war von dem Wunsche lebhaft beseelt gewesen, dass die Verhältnisse der katholischen Kirche in Serbien besser geordnet würden, sowie dass in Belgrad eine katholische Kirche erbaut werde.

Fürst Michael hatte schon einen schönen und gut gelegenen Bauplatz für die katholische Kirche ausgewählt und liess durch seine Regierung Verhandlungen mit dem päpstlichen Stuhle einleiten.

Die Verhandlungen über diesen Gegenstand hatten jedoch keinen Erfolg, weil die serbische Regierung verlangte, dass die in Serbien wirkenden katholischen Priester auch Unterthanen dieses Landes werden sollten, dagegen verlangte sie nicht die Trennung der Katholiken Serbiens von der Diözese Djakovar; ferner sollten die katholischen Kirchenfeste nach dem in Serbien amtlich geltenden julianischen Kalender gefeiert — und schliesslich sollten die katholischen Geistlichen der Disziplinargewalt des serbischorthodoxen Metropoliten unterstellt werden. Die zwei letzten Bedingungen waren auf Veranlassung und durch den Einfluss des serbischen Metropoliten aufgestellt worden.

Von Seite des hl. Stuhles war man bereit, die erste Forderung, dass die katholischen Geistlichen serbische Staatsbürger sein sollten, anzunehmen; dagegen machte man bezüglich des Kalenders einige Schwierigkeiten und als unannehmbar wurde diejenige serbische Forderung erklärt, dass der griechisch-orthodoxe Metropolit eine Disziplinargewalt über die katholische Geistlichkeit ausüben solle. -- Die Verhandlungen blieben resultatlos und somit auch die Verhältnisse der katholischen Kirche bis in die jüngste Zeit ungeregelt.

Die Seelsorge für die in Serbien weithin zerstreut lebenden Katholiken war vielfach behindert und hauptsächlich von den Behörden abhängig.

Die neue Verfassung vom Jahr 1889 hat für alle anerkannten Confessionen eine grössere Religionsfreiheit gebracht. Aber diese Religionsfreiheit existierte, trotz der neuen freisinnigen Verfassung, unter dem radikalen Ministerium doch nur auf dem Papier. Der Seelsorge für die zerstreut, ausserhalb der Pfarrorte Belgrad, Kragujevac und Nisch lebenden Katholiken Serbiens wurden sowohl von Seite der Regierung, als auch seitens der griechisch-orthodoxen Geistlichkeit grosse Hindernisse in den Weg gelegt und der Dienst der Missionspriester, die schon in ihren Pfarrorten mit Arbeit überlastet sind (so zählte Belgrad Ende 1892 etwa 9000 Katholiken, für welche nur ein Priester vorhanden war!), noch durch mancherlei Chicanen erschwert.

Die Missionspriester wollten oftmals die Seelsorge in der Diaspora besorgen, doch der Cultusminister, besonders Andrea Nikolitsch erlaubte solche Seelsorgereisen nicht und wenn er doch die Bewilligung ausnahmsweise hierzu ertheilte, dann durfte die Messe nicht öffentlich gelesen werden und war nur die Spendung der Sakramente im Stillen erlaubt.

Diese Haltung hatte das radikale Ministerium damit begründet, dass es die Ausübung der öffentlichen katholischen Seelsorge des Messelesens und Predigens, nur in jenen Orten für zulässig halte, in denen sich eine katholische Kirche befinde. Die Beschwerden der katholischen Geistlichen hierüber wurden theils an den vorgesetzten Bischof Strossmayr in Djakovar, theils an den Vatikan gerichtet.

Dies führte zu Verhandlungen, welche vom vorgesetzten Bischof und vom päpstlichen Nuntius in Wien geleitet wurden. Obwohl das radikale Ministerium die Berechtigung mancher dieser Beschwerden anerkannte, stellte es sich dennoch auf den Standpunkt, dass es diesen nur dann abhelfen könne, wenn eine dauernde Regelung der Verhältnisse der katholischen Kirche in Serbien stattgefunden haben würde.

Die erste Bedingung einer solchen Regelung sei die Lostrennung Serbiens von der Diözese Djakovar und die Errichtung eines päpstlichen Vikariats oder selbständigen Bisthums in Serbien, weil man den von einem österreichisch-ungarischen Bischof in Serbien ausgeübten Einfluss für gefährlich hält.

Weiter verlangte das radikale Ministerium, bei den katholischen Pfarren die Einführung des Taufbuches nach dem serbischen (julianischen) Kalender; dagegen bestand es nicht auf der Unterstellung der katholischen Geistlichen unter die Jurisdiktion des Metropoliten, wie dies unter der Regierung des Fürsten Michael der Fall gewesen ist. Der heilige Stuhl willigte nun thatsächlich in die Trennung Serbiens von der Diöcese Djakovar, auch wurde Bischof Strossmayr von Rom aus hiervon verständigt; jedoch wurde kein Zeitpunkt bestimmt, wann diese Massregel durchgeführt werden sollte.

Weiter kamen die Verhandlungen mit dem radikalen Ministerium Paschitsch nicht, weil es Ende 1891 demissionirte.

Dem neuen Kultusminister Boskovitsch wiederholte der päpstliche Nuntius in Wien die alten Beschwerden über die Behinderung der katholischen Seelsorge in Serbien und es begannen neue Verhandlungen über die endgültige Regelung der Verhältnisse der katholischen Kirche in Serbien. Boskovitsch hatte die Absicht, nach dem Muster des zwischen Montenegro und dem päpstlichen Stuhle abgeschlossenen Conkordates, auch ein ähnliches für Serbien anzustreben. Auch sollte es, — als mit dem Grundsatze der Religionsfreiheit unvereinbar, — in Zukunft keinem Anstande unterliegen, dass gemischte Ehen zwischen katholischen und serbisch-orthodoxen Brautleuten auch in den katholischen Kirchen eingesegnet würden; was bisher, an manchen Orten sogar mit Polizeigewalt, verhindert worden war.

Die am 15. März 1894 stattgehabte Audienz des vorigen Ministerpräsidenten Simitsch beim Papste dürfte die erwähnten Verhandlungen dem erwünschten Ziele wieder um einen Schritt näher gebracht haben.

VII. Kapitel.

Oeffentlicher Unterricht und geistige Kultur.

Mögen sich die politischen Parteien Serbiens noch so schroff gegenüberstehen, so sind sie doch Alle nur einer Meinung und immer bereit hierfür Opfer zu bringen, wenn es sich um die Hebung des Volksunterrichtes und Verbreitung des modernen Wissens im Lande handelt.

Die vielen, in den letzten fünf Jahren an das Staatsruder gelangten Ministerien haben in allen Zweigen der Staatsverwaltung, selbst am Budget des Heeres — dieser Lieblingseinrichtung des serbischen Volkes — mitunter sehr bedeutende Abstriche vorgenommen, jedoch niemals wurde das Budget des Unterrichtsministers herabgemindert.

Im Allgemeinen zeigt sich der Stand der Bildung eines Volkes in dessen gesammten Lebensäusserungen, im öffentlichen wie im gesellschaftlichen Leben.

Das serbische Volk sagt: „Der Geist ist Zar und der Körper ist gut für den Klotz." Indem dasselbe somit dem Geiste das Uebergewicht giebt über die körperliche Kraft, so stellt es dadurch zu gleicher Zeit sich selbst das Zeugniss aus, dass es befähigt sei, für eine höhere Geistesbildung und auch einzutreten vermag in den Wettstreit mit anderen Nationen, auf dem Gebiete der geistigen Arbeit und des Fortschrittes.

Dies beweist das serbische Volk auch dadurch, dass

es allemal und bei jeder Gelegenheit, unablässig nach Vermehrung der Schulen trachtet.

Serbien ist vielleicht das einzige Land der Welt, in welchem die zumeist bäuerlichen Volksvertreter in der Skuptschina in dieser Hinsicht immer einsichtsvoller gewesen sind, als manche seiner hochgelehrten Kultusminister, und in welchem nach dieser Richtung hin häufig die ungebildeten Bauern die Rolle von Verschwendern und die Kultusminister jene von Knickern und Sparern gespielt haben.

Zur Zeit der Türkenherrschaft hatte Serbien keine einzige christliche Schule. Erst im Jahre 1808 gründete Karadjordje, nach Vertreibung der Türken, die erste Schule zu Belgrad, deren Leitung er dem Begründer der Selbständigkeit der serbischen Sprache, dem Gelehrten Dositije Obradovitsch*) übertrug.

Unter dessen Aufsicht lehrten österreichische Serben, nebst Lesen, Schreiben und Rechnen, auch Geographie, Geschichte und einzelne Zweige der Naturwissenschaft mit gutem Erfolge.

Als jedoch die Türken im Jahre 1813 Serbien abermals eroberten und Belgrad plünderten, da ging es auch mit dieser ersten Schule Serbiens zu Ende, und es blieb nunmehr dem Fürsten Milosch Obrenvoich vorbehalten,

*) Dositije Obradovitsch (1741—1811) war serbischer Mönch, welcher als Erster kühn und feierlich die Selbständigkeit der serbischen Sprache proklamirte und sie zu einer gefügigen Basis für die neue serbische Litteratur zu gestalten suchte, der ferner zuerst offen nicht nur mit der damals gebräuchlichen altslavischen Sprache, sondern auch mit der ausschliesslich religiösen Richtung brach. — Er kehrte dem Klosterleben den Rücken, ging ohne Zögern an die Universitäten Halle und Leipzig, — bekämpfte dann mit Entschlossenheit die allzu empirische und exklusiv kirchliche Erziehung und stellte sich ganz und gar auf die Seite der neuen Ideen und des fortschrittlichen Geistes, welcher im 18. Jahrhundert eben einen so mächtigen Aufschwung genommen hatte.

der Begründer des neuserbischen Unterrichtswesens zu werden.

Obwohl Milosch selbst weder Lesen noch Schreiben konnte, so besass er doch einen klaren und durchdringenden Verstand, der ihn den hohen Werth der Jugenderziehung und Volksbildung erkennen liess.

Er errichtete nach und nach in den meisten Kreisen Volksschulen, von denen in der Zeit von 1820 bis 1826 schon 20 bestanden haben sollen, und Ende 1832 gründete er sogar ein vierklassiges Gymnasium in Kragujevac.

Um nun vorläufig bei den Volksschulen zu bleiben, so ist deren Zahl in den siebzig Jahren von 1820 bis 1890 sowohl absolut, als auch in den Verhältnissen zur Bevölkerungszahl und zum Flächeninhalt des Landes gewachsen, wie die folgende vergleichende Zusammenstellung darthut.

Jahr	Ein- wohnerzahl	Anzahl der Schulen überhaupt	1 Schule kommt auf Einwohner	Zahl der Schüler und Schülerinnen	1 Schüler kommt auf Einwohner	1 Schule kommt auf ☐Km. Fläche
1836	744686	62	12000	2511	296	607
1844	879893	170	5176	5452	164	221
1854	998919	319	3083	9566	104	118
1864	1,156171	318	3486	13421	86	118
1874	1,352522	517	2616	23280	58	73[*]
1884	1,901736	631	3011	38337	49	77
1887	2,020000	671	3010	50360	39	72
1890	2,172814	688	3007	58917	35	70

Im Schuljahre 1890 waren somit in Serbien 688 Elementarschulen mit 58,917 Schulkindern, die von 1194 Lehrern und Lehrerinnen unterrichtet wurden. Hiervon entfallen auf den Kreis und die Stadt Belgrad allein 31 Schulen mit etwa 5000 Schulkindern, während im Jahre 1836 daselbst nur 6 Schulen bestanden mit 282 Kindern.

Die angegebenen 58,917 Schulkinder vertheilen sich aber sehr ungleich auf die einzelnen Klassen. Während nämlich in der ersten Klasse die Zahl derselben insgesammt 20,000 übersteigt, nimmt diese nach und nach so sehr ab, dass sich in der letzten in den seltensten Fällen

---

*) 1878 wurde Serbien's Gebiet vergrössert.

mehr als 100 Schüler befinden, und in manchen Schulen auf dem Lande fehlen sogar die beiden letzten Klassen. Das Verhältnis der Anzahl der Schulen und der dieselben besuchenden Kinder zur Bevölkerungszahl ist im Vergleich zu den alten Kulturstaaten Europas allerdings noch kein sehr hohes, aber man muss eben bedenken, dass das Land erst vor 80 Jahren das türkische Joch abgeschüttelt hat und nachher erst an die Gründung von Schulen denken konnte. Nimmt man jedoch eine Theilung der Schulen in Land- und Stadtschulen vor, so zeigt sich eben, dass für die Hebung der Bildung bei der Landbevölkerung noch Manches nachzutragen wäre; während die Stadtbevölkerung bei weitem besser bedacht ist.

Von der Gesamtzahl der Schulen entfallen nämlich 144 (20 Prozent) auf die Städte und 544 (80 Prozent) auf die Dörfer des Königreiches. Indem aber in Serbien (1890) rund 1,768 000 Seelen (86 Prozent) auf die Dörfer entfielen und nur gegen 300000 Seelen (14 Prozent) auf die Städte; so kommt auf dem Dorfe erst auf 3240 Seelen eine Schule; während in der Stadt schon auf 1880 Einwohner eine Schule entfällt.

Was andererseits das Verhältnis der Zahl der Schulknaben zu den Schulmädchen betrifft, so beträgt die der ersteren (wenigstens in den unteren vier Klassen) durchwegs das Zehnfache von jener der letzteren.

Noch ungünstiger gestaltet sich dieses Verhältnis, wenn man wieder die Schulen in Land- und Stadtschulen sondert. Während nämlich in den Stadtschulen die Zahl der Schülerinnen in der Regel doch wenigstens die Hälfte von derjenigen der Schüler beträgt, ist dieselbe in den Landschulen so verschwindend klein, dass sie in der Gesamtheit kaum den 200. Theil von der Anzahl der Schulknaben ausmacht; somit auf 200 Schüler erst 1 Schülerin kommt, wogegen in der Stadt auf 200 Schüler etwa 84 Schülerinnen entfallen.

Bei der Trennung der Knaben- von den Mädchenschulen ergeben sich 625 Knabenschulen (91,4 Prozent) mit 51,725 Besuchern (87 Prozent) und 63 Mädchenschulen (8,6 Prozent) mit 7192 Besucherinnen (13 Prozent). Scheidet man auch hier noch die Schülerinnen der Dorf- von jenen der Stadtschulen, dann erweist sich vollends der Schulbesuch der Landschülerinnen geradezu als ganz vernachlässigt.

Bis zum Jahre 1887 gab es überhaupt auf dem Lande keine einzige Mädchenschule, sondern die wenigen Mädchen, welche überhaupt die Schule besuchten, gingen in die Knabenschulen. Aber auch diese Mädchen waren selten Bauernkinder, sondern meist Kinder von Beamten, Popen oder Landkaufleuten.

Durch das Gesetz vom Jahre 1882, betreffend die Elementarschulen, wurde nun in Serbien zwar der allgemein verbindliche sechsjährige Schulunterricht eingeführt; aber bei der Lage der Verhältnisse in dem erst vor so kurzer Zeit wiedergeborenen serbischen Staatswesen, wird es noch längere Zeit dauern, bis dieses Gesetz thatsächlich vollends verwirklicht sein wird.

Für diesen Umstand spricht deutlich die Thatsache, dass noch im Jahre 1886 auf dem Lande nirgends eine fünf- oder sechsklassige Volksschule vorhanden war, und selbst in den Städten waren manche fünfte Klassen nur von 15 Kindern und die sechsten Klassen oft nur von 6 Schülern besucht. Selbst von der Verwirklichung des obligaten vierjährigen Unterrichtes war man im Jahre 1886 noch ziemlich weit entfernt, was zur Genüge dadurch erwiesen ist, dass in jenem Jahre 19,875 Schüler die ersten Klassen und nur 7557 die vierten Klassen besuchten und dass überhaupt noch damals von je 100 schulpflichtigen Kindern durchschnittlich nur 15 auch wirklich die Schule besuchten.

Unter solchen Umständen ist es begreiflich, warum in Serbien die Zahl der Schreibkundigen noch immer recht klein ist und warum dieselbe so langsam anwächst.

Die erste diesbezügliche Statistik wurde in Serbien im Jahre 1866 aufgestellt. Die Ziffer der Schreibkundigen war in jenem Jahre noch eine sehr niedere, indem deren Gesamtzahl nur 50,796 betrug. Damals konnten somit unter 100 Einwohnern kaum 5 Menschen schreiben; unter 100 Städtern jedoch waren durchschnittlich 27, dagegen unter 100 Landbewohnern höchstens 2 des Schreibens kundig. Indessen ist schon im darauffolgenden Jahrzehnt ein verhältnissmässig recht bedeutender Fortschritt zu verzeichnen; hier beziffert sich die Zahl der Schreibkundigen schon auf 91,039 (somit nahezu doppelt so viel als zehn Jahre früher!); demnach kommen auf je 100 Einwohner im allgemeinen 7, oder genauer bestimmt: auf je 100 Städter kommen 33 und auf je 100 Landbewohner 4 Schreibkundige.

Im folgenden Dezennium (1876 bis 1886) verdoppelte sich abermals die Zahl der des Schreibens kundigen Einwohner Serbiens und war auf die Höhe von 187,000 gestiegen; wonach auf 100 Einwohner im Allgemeinen 11 (im eigentlichen Serbien sind es jedoch über 12 Prozent, jedoch in den neuerworbenen südlichen Kreisen Nisch, Vranja, Pirot nur etwa 6 Prozent); hingegen auf 100 Städter 44 und auf 100 Landbewohner 6 bis 7 schreibkundige Individuen entfallen.

Durch diese Ziffern wird eine konstante Zunahme der Volksintelligenz seit mehr als zwanzig Jahren erwiesen. Darnach dürfte sich heute die Zahl der Schreibkundigen in Serbien auf rund 250,000 belaufen, d. h. etwa 12 Prozent der jetzigen Gesamtbevölkerung ausmachen.

Aber auch hier weist die Statistik ebenso die sehr grosse Vernachlässigung des weiblichen Geschlechtes, wie auch die Verkürzung der Landbevölkerung gegenüber den Städtern nach; obwohl die Landbevölkerung, in diesem Agrikulturstaate par excellence, im Allgemeinen siebenmal zahlreicher ist, als jene der Städte.

In der Periode von 1880 bis 1890 waren durchschnittlich schreibkundig: In den Städten: 63,197 Männer, 24,948 Frauen. Auf 100 Einwohner im Allgemeinen kamen 31,3 männliche und 12,4 weibliche (zusammen 43,7) Schreibkundige, aber für 100 männliche gab es nur 39,5 weibliche Schreibkundige. Auf dem Lande hingegen stellt sich dieses Verhältnis noch viel ungünstiger heraus. Es gab nämlich neben 85,884 männlichen, nur 3,136 weibliche Schreibkundige. Auf 100 Einwohner des Landes entfielen vom Jahre 1880 bis 1890 6,1 männliche, dagegen nur 0,3 weibliche Schreibkundige, oder es kommen auf je 100 schreibkundige Bauern nur 4,5 Bäuerinnen, die schreiben können!

Dies bedeutet eine ganz offenkundige Zurücksetzung des weiblichen Elementes, gegenüber dem männlichen; was aber in einem so jungen Staatswesen nicht anders möglich ist, wo beim besten Willen noch nicht so viele Volksschulen geschaffen werden konnten, um möglichst rasch wenigstens der männlichen Bevölkerung den so dringend nöthigen Elementarunterricht zuzuwenden.

Ein wesentliches Hindernis für die Hebung des Volksunterrichtes lag bis in die jüngste Zeit in dem Mangel an entsprechend vorgebildeten Volksschullehrern. Diesem Uebelstande muss der grösste Theil der Schuld zugeschrieben werden, weshalb die Zahl der des Schreibens Kundigen in keinem Verhältnis zu der vorhandenen Zahl der Schulen steht.

Die Lehrerseminarien, von denen im Jahre 1875 das erste und im Jahre 1885 das zweite gegründet wurde, haben nun schon vieles Gute in den Elementarschulen gewirkt, und sobald nur sämmtliche Lehrerstellen mit gründlich vorgebildeten Pädagogen besetzt sein werden, wird sich auch die Bildung im Lande noch viel rascher verbreiten, als dies bisher der Fall war.

Die Mittelschulen befinden sich in den Kreisstädten oder auch in sonstigen volkreichen Städten.

An Gymnasien besitzt Serbien gegenwärtig 24, dann 2 sogenannte Realgymnasien, 5 Realschulen, 1 Theologieschule, 2 Lehrerseminare, 1 landwirthschaftliche und eine höhere Töchterschule.

Die Mittelschulen wurden 1890 insgesammt von 4951 Schülern und 624 Schülerinnen besucht. Auch Mädchen dürfen nämlich allerorts, nach Erfüllung der gesetzlichen Bestimmungen und Vorbedingungen zu den Studien sowohl am Gymnasium, als an der Realschule zugelassen werden. Ausserdem besteht in Belgrad eine höhere Töchterschule mit 5 Klassen und etwas über 700 Schülerinnen.

In den Mittelschulen werden am Ende eines jeden Jahres Schlussprüfungen und am Anfange eines jeden neuen Schuljahres wieder Nachprüfungen abgehalten, bei denen — insbesondere an den Gymnasien, — sehr strenge verfahren und im Durchschnitte kaum 75 Prozent der Schüler durchgelassen werden.

Hieraus, sowie auch aus dem ungewöhnlich häufigen Zurücktreten der Schüler im Laufe des Schuljahres, erklärt sich auch der sehr grosse Unterschied in der Schülerzahl der einzelnen Klassen, welcher namentlich zwischen der ersten und siebenten, — beziehungsweise achten, — manchmal so beträchtlich ist, dass in dieser obersten Klasse nicht einmal mehr der zwanzigste Theil von der Schülerzahl der ersten Klasse vorhanden ist.

Besonders sind es die Mädchen, welche häufig aus der vierten Klasse des Gymnasiums austreten, um dann an der höheren Töchterschule weiter zu studiren. Es giebt aber auch Mädchen, die das ganze Gymnasium absolviren, dann die Absolutorial-Prüfung ablegen und sich hierauf in der Belgrader Hochschule inscribiren lassen.

So gab es im Studienjahre 1890/91 schon 20 junge Serbinnen an der Hochschule, von denen einige damals sogar im achten Semester standen.

Fachschulen besitzt Serbien (1890/91) nur wenige. Zu erwähnen sind die schon oben genannten: 1 Priesterseminar (Theologieschule) mit 4 Klassen, 17 Lehrern und 142 Zöglingen; ferner 2 Lehrerseminare (Präparanden) mit je 4

Klassen, 23 Lehrern und 237 Präparandenschülern; — eine Ackerbau- oder landwirthschaftliche Schule mit 2 Klassen, 9 Lehrern und 49 Schülern; — eine Handelsschule mit 3 Klassen, 6 Lehrern und 34 Schülern.

Der Einfluss dieser Fachschulen auf Gang und Richtung der einschlägigen Fächer ist selbstverständlich vorläufig noch kein nennenswerther, weil einerseits ihre Zahl noch zu gering ist und andererseits selbst diese wenigen nur schwach besucht werden.

Selbst das Priesterseminar hat, wiewohl es schon über ein halbes Jahrhundert besteht, nicht die wünschenswerthen Erfolge aufzuweisen und hat noch nicht allseits vermocht, seinen Zöglingen jene Bildung zu geben, welche diejenigen besitzen sollten, die sich dem Dienste der geistlichen Erziehung des Volkes widmen.

Die Lehrerseminare hingegen haben, wie schon weiter oben hervorgehoben wurde, sichtliche Erfolge erzielt; indem seit dem Auftreten ihrer ersten Zöglinge auf dem Gebiete des Elementar-Unterrichts (etwa 1880) die Volksschule aufgerüttelt wurde aus dem Schlummer, in welchem sie sich Jahrzehnte lang befunden hatte. Es ist daher nur zu bedauern, dass diese Institute, — es bestehen vorläufig erst zwei Lehrerseminare, — dem Lande keine grössere Zahl von Lehrern zu geben im Stande sind.

Bezüglich der Belgrader Hochschule bringen wir nachstehend einen ebenfalls offiziellen Ausweis für das Studienjahr 1890/91, aus welchem wieder hervorgeht, dass sich in Serbien, seit dessen nationaler Wiedergeburt und seit dem Eintritte geordneter Verhältnisse, das geistige Leben und insbesondere das Unterrichtswesen in sehr erfreulicher Weise entwickelt hat.

Während nämlich im Studienjahr 1886/87 die Anzahl der Studirenden nur 231 betragen hatte, wird diese Zahl gegenwärtig von der juristischen Fakultät allein weit übertroffen und weist der im März 1891 erschienene Unterrichtskatalog die für die serbischen Verhältnisse höchst beträcht-

liche Besuchsziffer von 562 Studirenden auf (485 ordentliche und 77 ausserordentliche Hörer), die sich auf die
einzelnen Fakultäten in nachfolgender Weise vertheilen:
philosophische Fakultät: 150 ordentliche und 32 ausserordentliche Hörer (und zwar entfallen auf die historisch-
philologische Abtheilung 65 ordentliche und 23 ausserordentliche Hörer und auf die naturwissenschaftlich-mathe-
matische Abtheilung 85 ordentliche und 9 ausserordentliche
Hörer); juridische Fakultät 300 ordentliche und 43 ausserordentliche Hörer und technische Fakultät 35 ordentliche
und 2 ausserordentliche Hörer.

Die Belgrader Hochschule hat schon in mehr als einer
Hinsicht das Interesse der gelehrten Welt auf sich gelenkt
und die tüchtigen Originalarbeiten ihrer Professoren sind
auch vollkommen geeignet, den Ruf und das Ansehen derselben zu heben.

Es wirkten im Schuljahre 1890/91 — 34 ordentliche
Professoren an dieser Hochschule, davon 20 an der philosophischen Fakultät (9 bei der historisch-philologischen
und 11 bei der naturwissenschaftlich-mathematischen Abtheilung), 6 an der juridischen und 8 an der technischen
Fakultät.

Das Hilfspersonal der Hochschule bestand 1891 aus
einem Custos des botanischen Cabinets, einem ausserordentlichen Lehrer für Mathematik, zwei Assistenten im
zoologischen Institut, einem Assistenten im chemischen
Laboratorium, — je einem Assistenten im geologischen
und im geodätischen Cabinet und zwei Musiklehrern.

In Verbindung mit der Hochschule steht, nebst einem
botanischen Garten, auch ein Laboratorium für öffentliche
Hygiene.

Ausser diesen Unterrichtsanstalten, steht der wissbe-
gierigen und strebsamen Jugend Serbiens noch ein Mittel
zur Verfügung, nämlich das Studium im Auslande, zu
welchem Behufe dem Unterrichtsministerium sehr reich-

liche Geldmittel für gut dotirte Stipendien zur Verfügung stehen.

Nachdem die Belgrader Hochschule noch immer keine medizinische Fakultät besitzt, so müssen schon absolut sämmtliche Mediziner im Auslande (zumeist in Wien und Berlin) studiren. Ausserdem werden aber jährlich auch noch einige Studirende anderer Fakultäten und insbesondere auch Offiziere der verschiedenen Waffengattungen zu ihrer weiteren Ausbildung, entweder nach Russland, Deutschland oder nach Oesterreich-Ungarn geschickt.

Andererseits sind aber die serbischen Gymnasien und die Hochschule mitunter wieder von jungen Männern besucht, deren Heimath sich jenseits der Grenze, entweder in Altserbien, Makedonien oder in Montenegro befindet.

Das gesammte Unterrichts- und Bildungswesen Serbiens wird von dem Unterrichts- und Cultus-Ministerium geleitet. Demselben obliegt nicht allein die Errichtung und Organisation der Schulen, durch Ausbildung und Heranziehung tüchtiger Lehrkräfte, sondern es ist ihm auch die Fortbildung des Volkes nach dem Verlassen der Schule und die Sorge für die Entwicklung der Nationallitteratur nach dem Gesetze vom Jahre 1839 zur Pflicht gemacht.

Neben dem Ministerium besteht seit 1880 noch der „Hauptaufklärungsrath", welcher als Beirath, in allen organisatorischen Angelegenheiten und bei der Einführung von Lehrbehelfen aller Art, fungirt.

Der Hauptaufklärungsrath besteht aus 8—12 ordentlichen, das heisst auf Vorschlag des Unterrichtsministers vom Könige ernannten Mitgliedern und aus 10—20 ausserordentlichen Beisitzern. Seine Thätigkeit erstreckt sich auf die sämmtlichen Fach-, Mittel- und Elementarschulen des Landes; nur nicht auf die Belgrader Hochschule selbst, für welche nur das Ministerum allein massgebend ist.

Die heutige Hochschule wurde 1838 vom Fürsten

Milosch unter dem Namen eines Lyceums gegründet und
bestand nur aus einer philosophischen Abtheilung. Im
Jahre 1840 kam eine juridische Abtheilung hinzu. 1843
wurde das Lyceum von Kragujevac nach Belgrad verlegt
und die Leitung des Lyceums einem Rektor anvertraut.
Im Jahre 1851 wurde ein Lehrstuhl für deutsche Sprache
errichtet. 1863 erhielt das Lyceum durch das Gesetz vom
24. Septbr (6. Oktbr.) den Titel: „H o c h s c h u l e". Dieselbe erhielt drei Fakultäten, nämlich: die juridische,
philosophische und die technische. Im Jahre 1873 wurde
die philosophische Fakultät in zwei Abtheilungen: eine
„historisch-philologische" und eine „naturwissenschaftlich-
mathematische" getheilt.

Im Jahre 1880 erhielt die Hochschule ihre letzte Veränderung, durch welche festgesetzt wurde, dass nunmehr
jede Fakultät einen vierjährigen Cursus umfasse.

Die Zahl der Hochschul-Studenten betrug 1880—112,
1882—157, 1884—177, 1885—205, 1886—212, 1887—231
und im Schuljahre 1890/91—526. Hochschul-Professoren
gab es 1880—27; 1882—29; 1884—27; 1885—33; 1886—33
und im Schuljahre 1890/91 waren ausser einem Rektor,
noch 34 Professoren vorhanden.

Die T h e o l o g i e s c h u l e wurde 1836 in zwei Klassen
gegründet, 1838 auf drei Klassen vermehrt; 1844 kam
noch eine vierte Klasse hinzu. Im Jahre 1886 wurde
jedoch die Studienzeit wieder auf drei Jahre herabgesetzt.
Diese Schule ist in Verbindung mit einem Seminar und
steht unter der gemeinschaftlichen Aufsicht des Unterrichtsministers und des Metropoliten.

Aufgenommen werden absolvierte Gymnasiasten, ohne
nöthig zu haben, vorher die Reifeprüfung abzulegen.

Die G y m n a s i e n wurden zuerst mit vier Klassen
errichtet, dann 1863 auf sechs Klassen, im Jahre 1873 auf
sieben und endlich 1886 auf acht Klassen erhöht. Auch
giebt es sogenannte Halb- (Unter-) Gymnasien, welche nur
die ersten 4 Jahrgänge eines ganzen Gymnasiums enthalten.

Im Gymnasium werden 26 obligate Gegenstände (darunter fünf Sprachen, nämlich: Serbisch, Kirchen- oder Altslavisch, Deutsch, Lateinisch und Französisch) und 3 unobligate Gegenstände vorgetragen; und zwar in 26 bis 31 Lehrstunden in der Woche. Griechisch kommt im Lehrplane der serbischen Gymnasien nicht vor und lateinisch wird nur in der 5., 6., 7. und 8. Klasse durch je vier Stunden wöchentlich gelehrt; dagegen wird deutsch durch alle 8 Klassen hindurch vorgetragen.

Die älteste Realschule besteht seit 1865 und hiess von ihrer Begründung im Jahre 1844 bis 1865 Handels- und Gewerbeschule.

Seit dem Jahre 1873 hat die Realschule in Belgrad 7 Klassen und die Zahl der Gegenstände wurde auf 18 festgesetzt.

1881 wurde das Realgymnasium in Uzice in eine zweite Realschule verwandelt. Ausserdem verblieben noch zwei Realgymnasien mit sehr geringer Schüler- und noch dürftigerer Lehrerzahl in Knjazevac und in Loznica.

Das erste Lehrerseminar wurde 1870 in Belgrad gegründet, welchem im Jahre 1881 ein zweites in Nisch nachfolgte.

Ausserdem wurde 1887 die Errichtung einer Lehrer-Vorbereitungsschule in Leskovac für Zöglinge aus den türkischen Nachbarprovinzen (Novibazar und Altserbien), beschlossen.

Die Anzahl der Lehrer und Schüler an den beiden Seminaren war im Jahre 1885 folgende:

Im Belgrader Lehrerseminar: 14 Lehrer und 141 Schüler und im Nischer Lehrerseminar: 13 Lehrer und 44 Schüler.

Aufgenommen werden Gymnasiasten, welche vier Gymnasialklassen absolvirt haben, und dauert der Kursus im Lehrerseminar drei Jahre.

Die im Jahre 1870 eröffnete landwirthschaftliche und Forstschule zu Poscharevac wurde nach zehnjährigem Bestande wieder aufgehoben, weil sie den an sie gestellten Anforderungen nicht entsprochen hatte. Nun wurde jedoch im Jahre 1882 zu Kraljevo wieder eine niedere Ackerbauschule errichtet und hatte anfangs 1 Lehrer, 1 Gärtner, 2 Unter-Landwirthe, 1 Popen und 1 Arzt; ferner 31 Schüler. Seit 1863 besteht eine höhere Töchterschule, in welcher nur solche Mädchen aufgenommen werden, welche die vier Volksschulklassen mit gutem Erfolge absolvirt haben. Der Unterrichtsplan wurde 1873 und 1879 dergestallt abgeändert, damit die Schülerinnen auch zu Volksschullehrerinnen ausgebildet werden können. Es wurde nämlich auch eine Uebungsschule mit der höheren Töchterschule in Verbindung gebracht und der ganze Kursus selbst auf fünf Klassen erhöht. Nach Schluss der fünften Klasse müssen sich die Schülerinnen einer Lehrers-Prüfung unterziehen.

Im Jahre 1886 sollte auch eine sechste Klasse errichtet werden und wurde der Unterrichts-Minister ermächtigt, mit dieser Anstalt ein Internat zu verbinden. In dieser Schule werden 25 obligate Gegenstände in wöchentlich 34 Stunden gelehrt.

Ueber die Volks- bezw. Elementarschulen wurde schon weiter oben das Nöthige angeführt.

Es möge hier noch nachgetragen werden, dass in Serbien die Volksschullehrer und Lehrerinnen vom Staate besoldet sind und dass seit dem Jahre 1881 folgende Gehaltsklassen bestehen: 1. Klasse 2000 Dinar (Franks); 2. Klasse 1800, 3. Klasse 1600, 4. Klasse 1400, 5. Klasse 1200, 6. Klasse 1000 und 7. Klasse mit 800 Dinars jährlich. Nur vorläufig und probeweise angestellte Lehrer erhalten einen Jahresgehalt von 600 Dinars.

Bei vorzüglichem Erfolge erhalten die Lehrer auch noch Zuschüsse von jährlich 250 bis 300 Dinars. Diese Massregel spornt die Lehrer zu recht eifriger Arbeit an. Jene Lehrer, welche in zwei aufeinander folgenden Jahren nur einen „schwachen" Schulerfolg nachweisen, werden aus dem Dienste entlassen.

Auch auf eine staatliche Alterspension hat der Volksschullehrer in Serbien Anspruch. Die Gemeinde, in welcher sich die Schule befindet, muss nebst der Lehrerswohnung und einem Garten, auch die Heizung und Beleuchtung derselben stellen.

Gemeinden im hohen Gebirge, deren Gehöfte mitunter auf einem Umkreise von mehreren Stunden zerstreut liegen, vereinigen mit der Gemeindeschule sehr häufig ein einfaches Internat, wo die Kinder aus den entferntesten Gehöften wohnen und durch eine von der Gemeinde angestellte Wirthschafterin gepflegt und verköstigt werden; hierfür zahlen die Eltern kein Kostgeld, sondern liefern nebst dem Bette, der Kleider und Wäsche ihres Kindes, auch noch die nöthigen Viktualien an die Schule ab.

Privatschulen giebt es in Serbien nur wenige und auch diese sind noch in weiterer Abnahme begriffen; was begreiflich ist, nachdem der Staat selbst in sehr munificenter Weise für das Unterrichtswesen sorgt.

Nun wäre noch jener Mittel und Einrichtungen zu gedenken, durch welche die geistige Kultur im Königreich Serbien gepflegt und rege erhalten wird.

Da ist in erster Linie die königlich serbische Akademie zu nennen, deren Bestimmung es ist, die Wissenschaften zu pflegen und zu fördern und zur Verbreitung der schönen Künste im Lande beizutragen. Zu diesem Zwecke zerfällt die Akademie in vier Abtheilungen; und zwar: in jene der Naturwissenschaften, dann jene der philosophischen Wissenschaften, in jene der Gesellschaftswissenschaften und in jene für die Künste.

Die Akademie darf nicht mehr als 25 Mitglieder zählen, wovon auch 3 ausserhalb Serbiens wohnen können. Es giebt auch korrespondirende Mitglieder und darf deren Zahl das Doppelte der ordentlichen Mitglieder betragen.

Der König ist oberster Schirmherr der Akademie und

er hatte im Jahre 1887 auch deren erste Mitglieder bestimmt.

Die Landesbibliothek und das Landes-Museum sind ebenfalls seit 1887 in den Besitz der Akademie übergegangen.

Die Landesbibliothek wurde 1853 gegründet; im Jahre 1867 besass sie schon 9286 Werke in 20.500 Bänden, im Jahre 1874 — 14.544 Werke und im Jahre 1886 24.407 Werke mit zusammen 52.078 Bänden (mit den Duplikaten 56.585 Bände). Die Zahl von alten slavischen Handschriften betrug gegen 400.

Das Landesmuseum enthält insbesondere eine sehr reichhaltige Münzensammlung, dann sonstige Alterthümer und eine Sammlung von alten Waffen, und von solchen, welche die Serben am Anfange des neunzehnten Jahrhunderts in ihren ersten Befreiungskämpfen verwendet hatten.

Die Bildersammlung des Museums hat keinen besonderen künstlerischen, dafür aber einen geschichtlichen Werth, da sie die Bildnisse der berühmtesten Serben enthält.

Weiter muss hier noch die serbische Staatsdruckerei besonders hervorgehoben werden. Sie wurde 1830 gegründet und zwar zunächst behufs Nachdruckes von kirchlichen Büchern, und schickte der russische Kaiser zu diesem Zwecke zwei Druckerpressen, die er dem serbischen Volke zum Geschenke machte. Schon im Jahre 1831 übersiedelte die Druckerei nach Belgrad.

Heute verfügt die serbische Staatsdruckerei über neun Schnellpressen, darunter eine englische mit zwei Cylindern u. dgl. m.

Die Schriftgiesserei wurde von Okenfuss in Stuttgart begründet.

Im Schriftschatze der Druckerei sind namentlich die orientalischen, dann die alt- und neuslavischen Lettern in jeder Art und Grösse vertreten. Seit dem Jahre 1880 besitzt aber die serbische Staatsdruckerei auch vorzügliche lateinische und deutsche Lettern. In der serbischen Staatsdruckerei waren im Jahre 1887 im Ganzen 220 Personen, — worunter 6 Beamte und 92 Setzer, — beschäftigt.

Mit der Staatsdruckerei ist auch eine l i t h o g r a p h i s c h e A b t h e i l u n g vereinigt.

Die Staatsdruckerei hat ihre Buchhändler — 62 an der Zahl — in Belgrad und in sämmtlichen Kreis- oder sonst wichtigeren Städten. Sie sendet ihnen die Bücher portofrei und gewährt ihnen 20 Prozent Rabatt.

Der Werth der verkauften Bücher ist von Jahr zu Jahr in rascher Zunahme begriffen.

Zur Hebung der geistigen Kultur dienen schliesslich noch die verschiedenen L e s e v e r e i n e (Tschitaonica's), deren Gründung wiederholt und speziell im Jahre 1860 vom Unterrichts-Ministerium angeregt worden ist.

Im Jahre 1880 gab es in Serbien, nebst dem grossen Belgrader Bürger-Kasino und Leseverein, noch 32 Lesevereine im Innern des Landes mit 1880 Mitgliedern.

Im Jahre 1881 entstand der B e l g r a d e r T u r n- u n d F e c h t v e r e i n, welcher 1890 etwa 150 Mitglieder zählte. 1885 wurde der erste Zweigverein desselben in Schabac eröffnet. Zweck dieser Gesellschaft ist, allmälig im Lande Zweigvereine zu gründen und Turnlehrer auszubilden.

Weitere Gesellschaften und Vereine mit wissenschaftlicher Tendenz sind: Die 1873 gegründete „Medizinische Gesellschaft", die 1883 ins Leben gerufene „Archäologische Gesellschaft", ferner die 1887 gegründete „Gesellschaft des heiligen Sava", welche den Zweck hat, Aufklärung im Volke zu verbreiten. Schliesslich giebt es noch eine „Gesellschaft zur Hebung der Bodenkultur" und in fünf Städten bestehen „Gesellschaften zur Aufmunterung der Industrie und des Handels."

Für die darstellende Kunst besitzt Serbien ein schönes L a n d e s t h e a t e r in Belgrad und ein kleineres in Kragujevac; letzteres hat jedoch kein ständiges Schauspieler-Personal.

Das Belgrader Landestheater besteht seit 1869 als selbständiges Theater; es wurde 1870 als Staatseigenthum erklärt und der Aufsicht des Unterrichtsministers unterstellt.

Das Repertoire des Theaters umfasste Ende 1890: 551 einstudierte Stücke, wovon 118 Originale und der Rest Uebersetzungen waren.

Die Zahl der im Repertoire vertretenen serbischen Theaterdichter beträgt 42, unter ihnen insbesondere Matija Ban und Kosta Trifkovic.

Die Schauspieler, gegenwärtig 40 an der Zahl, theilen sich in ständige, ordentliche und zeitliche Mitglieder; sie bekunden durchwegs ein ausgesprochenes Talent und erfreuen sich allgemein einer grossen Beliebtheit.

In dem Dirigenten des Belgrader Theaterorchesters besitzt Serbien einen hervorragenden Komponisten und tüchtigen Musiker; er heisst Davorin Jenko. Vor ihm war Kornelius Stankovitsch der berühmteste Musiker der Serben, welcher nach der (1840) von Djurkovitsch gegebenen Anregung und nach dem Beispiele des Alois Kalauz (1854—1855) die liturgischen Gesänge auf Noten setzte. Stankovitsch gab in Wien (1862—1864) das Werk: „Orthodox-orientalischer Kirchengesang des serbischen Volkes" heraus.

Und zum Schlusse sei auch der übrigen schönen Künste und ihrer Repräsentanten in Serbien gedacht.

Unter den Malern war Dimitrije Avramovitsch (1815 bis 1855), welcher die Bilderwand, Seiten- und Kuppelgemälde in der Belgrader Kathedrale gemalt hat; ferner der Neusatzer Paul Simitsch, welcher in vielen serbischen Kirchen die Wandgemälde herstellte; ferner Daniel Petrovitsch (auch Kosta Daniel genannt).

Die nennenswerthesten serbischen Künstler der Gegenwart sind Stephan Todorovitsch, Markovitsch und Krstitsch.

Todorovitsch ist Rahl's Schüler; seine Portraits sind unübertroffen von seinen zeitgenössischen Kollegen.

Krstitsch wurde in München und in Rom ausgebildet; er kopirt die Natur möglichst wahr und getreu.

In der Skulptur und Baukunst hat bezüglich der letzteren in den jüngsten zehn bis fünfzehn Jahren die deutsche Renaissance die Oberhand gewonnen und wird von deutschen oder österreichisch-ungarischen, — seltener von einheimischen im Auslande gebildeten, — Bautechnikern eifrig gepflegt. Im Kirchenbau macht sich in Serbien in allerjüngster Zeit eine Rückkehr zum byzantinisch-serbischen Stile bemerkbar.

Die Skulptur im eigentlichen Sinne des Wortes konnte sich bei den Serben nicht recht entwickeln und ausbilden. Der Grund hierfür liegt in der rituellen Eigenthümlichkeit der griechischen Kirchen, wonach wohl Bilder aber keine Statuen, — weder im Innern noch an der Aussenseite — angebracht werden dürfen.

Man findet daher nur die Ornamentenskulptur zur Dekorierung von Thüren, Fenstern, Bögen u. dgl. in Verwendung und hat sich dieselbe auch schon vor der Türkenherrschaft ziemlich reich entwickelt, wofür die Klosterkirche in Studenitza den Beweis liefert. Dort finden sich nebst Ornamenten, auch halb konvexe Reliefbilder, welche verschiedene Heilige und symbolische Thiere darstellen, die aber von abendländischen Meistern herrühren sollen.

Auch im heutigen Serbien wird in der Skulptur, im Vergleich zu den andern Kunstgebieten, nur sehr wenig geleistet. In Serbien existiert dermalen nur ein einziges bildhauerisches Talent, Namens Ubavkitsch, welcher jedoch seine Schöpfungen vorläufig nur in Gyps und Thon ausführt.

VIII. Kapitel.

Wirthschaftliche Verhältnisse: Bodenkultur, Bergbau, Industrie, Handel und Mittel des Verkehrs.

Das Königreich Serbien ist reich an Naturschätzen, zu deren Hebung und zweckentsprechender Ausnützung eine bedeutendere Vermehrung der Bevölkerung, eine intensivere Entwicklung der geistigen Anlagen des Volkes und vor allem ein noch durch mehrere Jahrzehnte andauernder Frieden, insbesondere im Innern des Landes, nöthig ist.

In erster Linie ist der Feldbau lange noch nicht auf jene Stufe gebracht, wie dies der vorzügliche Ackerboden verdienen würde.

Uebrigens ist die Bevölkerungsdichte auch eine sehr geringe und die alten Gewohnheiten sind noch immer zu tief eingewurzelt, wonach der serbische Bauer in der Regel nicht mehr anbaute, als unbedingt nöthig war.

Auch der Betrieb der Feldwirthschaft ist noch ein sehr primitiver, obwohl manche Gegenden, wegen der Vortrefflichkeit ihres Bodens, wahre Musterwirthschaften enthalten könnten.

Es ist kaum ein Siebentel des kulturfähigen Bodens thatsächlich bebaut und da haben die Zadrugas und sonstigen Grundbesitzer noch immer einen solchen Ueberfluss an Ackergründen, dass sie die Brachwirthschaft betreiben und fast ausnahmslos nirgends die Felder düngen.

11*

Da die Bauern mit angeborener Zähigkeit an dem Althergebrachten hängen und allen Neuerungen abhold sind, so schreitet die Bodenkultur, im Vergleiche zu den immensen Fortschritten auf allen andern Gebieten des staatlichen Lebens, nur sehr langsam vorwärts.

Hieraus erklärt sich auch die starre Abneigung der bäuerlichen Radikalen, welche man richtiger im vollsten Sinne des Wortes „Conservative" nennen sollte, gegen jede Steuervermehrung; weil die Landbevölkerung thatsächlich über keine höheren Einnahmequellen verfügt als vor vierzig Jahren, wo das Landesbudget noch kaum den dritten Theil des heutigen betragen hat.

In Serbien giebt man in den meisten Gegenden noch immer der Viehzucht — und insbesondere der Schweinezucht, — den Vorzug vor jeder andern Bodenkultur. Da nun durch die Beaufsichtigung der vielen Heerden eine grosse Zahl kräftiger Arme dem Feldbau entzogen wird, so könnte dem hiedurch verursachten Mangel an Arbeitskräften nur durch die Einführung von landwirthschaftlichen Maschinen abgeholfen werden, gegen welche wieder die serbischen Bauern eine unüberwindliche Abneigung hegen. Hier könnte nur Belehrung und das gute Beispiel des aufgeklärteren Theiles der Landbevölkerung eine Abhilfe schaffen.

Um dem Mangel an Arbeitskräften abzuhelfen, lässt man jährlich zur Erntezeit aus Altserbien und Makedonien etwa 30.000 Arbeiter kommen und auch aus Oesterreich-Ungarn von jenseits der Save und Donau kommen alljährlich einige Hundert Mann zum gleichen Zwecke nach Serbien.

Der stolze Charakter des Serben erlaubt ihm nicht, sich gegen Taglohn zu verdingen, wohl aber ist er bereit, sich mit seinem Nachbar bei der Feldarbeit gegenseitig und unentgeltlich auszuhelfen.

Diese in ganz Serbien gebräuchliche, uralte und patriarchalische Einrichtung heisst „Moba" und verpflichtet die

Nachbarn sich, insbesondere zur Zeit der Ernte, gegenseitig beizustehen und zu helfen.

Borchgrave schreibt, dass Serbien ein Emporium ersten Ranges werden könnte, wenn sich seine Bevölkerung vermehrt und auf ihre verhängnissvolle Indolenz verzichtet haben wird! —

Der serbische Bauer benutzt heute noch einen eben solchen Pflug, wie ihn seine Vorfahren vor Jahrhunderten verwendet haben. Derselbe ist von Holz gemacht und hat eine kleine gerade Pflugschar von Eisen, mit welcher jedoch die Erde nicht gehoben und umgelegt, sondern die Bodenkruste nur sehr wenig aufgerissen wird. Statt von 1—2 Pferden, wird ein solcher Pflug von 4—6 Ochsen gezogen, welche von einigen Menschen in der beiläufigen Richtung geführt werden müssen.

Hinter dem pflügenden Bauern folgt ein weibliches Familienmitglied, welches sofort den Samen in die erzeugte Furche wirft und diese sodann mit den Füssen zusammentritt.

Statt der Eggen bedient man sich mitunter noch des Reisigs und der Dornen, welche mit Steinen beschwert über das besäete Feld hinweggezogen werden.

Fürst Alexander hatte zwar schon 1844 verordnet, dass in den Volksschulen auch landwirthschaftlicher Unterricht ertheilt werden solle, auch die späteren Regierungen haben sich stets bemüht, die Landwirthschaft zu heben; jedoch bisher ohne nennenswerthen Erfolg.

Daher haben bis heute in ganz Serbien kaum ein Dutzend von Landwirthschaften für die Bodenkultur Maschinen im Betriebe.

Seit dem Jahre 1884 besteht nun in Kraljevo eine von der Regierung unterstützte Werkstätte für den Bau von landwirthschaftlichen Maschinen.

In Serbien wird vorzugsweise Mais, welcher etwa die Hälfte des gesammten bebauten Bodens einnimmt, dann Weizen, Roggen, Gerste und Hafer gebaut. Hier mag sofort bemerkt werden, dass der Serbe, — wie alle Orientalen, — die Pferde nicht mit Hafer sondern mit Gerste füttert.

Den Dreschflegel kennt man in Serbien nicht. Alles Getreide wird im Freien auf festgestampfter Tenne durch Pferde ausgetreten.

Kornböden und Scheunen sind in der Regel unbekannt. Auch die Mühlen sind meist von der allerprimitivsten Art; das Mühlrad dreht sich nach Art der Turbinen horizontal im Kreise. Auch befindet sich noch in beinahe jeder Wirthschaft eine Handmühle, auf welcher das für den täglichen Gebrauch benöthigte Mehl erzeugt wird.

Mais wird in Serbien jährlich bis zu 300 Millionen Kilogramm produzirt, wird aber meist im Lande selbst verzehrt.

Das Ernteergebniss des Weizens verhält sich in der Regel zu jenem des Mais, wie 4 zu 10. Jährlich werden durchschnittlich 50 Millionen Kilogramm Weizen ausgeführt, und zwar nach Ungarn, Rumänien und in die Türkei. Von der Gerste wird etwa ein Drittel des Ertrages ausgeführt.

Von den Gemüsearten werden hauptsächlich Bohnen, Kohl, dann Zwiebel und Knoblauch produzirt; hingegen fast gar keine Kartoffeln, welche aus Ungarn eingeführt werden müssen. Dafür baut jeder serbische Bauer die Paprika oder den rothen Pfeffer, da derselbe in Serbien als ein unentbehrliches Gewürz angesehen wird.

Auch Wassermelonen werden stark gebaut und während des Sommers im ganzen Lande genossen.

O b s t g ä r t e n gab es in Serbien im Jahre 1890 etwa 70.000 Hektare.

Am beliebtesten ist die Pflaume (Sliva), welche theils zur Erzeugung des Pflaumengeistes Slivowitz) verwendet wird, theils in getrocknetem Zustande einen Ausfuhrsartikel bildet. Ausserdem werden auch Nüsse, Aepfel, Birnen, Aprikosen und Kirschen gepflanzt, jedoch ins-

gesammt nur in geringer Quantität und von minderer
Qualität. Hingegen sind die Pflaumen allgemein von vor-
züglichster Sorte und wird die Anzahl der Pflaumenbäume
im ganzen Lande auf mehr als 20 Millionen geschätzt.

Auch der W e i n b a u hat in Serbien einen sehr er-
freulichen Aufschwung genommen und bildet die Wein-
ausfuhr schon jetzt einen der wichtigsten Theile des serbischen Aussenhandels.

Die ersten Reben soll schon Kaiser Probus nach Serbien
verpflanzt haben. Der Njegotiner weisse Wein erinnert
durch seine Farbe und sein Feuer an die besten Weine
Südspaniens. Die serbischen Rothweine sind nicht so herb
wie ·die Dalmatiner-Weine, aber ziemlich schwer. Vorzügliche Weingegenden sind, ausser der Krajna (Njegotiner
Wein), noch die Schupa südlich von Kruschevac dann die
Schumadija, sowie das Donauthal insbesondere bei Smederevo (Semendria), dann noch andere kleinere Landstriche.
Der serbische Wein, insbesondere der Njegotiner, wird
schon häufig nach Oesterreich-Ungarn ausgeführt.

Das jährliche Gesammterträgniss an Wein dürfte sich
in Serbien auf rund 700.000 Hektoliter belaufen.

Thatsache ist, dass die serbischen Weine unter den
besten Weinen Europas einen hervorragenden Platz ein-
nehmen. Den sichersten Beweis hiefür hat die Weinaus-
stellung zu Bordeaux im Jahre 1882 erbracht, auf welcher
von 52 ausgestellten serbischen Sorten 33 — und davon 9
mit Ehren-Diplomen — prämiirt worden sind.

Seit dieser Ausstellung kaufen die französischen Wein-
händler in immer grösserer Menge serbische Weine, um
sie sodann unter fremder Etikette als echte Bordeaux-
Weine weiterzugeben.

T a b a k wird ebenfalls im ganzen Lande angebaut;
jedoch gedeihen die vorzüglichsten Sorten im westlichen
Theile, speziell in der Umgebung des Städtchens Bajna-
baschta an der Drina. Der Tabakbau und Handel ist jetzt
monopolisirt.

Die Thierwelt ist in Serbien ziemlich reich vertreten. Die Jagd ist im ganzen Lande vom September bis März frei. Es giebt theilweise noch Hirsche, mitunter auch Gemsen und sollen selbst Murmelthiere vereinzelt vorkommen. Hingegen sind Rehe, Hasen, Füchse und Eichhörnchen ziemlich zahlreich vertreten. — Raubwild kommt spärlich vor, und zwar Bären, Wölfe, Luchse, Wildschweine, Marder, Fischottern und Wiesel. An Vogelarten ist das Land sehr reich. Man findet: Adler, Geier, Falken, Pelikane, Reiher, Störche, Möven, Wildenten, Strandläufer, Schnepfen, Kraniche, Rebhühner, Wachteln, Trappen und in den Waldgebirgen selbst Auerhähne.

Auch viele schmackhafte Fischgattungen kommen in den zahlreichen Gewässern Serbiens vor. Die speziell im Unterlaufe der Donau vorkommenden Hausen, von denen in Ostserbien ein vortrefflicher Caviar bereitet wird, dann Störe von 4—5 Meter Länge und die Alsen sind die vornehmsten Sorten. Ausserdem findet man auch alle Fischgattungen des Donau-Oberlaufes in Serbien. Die Alse, welche vom Schwarzen Meere kommt, findet man nur in der Donaustrecke unterhalb des Eisernen Thores.

Die Save hat wie die Donau: Karpfen, Hechte, Schill etc. Die Gebirgsgewässer, auch die Drina enthalten zahlreiche Forellen und Huchen.

Der Fischfang ist ebenfalls im ganzen Lande für Jedermann frei.

Die Viehzucht bildet den eigentlichen Reichthum des Landes und ist der Haupterwerbszweig der Bevölkerung. Die Bewohner des Innern Serbiens sind daher noch zum grössten Theile ein Volk von Hirten.

Das serbische Hornvieh ist zwar von keiner besonders ausgezeichneten Sorte, man beginnt es aber schon mit ausländischen Racen zu kreuzen. Ochsen werden in grosser Zahl ausgeführt, denn im Lande selbst wird Ochsenfleisch nur von den verfeinerten Städtebewohnern genossen;

während die Landbevölkerung meist nur Schafe und Ziegen verzehrt.

Milchkühe giebt es verhältnissmässig wenige; es kommen nur etwa 260 auf 1000 Stück Hornvieh, während man im übrigen Europa 464 Milchkühe auf die gleiche Anzahl Rinder rechnet. In Folge dessen genügt auch die im Lande erzeugte Milch, Butter und Käse kaum für den eigenen Bedarf.

Die Grundbedingungen für eine rationelle Milch- und Käsewirtschaft sind im Lande im vollsten Masse vorhanden. Auf den ausgedehnten Alpenweiden des Zlatibor, Kopaonik und anderer Gebirge, besonders an der Südgrenze des Königreiches, wächst ein vortreffliches, verschiedene Salze enthaltendes Gras, wodurch sich auch die Rinder jener Gegenden vor allen andern des Landes auszeichnen.

Wenn in Serbien die Erzeugung von Milch und Käse etwa so wie in der Schweiz oder in Holland betrieben würde, so könnten diese Produkte sehr bald einen gesuchten Ausfuhrartikel bilden und dem Lande eine neue Quelle des Wohlstandes eröffnen.

Bei der am 31. Dezember 1890 a. S. vorgenommenen Zählung wurde im ganzen Königreich Serbien der Hornviehstand, wie folgt, ausgewiesen: Im Ganzen waren 827.501 Stück Hornvieh vorhanden; davon waren 114.387 Stück Kälber, 121.296 Stück Jungvieh von 1—2 Jahren, 342.703 Ochsen, 15.324 Stiere und 233.791 Kühe. Büffel gab es im Lande nur 8351.

Die Büffel werden in Serbien, gleichwie in den anderen Balkanländern, als Zugthiere verwendet; sie sind jedoch gegen Hitze und Kälte gleich empfindlich und bewegen sich nur sehr langsam mit ihrer schweren Zuglast vorwärts.

Wie schon erwähnt, besteht die Fleischnahrung der serbischen Landbevölkerung besonders aus Schaf- und Ziegenfleisch; jedoch wird das erstere vorgezogen. Ende 1890 kamen auf 1000 Einwohner im Durchschnitte 1344

Schafe und 237 Ziegen; beziehungsweise die Zählung hatte ergeben, 2,906.723 Stück Schafe und etwas über 501.728 Stück Ziegen.

Die Pferdezucht ist noch auf einer sehr niederen Stufe der Entwicklung. Die serbischen Pferde gleichen jenen Bosniens und Albaniens; sie sind klein, nur selten schön und edel geformt, haben jedoch eine bewunderungswürdige Sicherheit im Passiren der schwierigsten Gebirgswege und sind ungemein ausdauernd. Als Lastthier und Gebirgs-Reitpferd ist das serbische Pferd ganz vorzüglich zu gebrauchen, aber es taugt wenig für den Zug und auch nicht als Reitpferd für die Armee. In Folge dessen werden die besseren Zug- und Reitpferde von Oesterreich-Ungarn nach Serbien eingeführt.

Fürst Michael Obrenovich gründete zwar in Ljubitschevo bei Pozarevatz ein Staatsgestüt und führte normännische Hengste ein, um sie mit Siebenbürger Stuten zu kreuzen; der Erfolg war jedoch bisher kein besonders günstiger.

Ende 1891 gab es in ganz Serbien 164.051 Stück Pferde, wovon die meisten im Kreise Drina (22.947), Pozarevatz (18.765), Donau (17.346). Esel gab es damals 1372 und Maulesel nur 88 Stück.

Die ausgedehnten Eichenwälder, besonders im nordwestlichen, westlichen und mittleren Theile des Landes (Schumadija) begünstigen in hohem Grade die Schweinezucht, weshalb auch dieser Zweig der Viehzucht im Königreich Serbien am meisten entwickelt ist. In dieser Beziehung erfreut sich das massenhaft zur Ausfuhr gelangende serbische Borstenvieh eines sehr guten Rufes. Die grösste Zahl der ausgeführten Schweine wird von ungarischen Händlern aufgekauft, hierauf einer weiteren ausgiebigen Mästung unterzogen und schliesslich wieder mit grossem Gewinn in die westeuropäischen Länder ausgeführt.

Gelegentlich der Zählung am Ende des Jahres 1890

wurden 934.852 Stück Borstenvieh im ganzen Lande
konstatirt. Kanitz berichtet, dass schon im Jahre 1867—
1,291.164 Schweine gezählt worden seien. Nachdem Serbien damals um etwa den vierten Theil seines jetzigen
Territorial-Umfanges kleiner war, so würde dies eines bedeutenden Rückschritt darstellen, wenn man der Zählung
vom Jahre 1867, — welche vermuthlich nur eine „Schätzung" gewesen sein dürfte, — ebensoviel Glauben bei-
messen könnte, wie dem genau nach wissenschaftlich fest-
gestellten Grundsätzen vorgenommenen offiziellen Census
vom Jahre 1890.

Gopcevic schätzte im Jahre 1888 den Reichthum an
Borstenvieh im ganzen Lande auf rund 1,500000 (?); sagt
jedoch zugleich, dass der sehr glaubwürdige serbische
Autor für die, durch den Berliner Kongress hinzugekom-
menen neuen Kreise nur 61.586 Schweine ausweist. So-
mit dürfte Serbien heute doch kaum mehr als 1 Million
Schweine im Werthe von ungefähr 14 Millionen Dinars
(Franks) besitzen.

In Serbien haben sich verschiedene fremde Unternehmer gefunden, um das Schweinefleisch direkt im Lande
zu verarbeiten und dasselbe sodann als Pökelfleisch und
als geräucherte Schinken auszuführen. Im Jahre 1861 be-
fasste sich ein Franzose in der Nähe von Belgrad mit diesem Geschäfte. Im Jahre 1884 erhielt eine schottische
Gesellschaft die Bewilligung zur Errichtung einer Fabrik
zum Einpöckeln und Räuchern von Schweinefleisch nach
amerikanischem Muster, welche jedoch zu Grunde ging.

Als im Frühjahr 1890 die ungarische Regierung gezwungen worden war, gegen die Einfuhr von serbischem
Borstenvieh strenge veterinär-polizeiliche Massnahmen zu
ergreifen, welche sich nach und nach zu einer förmlichen
Grenzsperre herausbildeten, und einen ziemlich erregten
— unter dem Namen „Schweinekrieg" bekannten — Noten-
wechsel zwischen den beiderseitigen Regierungen veranlasst hatte; da schlug ein englisches Konsortium der Bel-

grader Regierung eine Unternehmung vor, welche dem gefährdeten serbischen Schweinehandel aufhelfen sollte. Am 10. Juni 1890 wurde der von der serbischen Regierung mit diesem englischen Konsortium abgeschlossene Vertrag, betreffend die Errichtung von „Pork-Faktories" und einer Konserven-Fabrik in Serbien unterzeichnet. Das Konsortium ist verpflichtet worden, jährlich 100,000 Schweine zu verarbeiten. Für das erste Jahr ist jedoch diese Ziffer auf 60,000 und für das zweite auf 80,000 herabgemindert. Für die Aufführung der für das Etablissement in Nisch erforderlichen Baulichkeiten ist dem Konsortium eine zweijährige Frist eingeräumt worden. Das Konsortium geniesst eine zehnjährige Steuerfreiheit und einen fünfprozentigen Tarifnachlass auf den serbischen Bahnen in der Richtung nach Westen, Osten und Süden.

Ob diese Unternehmung im vorigen Jahre (1893) thatsächlich in Wirksamkeit getreten ist, oder ob etwa die Skuptschina im letzten Momente noch zu diesem Vertrage ihre Zustimmung versagt hat, ist nicht bekannt.

Die Geflügelzucht beschränkt sich in Serbien auf das Halten von Trut- und Haushühnern, und zwar die letzteren hauptsächlich der Eier wegen. Gänse und Enten sind im Lande selten.

Hingegen erfreuen sich die Seidenraupen- und die Bienenzucht einer bedeutend grösseren Sorgfalt im Lande. Die Seidenkultur stand im serbischen Kaiserreiche Duschan's auf gleich hoher Stufe wie in Byzanz selbst, ging aber später zu Grunde. Während Serbien vom Jahre 1717 bis 1739 im österreichischen Besitze war, wurde die Seidenkultur durch den kaiserlichen Statthalter Grafen Mercy wieder eingeführt. Der Maulbeerbaum gedeiht in Serbien ausgezeichnet und erreicht im Allgemeinen daselbst die Grösse der Linde.

Die Regierung unterstützt die Seidenkultur bestens.

So erhebt sie von den Graines einen Ausfuhrzoll von 3 Prozent in natura und verschenkt diese an jene Bezirke des Landes, in welchen diese Kultur noch keinen Eingang gefunden hat.

Während der in Westeuropa herrschenden Krankheit der Seidenraupe durchzogen fremde Agenten die besten serbischen Seidenkultur-Gebiete (die Kreise Poscharevatz, Tschuprija, Nisch, Smederevo, Vranja, Pirot, Kragujevatz und Belgrad) und brachten eine bedeutende Preissteigerung hervor.

In Serbien werden dreierlei Sorten von Seidenraupen gezüchtet: einheimische, mailänder und japanesische.

Um das Jahr 1870 erzeugte Serbien jährlich etwa 25.000 Cocons, wovon 15.000 Stück ausgeführt wurden. Ausserdem führte man 1.200 Kilo Graines aus. Das durch die starke ausländische Konkurrenz verursachte Sinken der Preise, bewirkte auch einen starken Rückgang in der Erzeugung, so dass um die Mitte der Achtziger Jahre nur mehr 6.000 Cocons ausgeführt worden sind.

Die Bienenzucht wird besonders stark im östlichen und im mittleren Theile von Serbien betrieben. Die Zahl der Bienenstöcke im ganzen Lande beträgt ungefähr etwas über 100.000 Stück. Das Jahresergebniss beziffert sich auf etwa 120.000 Kilo Honig und 40.000 Kilo Wachs.

Die Waldkultur ist in Serbien zwar durch Gesetze geregelt; es mangelt jedoch an einer ausgiebigen Kontrolle seitens geschulter Forstbeamten, an denen Serbien noch arm ist.

Die Waldverwüstung ist daher noch an vielen Orten wahrzunehmen, prachtvolle Baumstämme werden häufig von Hirten angezündet; ferner benagen die Weidethiere und insbesondere die Ziegen die jungen Pflanzen und schliesslich tragen auch die gänzlich unregulirten Gewässer das ihrige zu diesem Zerstörungswerke bei.

Im Jahre 1839 erliess Fürst Milosch das erste Wald-schutzgesetz, durch welches ein grosser Theil der Forste als Staatseigenthum erklärt wurde. Auch beanspruchte der Staat das Oberaufsichtsrecht über alle übrigen im

Besitze der Gemeinden oder im Privatbesitze verbliebenen Waldungen.

Im Jahre 1847 wurde die Leitung des gesammten Forstwesens dem Finanzminister übertragen.

Die in diesem Zeitraume erlassenen Gesetze und Verordnungen würden zum Schutze des Waldbestandes genügt haben, wenn der Staat über ein geschultes Forstpersonal verfügt hätte, das die genaue Befolgung dieser Verfügungen überwacht haben würde.

In Ermangelung dessen, überliess man die forstpolizeiliche Aufsicht über alle Staats- und Gemeindeforste den Gemeindevorstehern (Kmeten), durch welche Massregel natürlich die sämmtlichen Forstgesetze illusorisch gemacht wurden; denn die Kmeten waren doch nur Bauern, welche bezüglich der Waldkultur dieselben Ansichten und Vorurtheile hatten, wie ihre Gemeindeangehörigen.

In Folge dessen machte die Waldverwüstung sehr bedrohliche Fortschritte, so dass durch das Einschreiten des Fürsten Michael die Skuptschina sich bewogen fand, im Jahre 1867 ein neues Forstgesetz zu genehmigen, obwohl zahlreiche Abgeordnete dagegen gestimmt hatten. Nun sollten auch eigene Forstaufseher angestellt werden.

Das neue Gesetz war aber noch immer so dehnbar und die Beaufsichtigung blieb eine so mangelhafte, dass daraus noch immer kein sichtlicher Erfolg resultiren konnte.

In Serbien ist bis heute keine offizielle Vermessung von Grund und Boden vorgenommen worden, daher sind auch die sogenannten Staatsforste noch immer nicht abgegrenzt. Man nimmt an, dass ungefähr 15 Prozent der ganzen Bodenfläche Serbiens mit Waldungen bedeckt sei, aber man weiss nicht, wie viel davon dem Staate, den Gemeinden oder Privaten gehört; auch ist man über den Zustand und den Werth der Waldungen nur sehr oberflächlich unterrichtet.

Die Bewilligung zum Holzfällen in den Staats- und Volkswäldern ertheilt die politische Behörde des Bezirks

und die hierfür zu zahlenden Gebühren fliessen in die
Staatskasse.

In den Gemeindewäldern bewilligt die Gemeinde-
vertretung das Holzfällen und zieht hierfür die entfallenden
Gebühren ein. Das Fällen soll unter behördlicher Aufsicht stattfinden.

Die Verarbeitung des Holzes erfolgt in etwa 45 Säge-
mühlen. Ausgeführt werden grosse Eichen nach Slavonien
und nach Fiume, desgleichen Fassdauben.

Die Ausfuhr leidet indessen an dem Mangel von Holz-
transportwegen; nur die Drina und Morava werden theilweise zum Holzflössen benutzt.

Trotz aller gesetzlichen Bestimmungen, werden insbesondere die Privat- und Gemeinde-Waldungen schonungs-
los ausgebeutet. Die Folgen eines solchen Vorganges
müssen selbstverständlich in nicht zu ferner Zeit für das
Land verhängnissvoll werden.

In den serbischen Wäldern kommen hauptsächlich
folgende Holzgattungen vor: Eichen, Roth- und Weiss-
Buchen, Ulmen, Eschen, Birken, Linden, Ahornbäume und
zahlreiche Nadelholzgattungen. Ausserdem giebt es noch
ganze Waldstriche von wilden Nuss- und Maulbeerbäumen,
ferner Silberpappeln, Akazien, dann wilde Aepfel-, Birn-,
Kirschen- und besonders Pflaumen-Bäume.

Die Eiche ist besonders im nordwestlichen Theile
Serbiens sehr schön entwickelt. Das Nadelholz ist hin-
gegen mehr in den Gebirgen beiderseits der serbischen
Morava vertreten.

Der Bergbau wurde schon zur Zeit der Römerherr-
schaft betrieben und zwar wurde an verschiedenen Orten
Silber und Kupfer gewonnen.

Serbische Urkunden aus dem 12. Jahrhundert beweisen,
dass die slavischen Einwanderer schon im Mittelalter in
den ehemaligen römischen Minen ebenfalls Bergbau betrieben haben.

Im 14. und zu Anfang des 15. Jahrhunderts war die Blüthezeit des Bergbaues.

Von der Ergiebigkeit der serbischen und bosnischen Minen erzählen die damaligen Chronisten ganz unglaubliche Dinge. Um das Jahr 1330 soll Serbien fünf Gold- und fünf sehr ergiebige Silber-Bergwerke besessen haben.

Schon im 13. Jahrhundert berief man deutsche Bergleute, die „Sachsen" genannt wurden, in die Balkanländer.

Die ersten serbischen Münzen wurden im Jahre 1234 vom König Stephan Vladislav geprägt und im Jahre 1253 kam in Ragusa bereits ungemünztes serbisches Gold und Silber in Handel.

Die damaligen serbischen Münzen führten nebst cyrillischen (serbischen) auch lateinische Aufschriften.

Ueber die alten Bergwerke und deren heute noch deutlich sichtbaren Spuren berichtet sehr ausführlich Gopcevic, nach den ihm von Mihailovic zur Verfügung gestellten offiziellen Daten in seinem interessanten Werke „Serbien und die Serben" (Leipzig, Ellischers Verl. 1888).

Der Bergbau im Kopaonik dauerte bis in das 16. Jahrhundert, ging dann allmählig zu Grunde, so dass zu Anfang des 18. Jahrhunderts nur mehr einige unbedeutende Eisenhämmer vorhanden waren.

Im Anfang des 15. Jahrhunderts waren vom Despoten Djuragj Braukovitsch drei Bergwerke an die Ragusaner um den Jahreszins von 200.000 Dukaten verpachtet worden aber von eben diesen Bergwerken ist jetzt gar keines mehr im Betriebe, während sie damals über 2 Millionen Franks jährlich getragen hatten.

An dem totalen Verfalle des serbischen Bergbaues waren nach Prof. Jiretschek nicht allein die Kriegsereignisse des 15. Jahrbundertes, sondern hauptsächlich die türkische Verwaltung während der folgenden drei Jahrhunderte Schuld.

Um den Metallreichthum des Landes wieder nutzbar zu machen, berief schon im Jahre 1835 Fürst Milosch den sächsischen Oberberghauptmann von Herder, um durch ihn das Land montanistisch erforschen zu lassen. Dessen Arbeiten und im Jahre 1856 auch jene des sächsischen Bergrathes Professor Breithaupt ergaben wichtige Aufschlüsse über die geologischen Verhältnisse und die alten Bergwerke Serbiens.

Die ersten Bergwerke, welche nun das vom Türkenjoch befreite Serbien wieder auszubeuten begann, waren jene von „Majdanpek," welche schon den Römern bekannt waren. Deren Ausbeute begann 1847 und sie gehören dem Staate, welcher damals für fünf Millionen Dinars eine Eisengiesserei und Arbeiterwohnungen erbaute.

Wegen ungünstiger Geschäftsführung übergab Fürst Milosch schon im Jahre 1858 diese Bergwerke einer franko-serbischen Gesellschaft in Pacht, welche jedoch bereits im Jahre 1862 zu Grunde ging; nachdem sie der serbischen Regierung für die ersten zwei Betriebsjahre einen Verlust von 114,926 Franks nachgewiesen hatte.

Im Jahre 1865 erhielt die „Servian Iron and Copper Company limited" das Privilegium der Minenausbeutung auf 50 Jahre, gegen einen Pachtschilling von 3 Prozent des Kaufwerthes des erzeugten Metalles; sie zog sich jedoch, nach kaum zehnjähriger Thätigkeit, freiwillig zurück.

Im Jahre 1883 erhielt nun abermals ein Engländer, Namens Holloway die Staatsbergwerke Majdanpek und Rudna Glava, wo sich ebenfalls sehr reiche Eisenerzlager befinden, auf 50 Jahre in Pacht.

Der Pächter ist verpflichtet worden, im ersten Betriebsjahre mindestens für 200.000 Dinar Kupfer, im zweiten für wenigstens 250.000 Dinar Kupfer und Eisen, im dritten für 300.000 Dinar und vom vierten Jahre an stets für mindestens 400.000 Dinar Kupfer und Eisen zu gewinnen.

Bis zum Brutto-Ertrage von 500.000 Dinar beträgt der dem Staate zu zahlende Pachtschilling 3 Prozent, —

bis zum Ertrage von 1 Million Dinar 2 $\frac{1}{2}$ Prozent und darüber hinaus nur 2 Prozent.

Für die Neben-Industrie, als Schwefelsäure u. dergl. zahlt der Pächter keine besonderen Abgaben.

Der Pächter ist befreit von allen gegenwärtigen und künftigen Steuern und vom Eingangszoll für alle Maschinen, Werkzeuge und Geräthschaften, die für das Unternehmen benöthigt werden. Auch zahlt er für die Minenerzeugnisse keinen Ausfuhrzoll; jedoch unterliegt die Ausfuhr von Erzen der Genehmigung des Finanzministeriums.

Im Jahre 1885 trat Holloway jedoch alle seine Rechte und Pflichten bezüglich der von ihm gepachteten beiden Bergwerke an das Wiener Haus Chaudoir et Co. ab.

Ende 1886 schickte die serbische Regierung eine grosse Fachkommission nach Majdanpek, welche über die Thätigkeit des neuen Pächters einen sehr ungünstigen Bericht erstattete. In Folge dessen drohte die Regierung der Firma Chandoir et Co. mit der Conzessionsentziehung, wenn in dem von ihr geführten Betriebe binnen einem Jahre keine bedeutende Besserung wahrzunehmen sein sollte.

Im folgenden Jahre soll sich die Unternehmung thatsächlich zu einer grösseren Thätigkeit aufgerafft und auch den Bau einer schmalspurigen Bahn nach Donji Milanovac an der Donau begonnen haben. Im Jahre 1889 übernahm eine englisch-serbische Gesellschaft den Betrieb, welche bis jetzt gute Resultate erzielt.

Der Kupfer-Gehalt der Erze in Majdanpek beträgt von 3 bis 54 Prozent.

Ubicini sagt in seinem Werke „Les Serbes de Turquie" (Paris 1867), dass der Kupfergehalt 60 bis 65 Prozent betrage.

Fast in allen vorhandenen Stollen findet man Kupferadern von ziemlicher Mächtigkeit, nämlich 14 Meter und auch mehr.

Die dortigen Eisenerzlager befinden sich oberhalb der

Kupferadern zwischen Kreidekalk und Uebergangsgestein; diese Lager sind bis zu 16 Meter mächtig.

Majdanpek produzirte im Jahre 1882 noch 200.000 Kilo Kupfer, hingegen 1883 nur mehr 70.000 Kilo und bis zum Jahre 1887 wurde dann gar kein Kupfer mehr gewonnen.

Etwa vier Wegstunden westlich von Majdanpek liegen die Minen von Kutschajna, welche Zinkerze (Galmei), Blei, Silber und etwas Gold, nebst Braunkohlen enthalten.

Vom Jahre 1862 bis 1870 wurden diese Minen von einem Banater Montanisten Namens Hoffmann betrieben, welcher dieselben an die Londoner Firma Brigth Brothers abtrat. Diese erwarb den Pacht der Bergwerke auf 50 Jahre, gegen einen jährlichen Pachtzins von 5 Prozent des geförderten Metallwerthes. Dieser betrug im Jahre 1874: 14.659 Centner Blei, 4925 Centner Zink, 230 Pfund Silber und 33 Pfund Gold. Bald trat jedoch diese Firma ihre Rechte an einen anderen Engländer John Leach ab, welcher jedoch in nicht langer Zeit vom Schauplatze seiner Thätigkeit vollends verschwand.

In Folge des daraus entstandenen Prozesses geschah durch längere Zeit in Kutschajna gar nichts, bis endlich abermals Hoffmann das Bergwerk pachtete und es bis zum Ende der Achtziger Jahre wieder in ziemlich guten Betrieb gebracht hatte.

Die Minen von Kutschajna erfreuten sich im Alterthum und im Mittelalter des Rufes des reichsten Bergwerkes aller Balkanländer. Im Alterthum stand unweit des heutigen Kutschevo die Bergwerkstadt Guduscum. Silber und Gold finden sich hier in den Erzen im Verhältnisse von 7,5 zu 1000 und 0,7 zu 1000, welches somit ziemlich günstig genannt werden muss.

Oestlich der Drina enthält die Jagodnja-planina, südlich des Städtchens Krupanj, Bleierze, welche von den Serben schon zur Zeit der Befreiungskriege auf die primitivste Art ausgebeutet wurden, um das nöthtige Blei für die Munition zu beschaffen.

Die nach Bleierzen suchenden Landleute gehen mittelst eines runden, selten mehr als zehn Meter tiefen Schachtes auf gut Glück auf jene Schichte hinab, wo sich gemengt mit braunem Eisenocker und lockerem Sande, Bleierde und Bleiglanzstücke von 2 bis 50 Kilo Gewicht vorfinden. Das gefundene Bleierz waschen sie, um die erdigen und sandigen Theile so viel als möglich daraus zu entfernen; worauf sie es einschmelzen und das so gewonnene Metall in die Städte verkaufen.

Die jährliche Ausbeute hat sich seit 25 Jahren, in Folge des rationelleren Vorganges von circa 1000 Zentner auf ungefähr 6000 Zentner vermehrt.

Seit 1862 liess die Regierung schürfen und förderte in zwei Jahren nebenbei an 32,000 Kilo im Allgemeinen 50 Prozent Blei enthaltende Erze zu Tage.

Es wurden hierbei Gänge von einer Ausdehnung bis zu 2 Meter derben Erzes vorgefunden.

Manche dieser, ausser bei der Stadt Krupanj, auch noch bei den Dörfern Zajatscha, Boranja und Selance befindlichen Minen sind silberhältig; es finden sich nämlich in den Bleistücken unter 1000 Gewichtstheilen mitunter 2 bis 5 Theile Silber.

Seit 1870 begann die Regierung den Bergbau im Gebiete des Jagodnja-Gebietes regelmässig zu betreiben und brachte es dahin, dass seit 1875 der Reinertrag sämmtliche Betriebskosten deckt. Es bestehen daselbst Stollen von zusammen über 1000 Meter Länge und die Stollen werden mit eisernen Hunden auf Schienen befahren. Auch besteht in Krupanj ein Flammenofen, welcher jährlich 324.000 Kilo Metall schmelzen kann.

Die Ausbeute an silberarmen Blei belief sich in den Achtziger Jahren auf durchschnittlich 150.000 Kilo jährlich, welches fast ausschliesslich für das Heer verwendet wird.

Man sagt, dass der Staat die Ausbeutung dieser nicht nur Blei, sondern auch Zink und Antimon liefernden Minen sehr gerne einer soliden Unternehmung, gegen günstige Bedingungen, überlassen würde.

Bei Podgorac im Kreise Valjevo befinden sich Erzlager, welche 40 bis 50 Prozent Kupfer und ausserdem Blei enthalten, welche noch der Ausbeute harren. Auch giebt es dort Lithographiesteine, deren Güte den bekannten Solenhofnern gleichkommen soll.

Ausgedehnte Erzlager wurden auch gefunden bei Guberovci (Blei und Silber), welche zwei Gesellschaften, jedoch nur mit sehr geringen Mitteln, ausbeuten; ferner bei Ralja (der vierten Bahnstation von Belgrad), dann bei Rama, Kostajnik, bei Kraljevo; ferner Kupferminen bei Planinica, woselbst die serbische Regierung im Jahre 1887 die Arbeiten beginnen liess, endlich giebt es bei Tanda und Crnajka (30 Kilometer von der Donau entfernt) Kupfer mit Silber gemischt.

Kurz in Serbien ruhen noch unermessliche Schätze unter der Erde.

Wie serbische Zeitungen im November 1891 glaubwürdig berichteten, ist man im Quecksilber-Bergwerke Avala (südlich Belgrad) auf eine starke Ader gestossen, welche den Aktionären reichen Nutzen versprach; aber zugleich zeigte sich im Bergwerke Wasser, weshalb schleunigst Pumpmaschinen, mit dem Lieferungstermine bis Ende December 1891, bestellt wurden.

Das Blei- und Silberbergwerk Ripanj (im östlichen Serbien) bearbeitet ebenfalls eine englische Gesellschaft mit ziemlichem Erfolge.

Auch an Stein- und Braunkohlen ist Serbien sehr reich. Die ergiebigsten Kohlengruben sind bis jetzt jene von Dobra, nahe der Donau zwischen Golubac und Donji Milanovac gelegen, und jene der Wrschka Tschuka unweit des Timok. Die Ersteren wurden bis jetzt noch viel zu wenig ausgenützt; dagegen hat das Kohlenbergwerk

Wrschka Tschuka, welches die Firma „Serbische Industrie" führt, schon gute Resultate erzielt. Im Jahre 1891 ergab es bereits 36.000 Tonnen Kohle, die meistens von den rumänischen Eisenbahnen abgenommen wird und für das Jahr 1892 war mit der rumänischen Eisenbahnverwaltung ein Lieferungsvertrag auf 50.000 Tonnen Kohle abgeschlossen.

Bei diesem Bergwerke sind keine tiefen Schachte nöthig. Nach der vorgenommenen Analyse enthält die Kohle von Wrschka Tschuka höchstens 2,5 Prozent Asche; sie gehört zu der anthrazitischen Sorte. Diese Kohlen gehören der Liasbildung an. Bis heute sind daselbst drei Flötze bekannt geworden, deren mächtigster 16 Meter misst.

Schwefel enthält diese Kohle nur in sehr geringen Qantitäten; überdies kommt er dann nur in Knollen von Schwefelkies vor, so dass er bei der Arbeit ohne viel Mühe entfernt werden kann und die Kohle nahezu vollkommen rein vom Schwefel geliefert wird. In dieser Hinsicht gehört diese Kohle zu den reinsten Sorten Europas.

Dieses Kohlenbergwerk hat eine grosse Zukunft, wenn man bedenkt, dass die nahe Donau, deren Dampferverkehr, insbesondere nach Beseitigung der Stromhindernisse im Eisernen Thore, sich immer mehr steigern wird, ferner die bei Turn Severin das Stromufer erreichende rumänische Eisenbahn, welche bis in die jüngste Zeit noch Holz als Feuerungsmaterial benutzte, einen lebhaften Absatz dieser Steinkohle mit Bestimmtheit gewährleisten.

In früheren Jahren brachten häufig die englischen Dampfer, die aus Rumänien und Bulgarien Getreide holten, Steinkohlen mit, welche sie an der unteren Donau für 35 bis 50 Franks per Tonne verkauften; während jetzt die vorzüglichste Steinkohle des Wrschka Tschuka'er Kohlendistriktes in Widdin, sammt allen Spesen schon um die Hälfte des obigen Preises erhältlich ist.

Die belgische „Compagnie industrielle serbe," welche

diese Bergwerke von den Conzessionären erwarb, erbaute vor sechs Jahren eine schmalspurige Bahn von 85 Kilometer Länge, welche von Wrschka Tschuka am linken Timokufer bis zum serbischen Donauhafen Radujevatz führt und somit die Kohlenausfuhr ungemein erleichtert. Auch in jeder anderen Beziehung arbeitet diese belgische Gesellschaft in grossem Massstabe und steigert sich ihr Gewinn von Jahr zu Jahr.

Auch nordöstlich von Tschuprija beim Dorfe Senje befinden sich ebenfalls Kohlenlager, von denen bisher die Regierung erst einen sehr geringen Theil für die Werkstätten im Arsenal von Kragujevatz und für die Morava-Eisenbahn ausgebeutet hat. An einem anderen Punkte dieses Kohlengebietes arbeitet eine Berliner Gesellschaft. Das ganze Gebiet soll etwa 8000 Hektare umfassen und das Kohlenlager ist gegen 36 Meter mächtig.

In der Nähe der Gruben von Senje befindet sich ein ebenso grosses und reiches Kohlengebiet bei Zidilje; in derselben Gegend stösst man auch auf reiche Eisenerzlager.

Ueberdies giebt es noch Steinkohle bei Osipaonica, Boljetin und Priljita.

In den Kreisen Nisch, Alexinatz und Knjaschevatz kommen über hundert Meter mächtige Paraffin-Schieferschichten vor, in denen eine gute Kohle eingelagert ist. Dieselbe hält die Mitte zwischen Stein- und Baunkohle, ist sehr fett und vorzüglich geeignet zur Gaserzeugung.

Paraffinschiefer welcher besonders viel Theer enthält, findet sich auch im Kreise Valjevo.

Lager von Braunkohlen giebt es in Serbien an sehr vielen Stellen; so unter Anderem bei Tschuprija, Paratschin und Swilajnatz an der Morava, dann in der Nähe der Donau bei Badniska, auf der ganzen Poscharevatzer Hochfläche, insbesondere bei Zabare und Krivatscha östlich von Golubac.

Bei Mischljenovac, Mustapitsch und Kladurovo soll

nach Borchgrave ein nahezu 150 Meter mächtiges Lager
sehr guter Braunkohle vorkommen; der serbische Fach-
mann Michailovitsch meint jedoch, dass es sich hier um
sehr gut beschaffene, wirkliche Steinkohle handle. Die
serbische Regierung hat dort im Jahre 1887 die Schürfungs-
arbeiten begonnen.

Auch bei Sikola in der Krajina befinden sich bis zu
14 Meter mächtige Braunkohlenlager; desgleichen wurden
bei Donji Milanovac, mitten in einer grossen Waldung auf
zwei Wegstunden vom Donau-Ufer entfernt, Braunkohlenlager entdeckt.

Bei Tekija gegenüber von Orsova wurden im Jahre
1866 ebenfalls einige Braunkohlen vorgefunden.

Es giebt in Serbien auch an mehreren Orten ausgedehnte Lager von, ziemlich viel Blei (noch 5,5 Prozent)
und Silber (0,037 Promille) enthaltenden, Schlacken alter
Schmelzereien. Diese könnten somit gleich den berühmten
Schlacken von Laurion in Attika mit Gewinn wieder-
geschmolzen werden. Vorläufig haben sich für dieses
Unternehmen zwei serbische Gesellschaften gebildet, welche
jedoch über zu geringe Kapitalien verfügen.

Aehnliche Bleischlackenlager findet man auch massenhaft am Fusse der Rudniker Berge und dürften auch solche
in den Waldungen des Kopaonik-Gebirges vorhanden sein;
nachdem dort erwiesener Massen im Mittelalter die reichsten und ergiebigsten Silberminen waren und somit auch
Schmelzöfen bestanden haben mussten.

Das den Bergbau in Serbien regelnde organische Gesetz vom Jahre 1866 wurde nach dem Muster des österreichischen Berggesetzes vom Jahre 1854 und nach dem
preussischen vom Jahre 1865 ausgearbeitet.

Die Bestimmungen dieses Gesetzes sind für die Unternehmer sehr günstige und in jeder Beziehung geeignet,
den Bergbau möglichst zu heben. In keinem andern Staate
Europas kommt man den montanistischen Unternehmungen
so freundlich entgegen, wie in Serbien.

Der Vollständigkeit wegen, muss an dieser Stelle auch noch erwähnt werden, dass in Serbien ausgezeichnete Steingattungen an vielen Orten gebrochen werden. So die Sand - und Kalksteinbrüche bei Toptschider, welche das Material für die grosse Eisenbahnbrücke bei Belgrad geliefert haben.

Ausserdem giebt es nahe der Moravathal-Bahn in den Kreisen Jagodina, Tschuprija und Alexinatz, dann unweit der Donau bei Donji Milanovac und Dobra, endlich im Rudniker, Poscharevatzer und Kragujevatzer-Kreise, sehr ergiebige Sandsteinbrüche, welche durchweg, in Folge nahegelegener guter Kommunikationen, mit Vortheil ausgenutzt werden können.

Ausgezeichnete Mühlsteine werden bei Osenica und Popina im Kruschevatzer Kreise gefunden.

Lithographiesteine liefert der Kreis Valjevo, auf deren reichliches Vorkommen und gute Qualität schon vor etwa zehn Jahren der grossbritannische Gesandte die englischen Kapitalisten aufmerksam gemacht hatte.

Weisser Marmor, welcher an Güte dem Carrara-Marmor nahezu gleichkommt, kommt bei Studenica im Ibarthale vor; das gleichnamige Kloster ist ganz aus diesem Marmor erbaut. Ueberdies giebt es noch weissen feinkörnigen Marmor in der Tschemerna planina, und grobkörnigen längs der Drina, dann bei Golubac an der Donau.

Bei Batotschina unweit Kragujevac findet man thonigen Kalk, der sich zur Herstellung von Cementkalk vorzüglich eignet. Durch die Kragujevatzer Flügelbahn wäre die Verführung dieses Produktes eine sehr leichte.

Buntfärbigen Marmor findet man bei Sopot und Groscha. Die in Belgrad und Kraljevo zum Verkaufe ausgestellten, aus diesem Marmor verfertigten Gegenstände, als: Säulen, Votivtafeln, Grabdenkmäler, Tischchen etc. sind sehr hübsch und werden selbst nach Italien versandt.

Ausser den vorgenannten, besitzt Serbien auch verschiedene Eruptivgesteine. Von diesen lassen sich einige

Trachyt-, Granit- und Tuffgattungen sehr gut bearbeiten und liefern ein vorzügliches Material für architektonische Bauverzierungen.

Sowohl die Ausbeutung der serbischen Steinbrüche. als auch die künstliche Verarbeitung des gewonnenen Materiales hat sich seit etwa 10 Jahren sehr entwickelt.

Die serbische Industrie steht im allgemeinen noch auf niederer Stufe.

Das Land ist eben ein Agrikulturstaat und der Serbe, der übrigens viel Talent für gewerbsmässige Arbeiten besitzt, scheut sich gewissermassen, den Ackerbau und die Viehzucht vollends aufzugeben, wo er sein eigener Herr ist. Auch liebt es der Serbe nicht, sich so regelmässig zu beschäftigen und dabei so anzustrengen, wie dies die Betreibung einer Industrie im westeuropäischen Sinne absolut mit sich bringt.

Es giebt wohl Schneider, Schuster, Kürschner, Gerber, Töpfer, Grob- und Hufschmiede (meist von Zigeunern ausgeübte Handwerke), dann Silberarbeiter und Waffenschmiede, welche alle ihr Handwerk meist noch in althergebrachter Weise ausüben; auch werden in jedem Hauswesen auf dem Lande die Stoffe für Wäsche und Kleidung von den Frauen erzeugt und selbst die Kleider verfertigt; aber die Grossindustrie und das Kunstgewerbe befinden sich bis heute doch fast ausschliesslich in den Händen von Fremden.

Von Seite der Regierung geschah schon vieles, um unter dem serbischen Volke selbst den Sinn für eine höhere Industrie zu wecken und bezügliche Bestrebungen zu fördern; jedoch ist der erzielte Erfolg noch ein unbedeutender. Der Serbe will eben seine Ersparnisse nicht gerne in einer industriellen Unternehmung riskieren, wenn ihm der sichere Gewinn nicht im Vorhinein schon vollkommen sicher erscheint.

Erklärlich wird dieses Misstrauen allerdings, wenn man berücksichtigt, dass so viele ausländische Unternehmungen nach sehr kurzem Bestande in Serbien zu

Grunde gegangen sind, wie z. B. die vielen Unternehmungen zur Ausbeutung der Bergwerke bei Majdanpek u. m. A. Derlei Beispiele können dem naiv denkenden, aber richtig rechnenden serbischen Landbewohner gewiss nicht zur Aufmunterung dienen!

Nach der serbischen Gewerbeordnung vom 14. August 1847 und nach der ministeriellen Verordnung vom Jahre 1867, betreffend den Kleinhandel, — unterscheidet man in Serbien zünftige und freie Gewerbe. Letztere sind für jeden serbischen Unterthan frei, die ersteren können jedoch nur von Innungen betrieben werden. Zum Betriebe eines zünftigen Handwerks ist ein Befähigungsnachweis erforderlich, welcher durch den Lehr- und Gesellenbrief und durch die, vor der Zunftvorstehung abgelegte, Meisterprüfung erworben werden soll.

Jede Zunft wählt ihren Stareschina (Aeltesten), welcher als Vorsteher die Bücher und die Kasse der Genossenschaft führt, das Zunftsiegel verwahrt, die Prüfungen zu Gesellen und Meistern überwacht und die zwischen den Zunftgenossen entstehenden Misshelligkeiten, im Vereine mit seinem Stellvertreter und unter Zuziehung eines Meisters, schlichtet. Die Regierung sucht seit etwa zwanzig Jahren durch die politischen Behörden auf die Wirksamkeit dieser Genossenschaften einen grösseren Einfluss zu gewinnen.

Die Erzeugnisse der serbischen Hausindustrie, namentlich die Stoffe, Waffen, Schnitzereien, Schmucksachen und Töpferwaaren, zeichnen sich in Anbetracht der primitiven Werkzeuge dennoch durch ihre überraschend schöne Ausführung aus. Kanitz ist voll der Bewunderung „für den freien Formensinn und den dem serbischen Volke angeborenen Rythmus in der Linien- und Farbenanwendung."

Er sagt unter Anderem: „In reizender Abwechslung reihen sich ornamentale Streifen an den Säumen der blendend weissen Frauenhemden. Die blauen, westenartigen Brustleibchen, die langen Schürzen und sogar die

Strümpfe zeigen ein Kaleidoskop der wirkungsvollsten
Figuren und Linienverschlingungen.

Von der Holzindustrie wären insbesondere die Bött-
cherei, das Zimmermanns- und Tischlergewerbe, welches
seit zehn Jahren recht erfreuliche Fortschritte macht, —
dann insbesondere die Holzschnitzerei zu erwähnen. Diese
Letztere ist im neuen Aufblühen begriffen, wie man an
der inneren Verzierung der neuen Piroter Kirche ersehen
kann, welche aus sehr schönen Holzschnitzereien nach alt-
serbischem Muster besteht. Diese Arbeiten haben zwei
Einwohner von Pirot im Laufe von zwei Jahren um den
Preis von nur 5000 Dinars geliefert.

Ackergeräthe wurden bisher beinahe ausschliesslich
aus Holz verfertigt. Nun hat die Regierung im Beginne
der Achtziger Jahre, mit Hilfe von staatlichen Geldvor-
schüssen, eine Fabrik landwirthschaftlicher Maschinen und
Geräthe ins Leben gerufen; ob sie mit grossem Erfolge
arbeitet, ist zweifelhaft.

Die Töpferei wird noch recht primitiv betrieben, desgleichen das Gewerbe der Messerschmiede.

Kupferschmiede kommen im Lande sehr zahlreich vor.

Das Seilerhandwerk wird besonders in Vranja und
Leskovac sehr eifrig betrieben und sind die hier erzeugten
Seilerwaaren auf der ganzen Balkanhalbinsel vortheilhaft
bekannt. Es werden jährlich mehr als 1 Million Kilogramm
Seilerwaaren in die Türkei und nach Bulgarien ausgeführt, welche einen Werth von rund 1,5 Millionen Dinars
repräsentiren.

Von allen Zweigen der Industrie nimmt jene der
Schafwoll-Verarbeitung so ziemlich den ersten Rang ein.
Die durchschnittliche Jahresproduktion an Rohwolle beträgt
in Serbien etwa 1,5 Millionen Kilogramm im Werthe von
beiläufig 3 bis 4 Millionen Dinars.

Gereinigte Schafwolle kommt selten auf die Märkte,
da man sie in der Hausindustrie zur Stofferzeugung verwendet.

Mühlen giebt es in Serbien sehr viele, aber meist noch von höchst primitiver Construktion, wie dies schon bei den Notizen über den Feldbau gesagt wurde.

Von den vorerwähnten inländischen Industrieerzeugnissen gelangen, ausser den Seilerwaaren, noch Fassdauben, dann verschiedene Sorten Woll- und Leinenstoffe, und zwar vom dicken Teppich bis zum schleierartigen Gewebe, — zur Ausfuhr.

Die Handtücher und Tischdecken bestehen gewöhnlich aus ziemlich grober Leinwand, sind aber an den Rändern oft mit ebenso prächtigen, als kostbaren Stickereien versehen. Jene von Nisch sind ihres Farbenreichthums wegen, besonders beliebt.

Die aus bunter Wolle und theilweise auch mit Goldfäden gewobenen Schürzen, eignen sich, ebenso wie die Teppiche, besonders zur Wandausschmückung in Gemächern.

Die in Pirot erzeugten Teppiche werden im ganzen Orient hochgeschätzt.

Leider ist das Hauptabsatzgebiet für diese sehr werthvollen Teppiche, durch die sehr hohen bulgarischen Grenzzölle, beinahe verschlossen, infolge dessen auch die Teppicherzeugung im Piroter Kreise leider in sichtlicher Abnahme begriffen ist. Von den 2000 Häusern Pirots beschäftigten sich etwa 1800 mit der Teppichfabrikation, welche aber im Jahre 1886 doch nur ungefähr 1000 Stück Teppiche herstellten, die einen Werth von rund 120000 Dinars haben.

In Trstenik, im Thale der serbischen Morava fertigt man auch dichte Wollteppiche nach Art der Smyrnateppiche, deren prächtige Farbenzusammenstellung sie auch nachahmen. Der Preis ist ein sehr hoher.

In den Achtziger Jahren veranstaltete König Milan in Belgrad eine serbische Teppichausstellung, auf welcher das weltbekannte „Magasin du Louvre" in Paris eine sehr reichhaltige Sammlung dieser Teppiche angekauft hatte.

Die Gold- und Silberstickerei ist in Serbien ebenfalls sehr hoch entwickelt. In neuester Zeit verwendet man diese Stickereien nicht mehr blos für die Nationaltracht, sondern man hat nun begonnen, auch für die Ausfuhr bestimmte Dinge zu sticken; z. B. Gürtel, Mützen, Krägen u. dgl. m.

Die Silberschmiede in Belgrad, Ub, Uschitze, Leskovac und namentlich in Nisch verfertigen prächtige Filigranwaaren und ähnliche Arbeiten, welche den berühmten Prizrender Filigranerzeugnissen in keiner Beziehung nachstehen. Diese sehr geschmackvollen Arbeiten sind auch verhältnissmässig sehr billig zu haben.

Die Zahl der grösseren Industrie-Unternehmungen und Fabriken ist noch eine sehr geringe.

Das Brauerei-Gewerbe weist einen entschiedenen Fortschritt auf. Die grösste und älteste Brauerei ist jene Weifert's, eines aus Pancsova in Oesterreich-Ungarn stammenden naturalisirten Serben. Sie hat Dampfbetrieb und befindet sich zwischen Belgrad und Toptschider. Ihr Jahreserzeugniss beläuft sich auf etwa 28.500 Hektoliter Bier, wovon per Hektoliter eine Verzehrungssteuer von 12 Dinars an die Staatskasse zu zahlen ist; weshalb auch das Bier in Serbien nicht gerade billig ist, denn der Hektoliter wird um rund 37 bis 38 Dinars verkauft.

In Belgrad besitzt auch noch ein Böhme Johann Wrabetz eine Brauerei, die jährlich 3700 Hektoliter Bier liefert; ausserdem hat dieser Unternehmer auch eine Malzfabrik errichtet, welche jährlich 600.000 Kilo Malz erzeugt

Andere kleinere Brauereien sind jene des Deutschen Johann Appel in Alexinatz, welche jährlich etwas über 1200 Hektoliter Bier braut und hievon auch einen Theil nach Bulgarien und in die Türkei ausführt.

In Tschatschak ergiebt die Dampfbrauerei des Deutschen Ferdinand Krenn jährlich 1.800 Hektoliter und die

Dampfbrauerei des Jooan Vatek (früher Aichinger) in
Valjevo jährlich gegen 900 Hektoliter Bier.

In Jagodina betreibt der Serbe Mihail Kosovl eine
Brauerei mit einer durchschnittlichen Jahreserzeugung von
über 2000 Hektoliter Bier.

In den letzten zehn Jahren sind noch andere Brauereien
entstanden, so z. B. in Schabac mit etwa 3000 Hektolitern,
in Zajetschar mit 1.500 Hektolitern, in Kragujevac mit
rund 700 Hektolitern und endlich die vom Alexinatzer
Brauer Johann Appel in Nisch neu gegründete Brauerei
mit einer jährlichen Produktion von 6.500 Hektoliter Bier.

Alle zehn Brauereien Serbiens lieferten im Jahre 1887
rund gegen 50.000 Hektoliter Bier und ausserdem wurden
noch von Oesterreich-Ungarn etwa 2000 Hektoliter eingeführt.

Sämtliche Brauereien beziehen ihren Hopfen aus
Böhmen und Bayern, die Gerste wird hingegen im Inlande
gebaut.

Dampfmühlen giebt es in Serbien bisher nur vier;
und zwar: In Belgrad jene des Böhmen Vschetschka,
welche jährlich 1 Million Kilo Weizen und Mais dann etwa
100.000 Kilo Gerste vermahlt. Mit dieser Fabrik ist auch
ein Pachthof und eine Spiritusbrennerei verbunden, welche
jährlich nahezu 2000 Hektoliter 95 gradigen Spiritus erzeugt.

Zwischen Belgrad und Toptschider befindet sich noch
eine Dampfmühle, die jährlich gegen 800.000 Kilo Weizen
und Korn vermahlt.

Die Dampfmühle in Poscharevatz verarbeitet jährlich
etwa 1,200000 Kilo Weizen und 150.000 Kilo Roggen.

Der ehemalige Ministerpräsident Garaschanin besitzt
bei Grozka die bedeutendste Dampfmühle Serbiens, welche
eine Maschine von 40 Pferdekräften mit 4 Mühlsteinen
besitzt; sie mahlte im Jahre 1887 nur 1,800.000 Kilo Getreide, könnte jedoch das Dreifache leisten.

Die Tuchfabrikation bildet in Serbien ein Monopol,

welches im Jahre 1880 den mährischen Fabrikanten Münch und Schumpeter für 15 Jahre zugestanden wurde. Sie erbauten für 1,200.000 Dinars in Paratschin eine Fabrik, welche im Jahre 1882 eröffnet wurde. Dieselbe beschäftigt 30 männliche und über 100 weibliche Arbeiter unter 9 böhmischen und deutschen Werkführern. Die Jahreserzeugung beläuft sich auf etwa 150.000 Meter Tuch und gegen 80.000 Wolldecken. Die Fabrikanten zahlen dem Staate für ihr Monopol nicht nur nichts, sondern haben auch noch den grossen Vortheil, dass das Kriegsministerium alle für das Heer bestimmten Tuchlieferungen von dieser Firma beziehen muss.

In Belgrad giebt es auch zwei Spodiumfabriken, welche ihre Erzeugnisse, etwa 150000 Oka, — nach Oesterreich-Ungarn ausführen.

In Uschitze befindet sich seit 1880 eine Lederfabrik mit hydraulischen Maschinen.

Im Jahre 1883 wurde auch in Jagodina eine Lohgerberei mit Fabriksbetrieb errichtet.

Cementfabriken giebt es seit 1883 je eine in Ripanj dann eine zwischen Nisch und Alexinatz.

Mit der Essigerzeugung ist es im Lande noch sehr sehr schlecht bestellt; man bereitet ihn noch immer auf die primitivste Weise, weshalb er auch von sehr geringer Beschaffenheit ist.

In ganz Serbien existirt nur eine unbedeutende Glasfabrik, welche im Jahre etwa 100.000 Stück ganz hübsche Glasgegenstände erzeugt; jedoch in keiner Weise mit den sehr billig eingeführten Glaswaaren aus Oesterreich-Ungarn konkurriren kann. Auch die Ausfuhr nach Rumänien und Bulgarien ist, wegen der äusserst hohen Zölle unmöglich gemacht.

Das grösste industrielle Etablissement des Landes ist unstreitig das A r s e n a l und die W a f f e n f a b r i k in Kragujevatz. Die dortigen Werkstätten wurden vom Fürsten Alexander Karadjordjevitsch im Anfang der Vierziger Jahre gegründet, wozu man ausländische Arbeiter in das Land berief; so war der erste Kanonengiesser ein Lütticher und hiess Loubis.

Diese Werkstätten umfassen, ausser einer Feuerwerkerei, eine Kanonengiesserei, eine Fabrik für Lafetten und sonstige militärische Fuhrwerke, ferner eine Metallpatronen-Fabrik, ein Artillerielager und eine Werkstätte zur Ausbesserung und Umänderung der Armeegewehre.

Es giebt daselbst 4 Dampfmaschinen mit 80 Pferdekräften, 2 Cubilots zum zweitmaligen Giessen, einen Dampfhammer, etliche 20 Dampfschmieden, eine Maschine zum Ziehen der Gewehrläufe, zwei solche zum Ziehen der Kanonenrohre u. s. w.

Die Zahl der ständigen Arbeiter beträgt nie unter 350 Mann; überdies werden auch Arbeiten nach Hause mitgegeben.

In Stragari bei Rudnik besteht eine militärische Pulverfabrik, die jährlich 100.000 Kilo Pulver liefern kann. Dieselbe wurde Ende der Achtziger Jahre bedeutend vergrössert, auch war damals die Errichtung einer noch grösseren Pulverfabrik in Kruschevac in Aussicht genommen.

In Belgrad wurde eine Zündhölzchen-Fabrik mit siebenjähriger Conzessionsdauer errichtet, welche damals das sofortige Sinken der von den österreichisch-ungarischen Händlern geforderten Zündhölzchenpreise von 29 fl auf 19 fl Oestr. Whg. zur Folge hatte. In Folge dessen konnte sich die serbische Fabrik unmöglich halten. Vor einigen Jahren soll ein Belgier die Absicht gehabt haben, dennoch wieder eine Zündhölzchen-Fabrik in Belgrad zu errichten.

Im Jahre 1879 gab es in Belgrad auch 5 Spielkarten-Fabriken, welche jedoch die Regierung, in der besten Absicht, sehr hoch besteuerte, nämlich mit 12 Dinars per Dutzend Spielkarten. In Folge dessen hatten bis zum Jahre 1887 vier dieser Fabriken den Betrieb wieder eingestellt und die noch bestehende eine Fabrik hat ihre Thätigkeit sehr vermindert.

Bezüglich der Tabakserzeugnisse, dann der Zigarren-beziehungsweise Zigaretten-Fabrikation ist nur zu erwähnen, dass in Serbien seit acht Jahren das Tabak-Monopol eingeführt ist, dessen Betrieb verpachtet wird. In Serbien wird ungewöhnlich viel geraucht und zwar hauptsächlich Cigaretten. Vor Einführung des Monopols gab es in Serbien etwa 3000 Hektar Tabakfelder mit einem durchschnittlichen Ertrage von je 400 Kilogramm. Die Tabakkultur wurde besonders in den Kreisen Alexinatz, Vranja, Tschatschak, Kruschevac, Toplica und in Uschitze betrieben. Die besten Gattungen wachsen, — wie schon früher berichtet wurde, in der Umgebung von Bajina baschta (Kreis Uschitze) und bei Alexinatz.

Vor der Einführung des Monopols, soll sich der Gesamtwert des jährlich in Serbien produzierten Tabaks auf 3 bis 4 Millionen Dinars belaufen haben.

In Belgrad allein hatte man im Jahre 1882 ungefähr 65.000 Kilogramm Tabak verraucht, davon waren 9000 Kilogramm zur Erzeugung von rund 10 Millionen Cigaretten verwendet worden. Im Jahre 1883 gab es in Belgrad allein 110 Tabakhändler, von denen die meisten auch Zigaretten anfertigten.

Das Gesetz zur Hebung der Industrie in Serbien, welches am 12. Januar 1874 erlassen wurde, hatte den Zweck behufs rascherer Herstellung der Industrie in Serbien den Unternehmern, gleichviel ob Gesellschaften oder Privatpersonen, ganz besondere Begünstigungen in Aussicht zu stellen.

So kann beispielsweise eine industrielle Unternehmung ein fünfzehnjähriges Ausbeutungsmonopol erlangen. Die Einfuhr von Maschinen, Werkzeugen und aller zur Einrichtung des Industrie-Etablissements nöthigen Gegenstände sind vom Einfuhrzoll befreit. Auch die Ausfuhr ganz oder nur theilweise bearbeiteter Erzeugnisse aus serbischen Industrie-Etablissements, kann unter Umständen vom Ausfuhrzoll befreit werden.

Diese Ausnahmen und ebenso die Befreiung von allen direkten Steuern können nur auf zehn Jahre bewilligt werden.

Hieraus geht klar hervor, dass die serbische Regierung fremde Unternehmer auf das kräftigste zu unterstützen gesonnen ist.

Der Handel wurde zur Zeit des serbischen Kaiserreichs hauptsächlich durch Vermittlung von venetianischen und ragusanischen Faktoreien betrieben und richtete sich der Handelszug nach den Seestädten Ragusa und Salonik. Schon im Jahre 1185 hatte Nemanja mit Ragusa einen Vertrag abgeschlossen, welcher dieser Republik freien Handel mit dem serbischen Hinterlande zusicherte. Im 15. und 16. Jahrhundert gab es grosse Handelsfaktoreien in Belgrad, Sarajevo, Novibazar, Prokuplje u. s w. und es wurde ein lebhafter Handel mit Landeserzeugnissen, wie: Edelmetallen, Kupfer, Blei, Eisen, Pelzwerk, Wachs etc., gegen die eingeführten Erzeugnisse einer höher entwickelten Industrie, — betrieben.

Nach der Eroberung durch die Türken, flohen die Christen aus den Städten und bebauten die Felder der türkischen Spahis, während diese in den Städten ihr Einkommen verzehrten. Nun gingen die Handwerke in die Hände muhamedanischer Gewerbsleute über und der Handel wurde theils von den Muhamedanern, theils von Armeniern und Griechen geradezu monopolisirt. Der Reisende Brown versichert, dass es noch im 17. Jahrhundert in Serbien einige blühende Handelsstädte gegeben habe. — In Folge der Kriege zwischen der Türkei einerseits und Oesterreich und Russland andererseits verfielen im 18. Jahrhundert sowohl die Industrie als der Handel immer mehr, so dass es am Ende der serbischen Freiheitskämpfe im Lande nur ein verarmtes Volk von Bauern gab, welches kaum einige primitive Gewerbe und nur einen ganz unbedeutenden Binnenhandel führte. Fürst Milosch betrieb eifrigst die Verbesserung der stark vernachlässigten Verkehrswege, legte Städte und Marktflecken an, gründete eine Handels- und Gewerbeschule in Belgrad und erklärte die Handelsfreiheit im ganzen Lande, mit nur geringfügigen Beschränkungen, als ein Recht der Nation.

Die verschiedenen diesbezüglichen Gesetze enthalten nach Tkalac im kurzen Auszuge folgende Bestimmungen:

Jeder Serbe ist berechtigt Handel zu treiben. Die Ausübung dieses Rechtes ist jedoch, hinsichtlich der einzelnen Handelsartikel, an die Erfüllung verschiedener gesetzlicher Bedingungen gebunden.

Der Handel mit Vieh und allen Naturprodukten des Landes ist frei und kann somit von jedem Mitgliede einer serbischen Gemeinde an jedem Punkte des Landes ausgeübt werden.

Der Handel mit Lebensmitteln, Manufaktur-, Töpfer- und Colonialwaaren wurde früher von geschlossenen Innungen betrieben, in welche der Eintritt nur mit behördlicher Bewilligung und nach Beibringung eines von der Innung bestätigten Befähigungsnachweises gestattet war. Ausgenommen von dieser Beschränkung waren nur solche Landkrämer, deren Waarenlager keinen höheren Werth als 350 Dinars hatte. Der Stadtkaufmann konnte den Befähigungsnachweis auch durch die Vorlage von Zeugnissen, über den erfolgreichen Besuch der Handels- und Gewerbeschule oder einer Realschule und die hierauf erfolgte Dienstleistung in einem Handlungshause der Innung, beibringen. Die auf diese Weise erlangte Handelsgerechtigkeit ermächtigte einen solchen Kaufmann nicht nur im eigenen Wohnorte, sondern auch an anderen Plätzen Serbiens, — nach vorheriger Anmeldung bei der Behörde, — offene Verkaufsläden zu halten, in- und ausländische Waaren jeder Art zu verkauten und überdies auch freien Handel mit den Produkten des Landes zu treiben.

Ausländern ist der Handelsbetrieb in Serbien innerhalb jener Grenzen gestattet, welche durch die Staatsverträge gezogen sind.

Jeder Handelsmann und Agent muss im Amtsblatte „Srpske novine" seinen Wohnort und die Art seines Geschäftes anzeigen und dem Handelsgericht sein Hauptbuch und Journal vorlegen, dessen Vorsitzender die sämmtlichen Blätter desselben mit einer Schnur durchzieht, die er an den Enden mit dem Amtssiegel befestigt.

Das Wechselgesetz ist sehr streng. Wenn der Kaufmann seinen Wechsel 24 Stunden nach dem Verfallstage nicht einlöst, so wird er auf Protest des Gläubigers in Konkurs versetzt, sein Waarenlager versiegelt und behördlich versteigert.

In 21 Städten (den früheren Kreishauptorten) finden jährlich 34 Märkte und Messen in einer Gesammtdauer von 124 Tagen statt.

In allen andern Stadtgemeinden werden noch 79 Märkte; in einer Dauer von insgesammt 249 Tagen, abgehalten.

Als Handelsplätze für den Auslandsverkehr dienen hauptsächlich die Häfen an der Donau und Save. Diese sind an der Donau: Smederevo, Kladovo, Dubrovica, Poscharevac, Donji Milanovac, Veliko Gradischte und Radujevac; hingegen an der Save: Belgrad, Obrenovac und Schabac.

An der trockenen Grenze vermitteln die Städte Pirot und Vranja den Handel nach Bulgarien und Altserbien, beziehungsweise Makedonien.

Nach dem Sandschak Novibazar geht der Handel hauptsächlich über Raschka (eine Stunde nördlich der Stadt Novibazar) und nach Bosnien über Loznica an der Drina.

Ueber die Ausfuhrartikel wurde schon bei der Besprechung der Bodenkultur und der Industrie ausführlich berichtet.

Es ist begreiflich, dass die Produkte der in Serbien mit besonderer Vorliebe betriebenen Viehzucht bei der

Ausfuhr eine ausschlaggebende Rolle spielen. Es werden daher Rohwolle, Felle, Thierhäute und Haare, dann selbstverständlich auch lebendes Vieh in grosser Menge ausgeführt.

Aus den vielen Eichenwaldungen des Landes gelangen Fassdauben und Galläpfel, erstere besonders nach Frankreich und Ungarn zur Ausfuhr.

Einen genauen Ueberblick über die serbische Handelsbewegung giebt die tabellarische Uebersicht, welche Gopcevic in seinem Werke „Serbien und die Serben", — theils auf Grund von offiziellen serbischen Angaben, theils nach den von Borchgrave veröffentlichten Daten, — verfasst hat.

Ueber die Provenienz der Einfuhrprodukte kann man im Allgemeinen sagen, dass Serbien, — noch vor Eröffnung der hochwichtigen Bahnlinien nach Salonik und nach Konstantinopel, — von Wien meist Luxusgegenstände, von Budapest Eisenwaaren und Glasscheiben, von Schlesien Leinwand, von Böhmen und Mähren Tuch, von Triest Colonialwaaren, Kautschuk und Metallgegenstände bezog. Seit Eröffnung der obenerwähnten durchgehenden Bahnlinien, insbesondere durch jene nach Salonik, hat sich das Handelsverhältnis Serbiens zu den übrigen Staaten Europas jedenfalls gründlich geändert.

Ueber den Handelsverkehr bestehen in Serbien seit dem Jahre 1842 offizielle Veröffentlichungen. Man ersieht daraus, dass derselbe im Laufe der Zeit ununterbrochen zugenommen hat, nur die Kriegsjahre 1876 bis 1878 dann 1885 führten eine momentane Stockung herbei. Im Jahre 1842 repräsentirte der gesammte Handelsverkehr Serbiens noch die bescheidene Werthsumme von 13,500.000 Dinars im Jahre 1850 hatte sie sich schon verdoppelt und betrug 26,500.000 D., im Jahre 1856 — 33,000.000 D., 1865 betrug sie 62,300.000 D. sodann war sie im Jahre 1875 auf 58,000.000 D, — im Jahre 1876 auf nur 32,000.000 D. gesunken ; betrug jedoch 1877 wieder 48,000,000, — 1878 —

67,000.000, 1879 — 86,000.000, 1884 — 91,600.000 D., im Kriegsjahr 1885 nur 78,000.000 D. und 1886 wieder mehr als 91,000.000 Dinars.

Hiervon entfielen vom Jahre 1880 bis 1886 auf den Aussenhandel mit Oesterreich-Ungarn durchschnittlich 65 bis 68 Millionen Dinars.

Nachher folgt Deutschlands serbischer Handel mit 6 Millionen D. im Jahre 1880, — 3,5 Millionen D. im Jahre 1885 und etwas über 4 Millionen D. im Jahre 1886.

Serbien hat mit den fremden Mächten, nach seiner im Jahre 1878 erlangten Unabhängigkeit, Handelsverträge abgeschlossen. Zuerst wurden 1880 mit England, dann von 1880 bis 1884 nacheinander mit Italien, der Schweiz, Belgien Handelsverträge abgeschlossen. Alle diese waren Meistbegünstigungsverträge und räumten Serbien das Recht ein, Zölle in der Höhe von 8 bis 10 Prozent ad valorem von den fremden Einfuhrsartikeln zu erheben; auch waren die fremden Händler bei Streitigkeiten der Entscheidung der serbischen Gerichtshöfe unterworfen.

Mit Oesterreich-Ungarn dauerten die Verhandlungen mit Rücksicht auf die seit dem Poscharevatzer Frieden im Jahre 1718 bestandenen innigen Verkehrsbeziehungen, länger. Im Jahre 1881 wurde auch dieser Handelsvertrag perfekt, welcher Oesterreich-Ungarn speziell im Grenzverkehre besondere Vortheile einräumte; auch sollte für gewisse Waaren an der serbischen Grenze nur der halbe Eingangszoll entrichtet werden. Dafür wurde auch der serbische Ausfuhrhandel, besonders von Pflaumen und Schweinen, nach Oesterreich-Ungarn eigens begünstigt.

Die Vereinigten Staaten schlossen 1881 und Griechenland 1882 mit Serbien einen tariflosen Handelsvertrag auf Grundlage des meistbegünstigten Staates. Aehnliche Handelsverträge wurden 1883 auch mit Deutschland und Frankreich abgeschlossen.

Vorläufig ist somit Serbien, ebenso wie früher, von Oesterreich-Ungarn am meisten abhängig und es wird sich

zeigen, in wiefern der nunmehrige Verkehr auf den durch-
laufenden Orientbahnen nach Konstantinopel und insbesondere nach Salonik hieran etwas ändern wird.

Alle vorstehenden Handelsverträge waren auf zehn
Jahre abgeschlossen; ihre Giltigkeitsdauer lief daher zwischen dem Jahre 1891 und 1893 ab.

Ueber den Standpunkt, welchen die serbischen Handels-
politiker hinsichtlich des Abschlusses neuer Handelsverträge einnahmen, giebt ein wohlinformirter Leitartikel
in der „Münchener Allgemeinen Zeitung" vom 24. Juli
1891 folgende Aufschlüsse:

„Im nächsten Jahre (1892) läuft die Mehrzahl der
Handelsverträge ab, welche Serbien mit den verschiedenen
Staaten vor einem Dezennium abgeschlossen hat. Damals
befand sich Serbien in der ersten Jugendzeit seiner vollen
Unabhängigkeit; es hatte die Freiheit gewonnen, gänzlich
unabhängig seine Handelsbeziehungen ordnen zu können,
musste sich jedoch dem Zwange des Berliner Vertrages
fügen und in beschleunigter Weise eine kostspielige Bahn
bauen, die längere Zeit hindurch keinen vollständigen Anschluss hatte. Dadurch war Serbien gezwungen Schulden
zu machen und musste somit eine Verbindung mit den
europäischen Geldmärkten eingehen. Als Unterpfand für
die ersten grossen Anlehen wurden die Eingangs- und
Ausfuhrzölle gegeben. Es hat somit das eigentliche innere
Staatsbedürfniss aus dem Ertrage der Zölle keine Zuschüsse
erhalten, weil jener auf die Abtragung der Staatsschulden
herbeigezogen werden musste. Diesen Umstand legt man
in Serbien dem durch die ersten zehnjährigen Handelsverträge geschaffenen Zollsysteme zur Last.

Als die ersten Handelsverträge abgeschlossen wurden,
konnte man die neuere handelspolitische, industrielle und
landwirthschaftliche Entwicklung Serbiens noch nicht be-
urtheilen, es war Alles im Werden und Gähren; jetzt erst
nach einem Dezennium kann man Mängel und Vortheile
des damals abgeschlossenen, nunmehr ablaufenden Handels-

vertrages erkennen. Das Handelssystem Serbiens vom Jahre 1880 bis in die neueste Zeit war eine blosse Fortsetzung des früher üblichen, wie es aus der türkischen Zeit überkommen war. Der Werthzoll ist die Basis, obwohl daneben noch ein autonomer und vertragsmässig gebundener Spezialtarif besteht, wobei es dem Importeur freisteht, zwischen Werthzoll oder Tarifzoll zu wählen. In den meisten Fällen kommt der Werthzoll zur Anwendung, da derselbe für eine grosse Zahl von Waaren günstiger ist, als der Tarifzoll.

Die Klagen der betheiligten kaufmännischen, industriellen und landwirthschaftlichen Kreise Serbiens über die zu Ende gehenden Handelsverträge, besonders über jenen mit Oesterreich-Ungarn abgeschlossenen, sind je nach dem Interessen-Standpunkte sehr verschieden. Die Industrie beklagt sich über die grosse Conkurrenz, die ihr durch die ausländischen Waaren bereitet werde und den Rückgang aller Gewerbe herbeiführe; man schiebt die Schuld auf den Handelsvertrag, der die Einfuhr fremder Industrie-Erzeugnisse begünstige und verlangt einen höheren Zollschutz.

Die serbischen Gewerbetreibenden bedenken jedoch nicht, dass der bis zum Jahre 1892 giltige Zoll auf industrielle Erzeugnisse 15 bis 20 Prozent des Werthes betrug, während vor dem Abschluss der ersten zehnjährigen Handelsverträge mit Oesterreich-Ungarn und Deutschland nur 3 bis 5 Prozent vom Werthe entrichtet wurden. Dennoch weisen die Gewerbetreibenden Serbiens auf die damalige Zeit als eine glückliche hin, in welcher das Gewerbe blühte und ertragreich war. Der Schutz des Gewerbes in jener Zeit bestand aber in der Isolirtheit des Landes in Folge mangelhafter Verkehrswege.

Durch fünf Monate war oftmals Serbien, wenn die Schiffahrt eingestellt wurde, vom Verkehre für grössere Gütermengen abgeschnitten und der Frachtsatz war im Allgemeinen sehr hoch. Seitdem Serbien in den Kreis des

internationalen Eisenbahnnetzes eingetreten, ist die Schutz-
mauer, welche die mangelhaften Wege für das serbische
Gewerbe bildeten, gefallen und die hohen Zölle können
dagegen keine Abhilfe schaffen, ohne dem Lande in anderer
Richtung zu schaden.

Kein Staat wird die Einfuhr serbischer landwirthschaftlicher Erzeugnisse begünstigen, wenn nicht Gegen-
konzessionen zu Gunsten der Einfuhr industrieller Produkte
nach Serbien gewährt werden. Das serbische Gewerbe
muss mit der allgemeinen industriellen Entwicklung Europas
rechnen, sich derselben anpassen und von dem kleinen Ge-
werbebetrieb zum Fabriksbetrieb in jenen Zweigen übergehen, die sich für Serbien eignen.

Bei den im September 1891 zwischen Serbien und
Oesterreich-Ungarn, dann Deutschland begonnenen Handels-
vertragsverhandlungen mussten naturgemäss auch die Beschwerden, welche die serbische Landwirthschaft, besonders
die Viehzüchter, gegen den früheren Handelsvertrag erhoben hatten, eine bemerkenswerthe Rolle spielen.

So sehr man sich in Serbien von dem wirthschaftlichen
Einflusse Oesterreich-Ungarns befreien möchte, so sind doch
die geographischen Verhältnisse so zwingender Natur, dass
man denselben, wenn auch ungerne, Rechnung tragen muss.

Die Gründe, weshalb man sich von Oesterreich-Ungarn
wirthschaftlich völlig befreien möchte, sind für das heutige
Serbien zum grössten Theile politischer Natur.

Die geographische Lage Serbiens gebietet jedoch die
Anlehnung an den nächsten nordwestlichen Nachbar; nicht
blos weil Oesterreich-Ungarn der grösste Consument serbischer Produkte ist, sondern weil durch dieses Reich die
Strasse zu einem ebenfalls grossen Markte für die Erzeugnisse der serbischen Landwirthschaft, — nach Deutschland
— führt.

Diese handelspolitisch-geographischen Verhältnisse sind
für Serbien noch bedeutsamer geworden durch die Verein-
barung eines neuen Handelsvertrages zwischen dem Deut-

schen Reiche und Oesterreich-Ungarn. Dieses neue mittel-
europäische Handelsbündniss versetzt besonders die kleineren
Staaten, wie die Schweiz, Holland, Belgien, somit auch
Serbien und Rumänien in eine Art Zwangslage; entweder
müssen sie sich diesem Handelsbunde anschliessen und den
Prinzipien desselben Conzessionen machen, oder sie müssen
sich mit demselben in Gegensatz, somit in einen Kampf-
zustand setzen, was sehr bedenklich wäre.

Es erhoben sich auch schon Stimmen in der serbischen
Presse, welche es als im Interesse Serbiens gelegen
erachten, sich dem mitteleuropäischen Handelsvertrage,
Deutschland und Oesterreich-Ungarn, — anzuschliessen,
weil nicht nur die geographische Lage, sondern auch der
Nutzen Serbiens darauf hinweise; auch seien die Hoffnungen trügerisch, welche man auf die Eröffnung neuer
Absatzwege über Salonik und auf eine Belebung des
Handels mit Russland setze. Auf diese Hoffnungen hin
sich in einen wirthschaftlichen Kampf nicht allein mit
Oesterreich-Ungarn, sondern auch mit Deutschland einzu-
lassen, wäre sehr gefährlich und würde zu einer Niederlage
Serbiens führen. Des Letzteren Interesse verlangt vor
allem, dass seine landwirthschaftlichen Produkte, insbesondere jene der Viehzucht einen möglichst leichten Absatz
in Oesterreich-Ungarn und Deutschland finden. Darauf
müsse bei den folgenden Verhandlungen *) über den neuen
Handelsvertrag seitens Serbiens in erster Linie gesehen
werden."

Ueber denselben Gegenstand erschien ebenfalls in der
Münchner Allgemeinen Zeitung (vom 2. Oktober 1891) eine
sehr interessante Kundgebung, welche nicht in einem
strengen Schutzzollsysteme das Heil der serbischen Industrie erblickt, sondern in angestrengter geistiger und
materieller Arbeit. Es ist dies eine Rede, welche der

---

*) Der neueste Handelsvertrag zwischen Oesterreich-Ungarn
und Serbien wurde im Jahre 1892 abgeschlossen.

Rektor der Belgrader Hochschule Professor S. M. Lozanitsch (jetziger Minister) im Jahre 1891 am Sveti-Sava-Feste
vor der Studentenschaft gehalten hatte.

Professor Lozanitsch sagt: „Die Natur bietet in Serbien
grosse Reichthümer und dennoch ist die Volkswirthschaft
Serbiens im Defizit.

Die Ursache dieser Erscheinung ist die zu schwache
Benutzung der vorhandenen Naturprodukte. In Serbien
ist fast ausschliesslich die Landwirthschaft die Quelle der
Rohprodukte, aber dieses allein genügt nicht, um die Bedürfnisse eines Volkes zu decken, welches das heutige
Culturleben führen will. Dazu ist die Hilfe der Industrie
nöthig. Serbien besitzt zwar eine Industrie, doch entspricht
diese nicht ihrem Berufe und hierin liegt die Ursache des
Defizites in der Volkswirthschaft des Landes.

So lange das serbische Volksleben primitiv war, ge-
nügte die serbische Gewerbeindustrie, um die bescheidenen
Bedürfnisse zu befriedigen; doch heute, wo eine andere
Lebensweise im ganzen Volke sich bemerkbar macht, genügt das gegenwärtige heimische Gewerbe Serbiens nicht
mehr.

In Serbien, — sagt Professor Lozanitsch weiter, —
besteht vornehmlich noch das Kleingewerbe, welches zumeist mit der menschlichen Arbeitskraft produzirt und
deshalb schwer mit der ausländischen Fabrikindustrie, die
sich der Maschinenkraft bedient, — konkurriren kann; deshalb gewinnen die fremden Fabrikate in Serbien auch
immer mehr Absatz gegenüber den heimischen Gewerbe-
erzeugnissen.

Nicht nur in die Städte, auch schon in die Dörfer
sind die ausländischen Fabrikserzeugnisse eingedrungen,
wogegen sich nun zahlreiche Stimmen erhoben hatten,
damit aus patriotischen Gründen diesem Eindringen fremder
Industrie-Erzeugnisse Einhalt gethan werde.

Professor Lozanitsch betrachtet jedoch dieses Mittel
nicht als das richtige; er sagt, dass Serbien schon lange

diese Schutzmassregeln ergriffen habe, doch wurde hiedurch weder die Einfuhr fremder Erzeugnisse vermindert, noch die einheimische Gewerbeindustrie gehoben. Trotz aller Schutzmassregeln und Anrufung des Patriotismus ist die Einfuhr fremder Industrie-Erzeugnisse gewachsen und das serbische Gewerbe zurückgegangen. Lozanitsch sagt weiter: „Das Schutzzollsystem kann nur dann von Erfolg gekrönt sein, wenn es etwas zu schützen giebt, und es ist nur in jenem Falle erlaubt, wenn es als Mittel zur Hebung der Industrie wirklich dient. Ueberlebte, und dem jetzigen Zeitalter nicht entsprechende Einrichtungen zu schützen, hat weder einen richtigen Zweck, noch kann es von Erfolg sein. In einem solchen Zustande befindet sich unsere Gewerbeindustrie. Unser Gewerbe ist so schwach gegen die grosse Weltindustrie, dass wir dasselbe durch die höchsten Schutzmassregeln (Schutzzölle) nicht beschützen können. Deshalb müssen wir zu denselben Waffen greifen wie das Ausland; diese Waffe aber ist die Grossindustrie, in welcher allein die ökonomische Errettung Serbiens zu erblicken ist."

Die Anfänge zu einer serbischen Grossindustrie, sind schon gemacht, wie wir in den vorgehenden Blättern nachgewiesen haben. Es ist noch nicht so lange her, dass feines Mehl und Bier für den serbischen Bedarf zum grössten Theile vom Auslande bezogen wurde; jetzt werden diese Artikel in gut eingerichteten Mühlen und Brauereien im Lande erzeugt, und zwar in einer Quantität, dass diese Etablissements schon nach dem Auslande exportiren. Serbisches Mehl ist in Makedonien, besonders auf dem Markte von Salonik, sehr geschätzt; auch serbisches Bier wird schon nach der Türkei ausgeführt. Die serbischen Fabriken für Glas, Tuch, Zündhölzchen, Spiritus, Leder, Holzwaaren und Cement haben zwar die Einfuhr dieser Gegenstände nach Serbien noch nicht vollständig gehemmt, aber doch einigermassen vermindert.

Es ist eine eigenthümliche Erscheinung, welch grosses

Gewicht man in Serbien auf das Handwerk legt und dass
man demselben einen so bedeutenden, sogar übertriebenen
Schutz angedeihen lässt. Es scheint diess daraus zu entspringen, dass es gewissermassen mit dem Volke ver-
wachsen, eine Volkseinrichtung ist. Andererseits wird den
Anfängen der Grossindustrie mit einem gewissen Misstrauen begegnet, besonders, wenn sich die betreffenden
Unternehmungen in den Händen von Ausländern befinden.
So sind die Serben ziemlich gleichgiltig gegen die Erfolge
der Kohlen-Industrie von Wrschka Tschuka im Timok-
Thale, welche grosse Mengen von Steinkohle ausführt und
in welcher bei 6 Millionen Franks Kapital angelegt sind.
Der englisch-serbischen Bergwerksgesellschaft in Majdanpek
gegenüber zeigt sich in Serbien sogar eine gewisse Eifersucht, obwohl es der Gesellschaft viel Geld und Mühe ge-
kostet hatte, bis sie die heutigen (Ende 1891) grossen
Erfolge erreichte.

Das serbische Volk ist gleichgiltig oder richtiger gesagt „misstrauisch" gegen grosse industrielle Unternehmungen, betheiligt sich nur selten an solchen, obwohl dieselben guten Gewinn einbringen. Dagegen begeistern sich
die Serben für die Piroter Teppiche, die Silber-Filigran-
arbeiten aus Nisch und andere Handarbeiten, obwohl den
Arbeitern ihre Thätigkeit sehr schlecht bezahlt wird; so
z. B. verdient die geschickteste Weberin bei der Erzeugung
der schönen und theuern Piroter Teppiche nur 30 bis 40
Para (Centimes), somit nicht einmal einen halben Frank
täglich.

Diese Vorliebe für ein altnationales Gewerbe beruht
jedenfalls in dem Gefühle des Patriotismus, doch zeigt die
einfachste Rechnung, dass diese Industrie dem Wohlstande
des Volkes keinen grossen Nutzen bringt. Es besteht in
Serbien eine gewisse Furcht, dass die Grossindustrie das
einheimische kleine Gewerbe bedrohe, doch diese Gefahr
besteht auch bei der Einfuhr ausländischer Industrieerzeugnisse. Es hat sich aber auch gezeigt, dass einzelne Ge-

werbe sich an der Seite der Grossindustrie besser entwickeln, und dass neue Gewerbe entstehen, — wie dies
deutlich seit dem Bestande der Eisenbahn erkennbar ist,
durch welche viele kleine Gewerbeindustrien lohnendere
Beschäftigung gefunden haben.

Der Entwicklungsgang der serbischen Grossindustrie
soll, — so meint Prof. Lozanitsch, — sich in der Be-
arbeitung der einheimischen Rohprodukte bewegen, denn
es sei für Serbien zu früh, fremde Rohprodukte zu verarbeiten; desshalb sollte man hauptsächlich die landwirthschaftlichen und die bergbaulichen Industrieen pflegen.

Es ist vielfach die Frage aufgeworfen worden, wesshalb die Grossindustrie in einheimischen Rohprodukten sich
in Serbien so langsam entwickelt, trotzdem die daraus erzeugten Industrieartikel im Lande begehrt und desshalb
auch in grossen Mengen eingeführt werden.

Man sagte oftmals, dass nicht genügend Kapital im
Lande vorhanden sei, doch dies ist nicht richtig.

Prof. Lozanitsch bezeichnet als den wahren Grund
die technische Unwissenheit. — Dass es an Geld nicht
fehlt, ist daraus zu ersehen, dass viele Kapitalien zum
Zinsfusse von 4 bis 5 Prozent in den Geldinstituten angelegt oder Häuser mit nur 4 bis 6 Prozent Nutzwerth gebaut worden. Es mangelt an einheimischen Fachmännern.
— Die serbische Jugend studiert vielfach auf westeuropäischen Hochschulen, aber meistens solche theoretische
Fächer, welche sie nöthig hat, um eine Anstellung als
Beamter zu erlangen. Das Gleiche ist der Fall mit dem
Studium an der Belgrader Hochschule. Desshalb empfiehlt
der Rektor Prof. Lozanitsch, dass sich die jungen Männer
Serbiens mehr als bisher den technischen Studien zuwenden
mögen, dann werde auch die serbische Grossindustrie rascher
aufblühen. Es hat sich auch sehr häufig schon fremdes
Kapital mit fremden technischen Arbeitskräften der serbischen Industrie zugewendet; solche Unternehmungen
wurden aber mit Unrecht von der Bevölkerung, mit un-

verkennbarer Eifersucht und mit Misstrauen, angesehen.
Auch die in Serbien von Fremden gegründeten Gross-
industrieen nützen dem Lande und sind deshalb zu fördern.
Durch hohe Schutzzölle ist somit die industrielle Ent-
wicklung Serbiens in keinen höheren und lebenskräftigeren
Zustand zu bringen, sondern vor allem durch Vermehrung
des technischen Wissens und durch Betheiligung des
Kapitals.

Am Schlusse dieses Abschnittes erübrigt nur noch,
einige Worte über die, einem erspriesslichen Aufschwunge
des Handels und der Industrie, ebenso wie den Zwecken
des Krieges, dienenden Verkehrswege zu erwähnen.
Da sind vor allem die Eisenbahnen.
Es ist bekannt dass — mit alleiniger Ausnahme von
Montenegro — Serbien das letzte Land Europas war,
welches sich nach langem Zaudern endlich doch auch zum
Baue von Schienenwegen entschlossen hatte. Dieses Zaudern ist nicht so unbegreiflich, wenn man das in den vor-
hergehenden Seiten geschilderte Misstrauen und die Eifersucht der Serben berücksichtigt, welches in jeder durch
Ausländer begründeten Unternehmung nicht nur eine Be-
drohung des einheimischen Gewerbes, sondern zugleich eine
rücksichtslose Ausbeutung der Hilfsquellen des eigenen
Landes befürchtet.
Schon vor mehr als 30 Jahren befürwortete der bekannte österreichische General-Konsul von Hahn mit den
schlagendsten Beweisen den Bau der Eisenbahnlinien Bel-
grad-Salonik und Belgrad-Konstantinopel, welche nicht nur
für Serbien und den Orient überhaupt, sondern auch für
Oesterreich-Ungarn und Deutschland von ausserordentlichem
Vortheil seien. Schon im September 1876, als die franco-
belgische Gesellschaft „Van der Elst frères et Com." die
Bewilligung zum Baue der Linien Nisch-Konstantinopel
und Nisch-Salonik erhalten hatte, bemühte sich diese Gesellschaft auch bei der serbischen Regierung um die Conzession

zum Baue der Fortsetzung von Nisch über Alexinatz nach Belgrad; aber leider kam keine Einigung zu Stande.

Erst durch den Berliner Vertrag (1878) wurde Serbien endlich kategorisch verpflichtet, Eisenbahnen zu bauen, welche die österreichisch- ungarischen Linien mit den noch zu vollendenden türkischen verbinden sollten.

Am 9. April 1880 kam es nun zwischen dem serbischen Ministerpräsidenten Ristitsch und dem österreichisch-ungarischen Minister Grafen Andrassy zu einer Uebereinkunft, laut welcher der Ausbau der serbischen Eisenbahnen binnen drei Jahren stattfinden sollte.

Ende 1879 hatte die Gesellschaft Van der Elst die serbischen Bahntracen nochmals genau untersucht und das für den Bau nöthige Kapital auf rund 80 Millionen Dinars veranschlagt. Bald darauf stellte der serbischen Regierung auch der belgische Deputirte Ernest Boucquéau günstige Anträge in der Angelegenheit des Bahnbaues.

Leider konnte sich die serbische Regierung nicht entschliesen, das wichtige Unternehmen diesen soliden und sicheren Händen anzuvertrauen; sie forderte nunmehr neue Mitbewerber auf und nun bekam die Baubewilligung der bekannte Eisenbahn-Bauunternehmer Bontoux, welcher am 3. Februar 1881 im Namen der Pariser „Union générale" eine Uebereinkunft mit dem serbischen Staate unterzeichnete, zufolge welcher jene verpflichtet wurde, die für den Bau der Linie Belgrad-Vranja nötigen Geldmittel durch eine Anleihe zu beschaffen, dann den Bau der Linie durchzuführen und schliesslich auch die zum Betriebe nöthige Gesellschaft zu bilden.

Die Regierung übernahm sehr drückende Verpflichtungen gegenüber dieser Gesellschaft, so z. B. sollten die 200.000 Aktien à 500 Franks zum Kurse von nur 357 (70 Prozent des Nominalwerthes!) und bei einer Verzinsung von 5% des Nominalwerthes ausgegeben werden.

Die serbische Regierung verpflichtete sich durch 50

Jahre zur Zahlung von Annuitäten im Betrage von 6 Millionen Franks (Dinars) in Gold; diese Anleihe sollte als erste Hypothek mit dem Nominalwerthe von 100 Millionen Franks die Bahn selbst belasten.

Die Regierung hatte die Hälfte der Baukosten für die Save-Brücke zwischen Belgrad und Semlin zu tragen. Im Uebrigen sollte der Bau eines Bahnkilometers durchschnittlich 198.000 Dinars kosten und besitzt die gewählte Bahnlinie eine Länge von 354 Kilometern.

Bekanntlich ging die „Union générale" im Jahre 1882 zu Grunde, wodurch das Misstrauen des Landes gegen fremde Unternehmungen nur erhöht wurde. In Folge dessen wurde die Fertigstellung der Bahn um ein ganzes Jahr verzögert.

Die neue Bauunternehmung „Société Vitalis" vermochte die Linie Belgrad-Nisch im September 1884 dem Verkehre zu übergeben. Die Verlängerung von Nisch bis an die türkische Grenze bei Vranja war bis zum Herbste 1886 fertiggebaut, desgleichen die türkische Anschlussstrecke Skoplje-Grenze. Nun fanden noch längere Verhandlungen statt, wegen des Grenzverkehrs, des Zollamtes, dann wegen der Unterbrechung des Bahnverkehrs an der Grenzbrücke im Falle eines Krieges; so dass der durchlaufende Verkehr auf der Linie Belgrad-Nisch-Skoplje-Salonik thatsächlich Anfangs 1887 stattfinden konnte. Auf der zweiten Hauptlinie Belgrad-Nisch-Konstantinopel konnte der Verkehr auf der ganzen Strecke erst Ende 1887 eröffnet werden, weil einerseits Bulgarien mit seiner Anschlusslinie Bellova-Caribrod im Rückstande geblieben war und andererseits auf serbischer Seite die Strecke Nisch-Bela Palanka mit ihren zwei langen Engpässen grosse technische Schwierigkeiten verursacht hatte.

An fertigen Zweigbahnen waren bis zum Jahre 1891 folgende vorhanden: Von Lapovo nach der zweiten Hauptstadt Serbiens Kragujevac, etwa 28 Kilometer lang, dann die Linie Velika Plana - Smederevo (Semendria), welche noch vor Eröffnung der Linie Belgrad-Nisch im Jahre 1883 fertig gebaut, jedoch nur kurze Zeit im Betriebe war, welcher sodann nach hergestelltem Anschluss im Jahre 1887 wieder aufgenommen wurde. Diese 45 Kilometer lange Flügelbahn ermöglicht die nach der unteren Donau bestimmten Frachtgüter, mit einer Wegersparnis von 140 Kilometer, im Hafen von Semendria auf Schiffe zu verladen.

Ende 1887 machte die serbische Eisenbahn-Betriebs-Gesellschaft der Regierung den Vorschlag, es möge der auf die Dauer von 25 Jahren geschlossene Vertrag verlängert werden, wofür sie der serbischen Regierung (laut Mittheilung der sehr gut informirten „Politischen Correspondenz") die zum Bau mehrerer Flügelbahnen nöthigen Fonds in der Höhe von etwa 9 Millionen Dinars zur Verfügung stellen und den Bau und Betrieb dieser neuen Linien, ohne eine staatliche Zinsengarantie, übernehmen wollte. Dies war ein deutlicher Beweis, dass die Gesellschaft mit den Eisenbahnen in Serbien sehr gute Geschäfte machen müsse, während das Land die oben angedeuteten harten Bedingungen erfüllen und schwere Geldopfer bringen musste.

Statt auf diese Vorschläge einzugehen, veröffentlichte die serbische Regierung am 3. Juni 1889 im Amtsblatte einen Ukas, betreffend die Auflösung des Eisenbahn-Betriebsvertrages. Hiernach übernahm der Staat sämtliche Linien der von der Gesellschaft ausgebeuteten Bahnen, ebenso auch das Inventar. Der Bauten- und der Finanz-Minister wurden ermächtigt, mit den Vertretern der Gesellschaft, betreffs Liquidirung der Rechnungen und wegen der Entschädigung für die Inventargegenstände Verhandlungen einzuleiten.

Das Archiv und die Dokumente sollten in die Hände der serbischen Regierung übergehen und sämtliche Beamten, — ausgenommen das höhere Personal des Direktoriums, — hatte bis auf weiteres im Amte zu verbleiben.

14*

Diese, durch einige von der Betriebsgesellschaft begangene, offenkundige Uebertretungen des serbischen Eisenbahngesetzes verursachte Massregel der Regierung gab zu keinem diplomatischen Einschreiten seitens anderer Mächte Anlass; nur in Frankreich, wo man sich durch diesen ganz plötzlich angekündigten Entschluss der serbischen Regierung am meisten betroffen fühlte, wurde diese Angelegenheit am 4. Juni 1889 in der Kammer besprochen und gesagt, die serbische Regierung hätte von dem ihr vertragsmässig zugestandenen Rechte, — den Betrieb der Bahnen zu jeder Zeit in eigene Regie zu übernehmen, — einen überstürzten und rücksichtslosen Gebrauch gemacht; indem sie die Gesellschaft wegen ihrer Gesetzesübertretungen vorerst hätte verwarnen sollen.

Von den weiteren Bahnprojekten in Serbien ist das der Timok-Thal-Bahn am weitesten gediehen, so dass deren Bau im Frühjahr 1892 hätte begonnen werden können. Die Offerte für die Finanzirung und den Bau dieser Eisenbahn waren ein Gegenstand der Verhandlungen während der Skuptschina-Herbstsession des Jahres 1891. Das Bautenministerium hatte behufs Verminderung der Baukosten, an dem Tracirungsplane der Firma Eiffel sehr wesentliche Aenderungen vornehmen lassen. Mitte Oktober 1891 war die neue Trace der Timokthal-Bahn fertig und der Gesetzentwurf über die Ausführung derselben in Vorbereitung.

Die Timokthal-Bahn, welche den untersten Donauhafen Serbiens bei Radujevac, — der auch von Seeschiffen wiederholt angelaufen wird, — mit Zajetschar — Knjaschevatz und Nisch verbindet und sodann durch das Toplitza-Thal über Prokuplje und Kurschmulija bis an die türkische Bahnlinie Mitrowitza-Salonik verlängert werden soll, ist für den serbischen Handel von der grössten Wichtigkeit. Auch soll sich Russland für den Bau dieser Linie sehr interessirt und eine namhafte Summe versprochen haben, damit derselbe um so früher durchgeführt werden könne.

Ein Belgrader Telegramm vom 3. September 1892 (der Münchener Allgemeinen Zeitung) besagt, dass die serbische Regierung die Ausführung der Timok-Bahn und nebenbei den Bau einer Eisenbahn von Stalac (nordwestlich von Alexinatz an der Hauptbahn gelegen) über Kruschevatz, Kraljevo und Tschatschak nach Uschitze beschlossen habe und dass die bezüglichen Gesetzvorlagen ungesäumt ausgearbeitet würden. Seither ist über den Stand dieser Angelegenheit nichts Wesentliches mehr bekannt geworden.

Unzweifelhaft ist auch das letzterwähnte Bahnprojekt, wodurch das sehr reiche Thal der serbischen Morava mit dem Hauptbahnnetze verbunden würde, für den serbischen Handel von grösster Wichtigkeit.

Es besteht weiter ein Projekt, bei Mitrovica die Save zu überbrücken und im breiten Drina-Thale eine Bahn von Mitrovitza nach Zwornik zu bauen. Empfehlenswerth wäre auch eine Linie, welche Valjevo und das reiche Thal der Kolubara mit einem Donauhafen verbinden würde.

Für den übrigen Verkehr im Inneren des Landes ist durch im Allgemeinen gute, ja hie und da sogar sehr gute Fahrwege und Chausseen gesorgt. Nur in den schwer zugänglichen Gebirgen des Südens und Südwestens wird noch das Tragthier verwendet, welches zu Beginn des neunzehnten Jahrhunderts beinahe das ausschliessliche Transportmittel bildete.

Sämtliche Kreis- und nahezu alle Bezirksstädte, dann Orte mit grösseren Industrie-Etablissements sind durch sogenannte Hauptstrassen miteinander verbunden. Ausserdem führen noch durch die flacheren Landestheile zahlreiche Fahrwege für leichtere Gefährte.

Schon Fürst Milosch zwang während seiner ersten Regierungsperiode die unaufgeklärten Bauern zur Herstellung der ersten Linien jenes Strassennetzes, wie es noch jetzt im grossen Ganzen vorhanden ist.

Noch vor zwanzig Jahren galt in Serbien für die Landbewohner der Grundsatz: Nach beendeter Ernte mussten alle zu den Milizaufgeboten gehörigen Männer exerziren und von Mitte Oktober bis zum Eintritt der grossen Fröste — etwa zwei Monate lang — mussten Alle beim Strassenbau unentgeltlich Hand anlegen, und zwar in Ermangelung von Fachingenieuren, vorläufig unter der Leitung von Offizieren der Armee.

Wenn nun auch in Folge dessen später mancher Strassenzug umgelegt und die Trace wesentlich berichtigt werden musste, so war doch der Anfang gemacht und der serbische Bauer aus jener stumpfen Apathie gerissen, in welche er durch das türkische Joch versunken gewesen war.

Späterhin erhielt jede Kreisbehörde einen eigenen Ingenieur und wurden junge fähige Leute, mit reichen Staatsstipendien versehen, an die polytechnischen Schulen nach Wien, Paris, Berlin und Brüssel gesandt.

Die Kreis-Ingenieure führen die Aufsicht über den Zustand der Strassen. Sie entwerfen neue Strassenzüge, machen die Kostenüberschläge und leiten, — nach deren im Ministerium für öffentliche Arbeiten erfolgten Gutheissung, — auch die Bauausführung.

In den letzten zehn Jahren sind auch schon einige wahrhafte Kunststrassen entstanden, welche in Felsengen eingesprengt werden mussten, so z. B. die Kunststrasse im Ibar-Thale von Kraljevo an dem antiken Kloster Studenitza vorbei nach Raschka, von welcher serbischen Grenzstadt ein Fahrweg nach dem nahegelegenen Novibazar führt, ferner die Strasse von Gj. Milanovac im Thale der Despotovica nach Tschatschak.

Andere sind theils nur projektirt, theils schon im Baue begriffen; wie z. B. jene von Jvanjica über das Javor-Gebirge nach Sjenica im Sandschak Novibazar, dann eine Kunststrasse von Njegotin über Majdanpek nach Kutschevo (Gornja Krusevica), an welcher auch ein 300 Meter langer Tunnel ausgeführt werden soll.

Die gesetzliche Bauordnung in Serbien bestimmt die

Breite aller Hauptstrassen mit 9,15 Meter und jene der Verbindungsstrassen mit 8,6 Meter und bei allen sind 0,6 Meter breite Abzugsgräben zu beiden Seiten anzubringen.

Aller zu Strassenbauten enteigneter Grund soll den Eigenthümern aus dem Grundbesitz der Gemeinden ersetzt werden. Jedes Gemeindemitglied ist verpflichtet, falls eine Strasse oder Brücke durch Naturereignisse irgend welcher Art unbrauchbar würde, zufolge Aufforderung der Behörde bei der Wiederherstellung sofort mitzuwirken.

Nach den Landesgesetzen fallen die Kosten der Anlage und Erhaltung der Strassen jenen Gemeinden zur Last, durch deren Gebiet sie führen. Letztere sorgen für die Beschaffung des Baumateriales. Die Aufseher und Arbeiter beim Strassenbaue erhalten aus Staatsmitteln einen angemessenen Tagelohn; jedoch sind auch die Bauern der angrenzenden Dörfer jährlich durch eine bestimmte Anzahl von Tagen zum Frohndienste bei der Strassenerhaltung verpflichtet.

Für die Benützung der Strassen dürfen absolut keine Abgaben erhoben werden.

Ueber den durch fremde Unternehmungen betriebenen Schiffsverkehr auf der Donau und Save wurde schon im II. Kapitel (Hydrographie) ausführlich gesprochen.

Es müssen aber noch einige Worte über die seit Anfang 1890 gegründete: „Erste serbische privilegirte Schiffahrts-Gesellschaft" nachgetragen werden, welche dem Bestreben entspringt, Serbien wirthschaftlich in jeder Beziehung möglichst selbständig zu machen.

Schon im Jahre 1889 hatte die Skuptschina einen Betrag von 30,000 Dinar in das Budget eingestellt, als Subvention oder vielmehr als Zinsengarantie für eine ins Leben zu rufende serbische Schiffahrts-Gesellschaft. Auch hatte man die Zusicherung erlangt, dass derselben eine ausgiebige Unterstützung seitens der Schiffahrts-Gesellschaft des Fürsten Gagarin zu Theil werden würde.

Das hierauf im Jahre 1890 votirte Gesetz bestimmte,

·dass die „Erste serbische privilegirte Schiffahrts-Gesellschaft" das Unternehmen mit einem Aktienkapital von 3 Millionen Franks beginne, wovon 1 Million mindestens sogleich eingezahlt werden sollte. Der Staat garantirte der Gesellschaft eine 6 prozentige Verzinsung des eingezahlten Kapitals vom Tage des Beginnes des Dienstes an.

Ausserdem wurden der Gesellschaft noch ganz aussergewöhnliche Begünstigungen zugestanden. Sie erhielt unentgeltlich den Grund für ihre Baulichkeiten, weiter konnte sie ihren Holzbedarf ohne Bezahlung aus den Staatsforsten beziehen und das staatliche Kohlenwerk bei Brza Palanka wurde ihr ebenfalls unentgeltlich überlassen. Ausserdem sollte diese Gesellschaft den Postdienst auf der Donau und Save besorgen.

Alle diese Privilegien wurden für 30 Jahre verliehen.

Ueberdiess sollte die Gesellschaft während der ersten 10 Jahre Steuerfreiheit geniessen und ausserdem das Recht haben, alle Bedürfnisse für den Betrieb zollfrei einzuführen.

Für all' diese Zugeständnisse behielt sich der Staat nur das Aufsichtsrecht und die Einflussnahme auf die Tarife vor.

Am 6. August 1890 berichtete die „Politische Correspondenz", dass das Comité zur Ausarbeitung der Gesellschafts-Statuten noch immer Sitzungen abhielt und dass eine grosse Schwierigkeit darin liege, dass dem von der Skuptschina beschlossenen Gesetze gemäss nur serbische Staatsbürger Aktionäre sein dürfen; weshalb es sehr schwer werden dürfte im serbischen Publikum das erforderliche Aktienkapital aufzubringen. In Folge dessen wurde eine Abänderung dieses Gesetzes in dem Sinne bewirkt, dass auch Ausländer Aktionäre werden dürfen; wobei man jedoch hauptsächlich auf eine starke Betheiligung des russischen Publikums rechnete, aber dennoch sind auch von anderer Seite Anmeldungen eingelaufen. Der Anfangs August 1890 in Belgrad gewesene Vertreter der Gagarinschen Gesellschaft hatte der zuständigen serbischen Be-

hörde diesbezügliche Anträge gestellt; es sollten Verbands-
tarife hergestellt und die Fahrpläne beider Gesellschaften
in Einklang gebracht werden.

Mittlerweile, nachdem die serbische Dampfschiffahrt
noch immer nicht ins Leben getreten war, übernahm die
russische Regierung Anfang 1891 von der Gagarin'schen
Gesellschaft für 1,700000 Rubel Aktien, wogegen dieses
Unternehmen verpflichtet wurde, 12 weitere Schiffe zu
bauen und die Stromfahrten bis Belgrad auszudehnen.
Sechs Monate später hatte die russische Regierung überhaupt die Hälfte der Aktien des Gagarin'schen Unter-
nehmens von der Gesellschaft übernommen, dafür aber das
Recht erlangt, den Direktor zu bestellen. Im Juli 1891
wurde nun thatsächlich der kais. russische Staatsrath Rjäsanow zum Direktor der Gagarin'schen
Schiffahrts-Gesellschaft ernannt.

Nachdem die Aktien der serbischen Dampfschiffahrts-
Gesellschaft bei der bis Ende Juni 1891 verlängerten
ersten Emission nicht untergebracht werden konnten, so
wurde der russische Beistand direkt angerufen; worauf
die russische Regierung die Cotirung der Gesellschafts-
Aktien in Russland zuliess. Nach den Berichten des
„Garaschdanin“ sollen nun die russischen Kapitalisten weit
mehr als die Hälfte der Aktien gezeichnet und dadurch
das Recht erworben haben, den Direktor der Gesellschaft
zu wählen. Diese Thatsache, meinte ganz richtig der
„Garaschdanin“, bedeute, dass die serbische Dampfschiffahrts-Gesellschaft schliesslich ganz in eine russische
verwandelt werden dürfte.

Etwa ein Jahr später meldete der „Pester Lloyd“
aus Belgrad vom 1. Juli 1892 dass die russische Dampfschiffahrts-Gesellschaft des Fürsten Gagarin, welche vor
einigen Jahren in Belgrad eine Agentur errichtet hatte,
diese wieder aufgelassen hatte und zwar wegen voll-
kommenen Geschäftsmangels. Thatsächlich soll diese
Agentur nichts anderes als ein Centralpunkt für russische

Agitatoren und insbesondere für bulgarische Emigranten gewesen sein. Das mit der Agentur verbundene Petroleumgeschäft wurde von einem einzigen russischen Beamten verwaltet, der eine kleine Bretterbude beim Petroleum-Reservoir als Kanzlei benützte.

Nach dem Vorstehenden ist es klar, dass weder die russische Gagarinsche noch die im Werden begriffene serbische Schiffahrts-Gesellschaft der solid fundirten k. k. priv. Donau - Dampfschiffahrts - Gesellschaft irgendwelche Conkurrenz machen könne

Bezüglich des Postwesens scheint der erste Regierungserlass am 11. Juni 1838 ergangen zu sein, welcher bestimmte, dass den Posthaltern für jedes Pferd aus der Staatskasse jährlich 40 Maria Theresien-Thaler (5 Franks oder Dinars) bezahlt werden sollen. Damals gab es jedoch nur zu Belgrad und Kragujevac, dann zeitweilig (so lange Fürst Milosch dort residirte) auch in Poscharevac je eine Poststation.

Im Jahre 1845 hatte man in Serbien schon auf vier Strassenzügen Postkurse eingerichtet, mit im Ganzen 36 Stationen. Das Briefporto war damals noch ziemlich hoch und betrug für einen einfachen Brief von kaum 10 Gramm Gewicht etwa einen halben Frank.

Im Jahre 1852 wurde im Ministerium des Innern eine eigene Postabtheilung errichtet.

Bis zum Jahre 1866 beförderte die serbische Post nur Briefe im Inlande. Briefe für das Ausland musste man durch die österreichische Konsulatspost in Belgrad befördern, welche auch in Alexinatz und Nisch eine Postexpositur unterhielt.

Für die Personenbeförderung war durch die serbische Post bis zur Thronbesteigung des Fürsten Milan im Jahre 1871 so gut wie gar nicht gesorgt. Erst von diesem Zeitpunkte an bestehen zu diesem Zwecke vierrädrige Postkutschen, die Briefsendungen erfolgten nunmehr täglich und die Zahl der Postämter wuchs nun, besonders seit

Serbien im Jahre 1878 politisch vollkommen selbständig geworden ist, — sehr rasch; so dass dieselbe Mitte der Achtziger schon nahezu 500 erreicht hatte.

Die Briefmarken haben 5, 10, 20, 25, 50 und 100 Para (Centimes) Werth; ausserdem wurden Postkarten zu 5 und 10 Para eingeführt. Serbien ist dem Weltpostvereine beigetreten, weshalb dessen Bestimmungen auch daselbst Anwendung finden. So zahlen Briefe bis zu 15 Gramm 10 Para im Inlande und nach Ungarn, hingegen 15 Para nach den sonstigen österreich-ungarischen Ländern und 25 Para nach allen übrigen Vereinsstaaten. Postanweisungen bis zu 500 Dinars werden für das Inland angenommen und können auch telegraphisch avisirt werden.

Die serbische Post befördert im Inlande die Drucksachen portofrei. Postpakete bis zum Gewichte von 5 Kilo, dann Reisende, werden, wie in den anderen Ländern des Weltpostvereines, entweder mit Wägen, beziehungsweise Karren, oder im Gebirge mittelst Pferden befördert.

Die heutige Passagirpost funktionirt gut und sind fremde Reisende voll des Lobes für dieselbe. Mit Postpferden legt man durchschnittlich 13 bis 15 Kilometer in der Stunde zurück.

Der Telegraph wurde in Serbien erst im Jahre 1854 eingeführt. Die serbische Regierung hat sich dem deutsch-österreichischen Telegraphenvereine angeschlossen.

Heute besitzt Serbien für den telegraphischen Verkehr mit dem Auslande sechs Linien; und zwar: die Kabelleitung (in der Save versenkt) Belgrad-Semlin für Nord- und West-Europa, dann Belgrad-Njegotin-Turn-Severin (Kabelleitung durch die Donau) für den Verkehr mit Rumänien und Russland, dann Belgrad-Uschitze-Vischegrad für Bosnien und Montenegro; die Linie: Belgrad-Alexinatz-Prischtina für die Türkei, Griechenland und den Archipel; — Belgrad-Njegotin-Widdin für den Verkehr mit Bulgarien nördlich des Balkans und schliesslich Belgrad-Alexinatz-Sophia für den Verkehr mit Bulgarien südlich des Balkans.

Die Depeschen werden in allen europäischen Sprachen zur Beförderung angenommen.

Der telegraphische Verkehr ist ein rasch zunehmender; während beispielsweise im Jahre 1870 im Inlande nur 66,425 Privatdepeschen befördert wurden, betrug deren Zahl im Jahre 1885 schon 320,160 somit nahezu das Fünffache. Noch reger hat sich der ausländische Telegraphenverkehr gestaltet; es wurden im Jahre 1870 — 15,076 und im Jahre 1885 schon 88,698 Depeschen nach dem Auslande befördert. ·

Zum Schlusse sind noch die in Serbien gebräuchlichen Masse, Gewichte und Münzen zu erwähnen. In Serbien ist das metrische Mass seit 1876 gesetzlich eingeführt; jedoch findet man noch häufig — besonders auf dem Lande — alte Masse und Gewichte, und zwar theils türkische, theils österreichische, in Anwendung.

Das serbische Münzsystem entspricht der lateinischen Münz-Convention und giebt es (ausser österr. Dukaten, dann Napoleons'd'or etc) Milansd'or zu 20 Dinars (Franks), Silbermünzen zu ½, 1, 2 und 5 Dinars und Nickelmünzen zu 5, 10 und 20 Para (Centimes).

IX. Kapitel.

Oeffentliche Gesundheitspflege.

Aus dem von Dr. Gjorgjevic, gelegentlich der europäischen Hygiene-Ausstellung, zu Berlin im Jahre 1883 gehaltenen Vortrage ist zu ersehen, dass schon im zwölften Jahrhunderte die gesetzliche Regelung der Krankenpflege in öffentlichen Heilanstalten aktenmässig nachgewiesen ist. Die ersten Krankenhäuser waren der damaligen Sitte gemäss in den Klöstern eingerichtet, wo eine gewisse Anzahl von Zellen mit Betten für fremde Kranke vorhanden waren.

In einer vorgefundenen Klosterregel, welche vom Erzbischof Sava, einem Sohne des ersten serbischen Königs Nemanja, herrührt, ist in einem eigenen Kapitel genau gesagt, wie der Wärterdienst im Kloster zu regeln, und die Speisen und Getränke für heftig fiebernde Kranke zu bereiten seien, ferner wie oft der Abt des Klosters die Kranken zu besuchen habe, u. dgl. m.

Von allen Nachfolgern der Nemanja's wurden solche Stiftungen gegründet. Einer derselben, König Milutin, errichtete, ausser im eigenen Lande, auch in der Fremde solche Krankenhäuser. In dessen Lebensbeschreibung heisst es unter Anderem: „Und er errichtete in Konstantinopel ein Fremdenhaus, Krankenhaus genannt, stellte darin sehr viele Betten auf, mit weichen Kissen zum Ausruhen der

Kranken und befahl, alle Kranken ohne Unterschied darin
aufzunehmen, — selbst die hoffnungslosen; auch kaufte
er sehr viele griechische Dörfer, deren Einkünfte er dem
Krankenhause schenkte, und er suchte und fand viele
Aerzte und Heilkünstler, gab ihnen viel Geld und alles,
was sie nothwendig hatten, unter der Bedingung, ununterbrochen bei den Kranken zu sein, ihnen Hilfe zu leisten
und ernannte einige seiner Hofwürdenträger zu Aufsehern
des Krankenhauses, damit sie oft die Kranken besuchen,
ihnen alles Nützliche thun, alle ihre Wünsche erfüllen,
damit kein Kranker über Vernachlässigung zu klagen habe.

In der Beschreibung eines, vom Sohne Milutin's, dem
Könige Detschanski, gegründeten Krankenhauses, sind sogar die darin zur Behandlung gekommenen hauptsächlichsten Krankheiten verzeichnet; es waren dies: Paralyse
der Extremitäten, Knochen- und Gelenkserkrankungen,
Fäulniss der Weichtheile „wegen verdorbenen Blutes,“
dann Krankheiten der Atmungsorgane „wegen innerlicher
Schärfe, u. dgl. m. Nach den Chroniken, sorgte der König
dafür, dass die Krankenbetten weich waren und die un-
angenehmen Ausdünstungen in den Krankenzellen durch
die besten Wohlgerüche vertrieben wurden und nicht genug, dass er seinen ersten Hofbeamten mit der Leitung
des Hospitals beauftragt hatte, ging er auch oft persönlich
dahin, sprach mit allen Kranken, gab dem einen Geld und
allen spendete er liebreichen Trost. König Detschanski
soll mitunter ganze Nächte an dem Schmerzenslager eines
Kranken durchwacht haben. Dieser König scheint auch
gewisse gesetzliche Bestimmungen für die Krankenhäuser
in Serbien erlassen zu haben, denn als sein Sohn der serbische Kaiser (Zar) Stephan Duschan ein Kloster in Prizrend
stiftete, schrieb er in der betreffenden Schenkungsurkunde:
„Das Krankenhaus des Klosters soll nach dem Gesetze
Unseres Vaters des Königs eingerichtet werden und soll
dasselbe zwölf Betten für Kranke haben.“

Der letzte serbische Kaiser Lazar stiftete ein Krankenhaus in Ravanica „für einheimische und fremde Kranke, sowie auch für körperlich Erschöpfte". Er schenkte dem serbischen Kloster Hilendar auf dem Berge Athos die Einkünfte einiger Dörfer mit der Bedingung hiervon jährlich 100 Ongien (etwa 7000 Franks) für das Krankenhaus des Klosters zu verwenden.

Nach der Schlacht auf dem Amselfelde wurde Serbien im Jahre 1389 ein Vasallen - Staat der Osmanen und durch sogenannte „Despoten" regiert. Während der Regierungszeit des ersten dieser Despoten, Stephan Visoki, hat ein interessanter Briefwechsel zwischen der Wittwe Kaiser Lazar's, der Kaiserin Milica, und dem regierenden Senate der Republik Ragusa im Jahre 1397 stattgefunden, durch welche die genannte Kaiserin für ihr Vaterland geschulte Aerzte aus Italien zu beschaffen bemüht war. Der erste italienische Arzt, der nach Serbien kam, war der gelehrte Magister „Geronimo di San Mignato" aus Florenz, welcher als Leibarzt der Kaiserin Milica und ihres Sohnes Stephan Visoki bis zu seinem Tode in Serbien geblieben war. Dieser Despot gründete auch in Belgrad ein selbständiges Krankenhaus mit einer Hauskapelle, welches von keinem Kloster mehr abhängig war.

Nach dem Tode Stephans ging auch der letzte Schein der Selbständigkeit Serbiens verloren und das Land wurde eine einfache Provinz des damals sehr mächtigen Osmanen-Reiches, in Folge dessen man in der serbischen Geschichte der folgenden vier Jahrhunderte nur eine unabsehbare Reihe von stets blutig unterdrückten · Volkserhebungen verzeichnet findet, denen erst im zweiten Jahrzehnt des neunzehnten Jahrhunderts durch die Entstehung des neuen serbischen Staatslebens ein Ende gemacht wurde.

Während der 400jährigen Türkenherrschaft war es um die Krankenpflege bei der Rajah (Christen) sehr schlimm bestellt. Leute, welche über genügende Mittel verfügten, liessen sich Aerzte aus den Küstenländern und selbst aus Italien holen, während die grosse Masse des

Volkes in Krankheitsfällen ihre Zuflucht zu sogenannten Volksärzten nahm, welche die Kranken in empirisch-primitiver Weise behandelten. Insbesondere die zahlreichen Verwundeten fanden von Seiten der serbischen Volkswundärzte eine ganz genügende Pflege und Wartung. Das Wissen und die Kunstgriffe dieser Volksärzte waren Familiengeheimnisse und vererbten sich vom Vater auf den Sohn. Derlei Familien erkennt man heute noch an ihrem Namen; so z. B. sind die „Medigovici" Abkömmlinge eines medico und die „Hecimovici" jene eines hekim oder türkischen Arztes.

Zu Anfang des neunzehnten Jahrhunderts, nach der Befreiung vom türkischen Joche, begann selbstverständlich auch eine Regelung des öffentlichen Gesundheitsdienstes in Serbien.

In der Landesverfassung vom Jahre 1838 ist im § 19 die Bestimmung enthalten, dass der Minister des Innern alles, was auf das Militär Bezug hat, anzuordnen und alle Sanitätsangelegenheiten des Landes zu leiten hat. In Folge dessen wurde auch im Ministerium des Innern eine eigene Quarantänen- und Sanitätsabtheilung gegründet. Die Aufsicht über die Krankenhäuser wurde jedoch damals dem Unterrichtsministerium übertragen. Fürst Milosch verbot auch den weiteren Missbrauch von Arzneimitteln durch Nichtärzte, er befahl die nöthigen öffentlichen Apotheken zu errichten, dann gelehrte Aerzte und Hebammen anzustellen.

Durch die Verlegung der Heeresverwaltung in das Ministerium des Innern blieb auch die Leitung des Civil- und Militär-Sanitätswesens vereinigt.

In der folgenden 40jährigen Friedensepoche bekamen die Garnisontruppen einige Militärärzte, welche anfangs die kleinen Garnisonlazarethe in Belgrad, Kragujevac, Poscharevac und Tschatschak leiteten, bis es in Folge der wachsenden Truppenzahl nothwendig wurde, grössere Militärspitäler in Belgrad und Kragujevac einzurichten, die dann eigene Spitalsärzte bekamen. Die Stellung der Militärärzte war anfangs im Heere keine angenehme, bis im Jahre 1859 Fürst Milosch denselben den Rang und die Uniform der Infanterie-Offiziere gab.

Im Jahre 1861 gründete Fürst Mihail, neben dem kleinen stehenden Heere, auch ein Volksheer, eine Miliz, für welche jedoch besondere Sanitäts-Massregeln nicht für nothwendig befunden wurden. Der erste serbische Kriegsminister, der französische Oberst Mondain, nahm den Militärärzten wieder den bisherigen Offiziersrang und hob auch die selbständige Leitung des Militärsanitätswesens durch geschulte Aerzte auf. Die Verwaltung der Militärlazarethe ging aus den Händen der Aerzte an minder brauchbare Truppenoffiziere über, welche mit dem Titel „Spitalskommissäre" hierzu kommandirt wurden.

Unter der Regierung des Fürsten Mihail wurde ein besonderer thierärztlicher Dienst bei den Truppen eingeführt.

Seit dem Regierungsantritte des Fürsten Milan erhielten die Militärärzte und Apotheker wieder den Offizierstitel und die Chefärzte der Militärlazarethe wurden deren wirkliche Befehlshaber (1875). Sie erhielten demgemäss auch die Strafbefugnisse, ähnlich jener der Kompagnie- und Bataillons-Kommandanten des Heeres, über das ihnen untergeordnete Personal.

Bis zum Jahre 1875 wurde der Gesundheitsdienst speziell im serbischen stehenden Heere, das von 2000 Mann nach und nach auf 5000 gestiegen war, mit recht ungünstigem Resultate geleitet. Im Jahre 1864 war in dieser kleinen Armee sogar der Skorbut epidemisch geworden. Theils die unzweckmässige Bauart und häufige Ueberfüllung der Kasernen, dann die vielen kirchlich gebotenen Fasttage, endlich das Bestreben, Ersparnisse zu erzielen, waren die nächsten Ursachen dieser Erscheinung. Alle Vorschläge der Militärärzte zur Verbesserung der Gesundheitsverhältnisse blieben vergebens und nur eine einzige hy-

gienische Massregel wurde im Heere regelmässig angewendet, nämlich die Impfung der Soldaten mit Kuhpocken.
Es ist statistisch nachgewiesen, dass im Zeitraume
von vierzig Jahren d. i. von 1835 bis 1875 von dem kleinen
serbischen Heere 104,154 ernstlich kranke Soldaten zur
Spitalsbehandlung gelangten (durchschnittlich 2,600 Mann
in jedem Jahr), von denen 3.189, oder rund 3 Prozent,
starben. Die meisten Todesfälle ergaben die Krankheiten
der Athmungsorgane, dann Ansteckungskrankheiten etc.

Schon im Jahre 1875 begann man in Serbien die Kriegs-
vorbereitungen für zu erwartende Türkenkriege zu treffen.
Infolge dessen erhielten auch zwei Sanitäts- und ein
Generalstabsoffizier die Aufgabe, eine zeitgemässe Organi-
sation des Feldsanitätsdienstes auszuarbeiten. Sie legten
ihrem Entwurfe die bezügliche deutsche Vorschrift zu
Grunde und trugen selbstverständlich der besonderen
Organisation des serbischen Volksheeres Rechnung.

Für die 17 Milizbrigaden wurden ebensoviele Sanitätsabtheilungen errichtet, von denen jede unmittelbar hinter
dem Rücken der kämpfenden Brigade einen Nothverband-
platz einzurichten hatte.

Die fünf Divisionen hatten je eine Divisions-Sanitäts-
abtheilung, welche hinter dem Rücken der fechtenden
Division einen Hauptverbandplatz aufstellen sollte, woselbst die unaufschiebbaren chirurgischen Operationen vorgenommen und die Verwundeten für den Transport in die
Feldhospitäler vorbereitet werden mussten.

Ausserdem sollte jede der fünf Heeresabtheilungen
(Divisionen) je drei Feldlazarete zu 100 Betten bekommen.

Kurz es war dies alles recht schön ausgedacht, aber
es fehlte beim thatsächlichen Beginne des Krieges im
Spätsommer 1876 an einem genügend geschulten niederen
Sanitätspersonal; auch wurden die taktischen Einheiten
höherer und niederer Ordnung während der durch russische
Offiziere geleiteten Operationen meist vielfach zerrissen ;
so dass die ideale preussische Organisation des serbischen

Feldsanitätsdienstes nur zum geringsten Theile wirklich zur Ausführung kam.

Die zu diesem Kriege ins Land gekommenen fremden Aerzte und die Privathilfe kamen bei den vorderen Linien der operirenden Armee nicht zur Geltung, dagegen leisteten sie sehr viel Gutes in den zahlreichen Reservehospitälern im Rücken der Armee und im Innern des Landes.

Nur eine russische, eine englische und eine rumänische Ambulanz haben thatsächlich auch bei den Kämpfen um Alexinatz und Djunis erfolgreiche Hilfe geleistet.

Ueber den Feldsanitätsdienst beim serbischen Heere im Feldzuge 1876 liegen bisher nur ungenaue statistische Daten vor. Es sollen jedoch in allen 39 Etappen- und Reserve-Lazarethen, hinter dem Rücken des operirenden Heeres, gegen 13,400 Verwundete und über 20,000 Kranke behandelt worden sein, von denen 428 Verwundete und 356 Kranke gestorben sind.

Im zweiten serbisch-türkischen Kriege (Winter 1877 bis 1878) war Serbien hinsichtlich des Militär-Sanitätsdienstes ganz auf sich selbst angewiesen und wurde derselbe, frei von allen fremden Einflüssen, viel besser gehandhabt. Es gab zwar bei dem ganzen Truppenstand des mobilisirten Heeres von 138.000 Mann 64 wirkliche Aerzte, dann 41 Hilfsärzte und 25 Militär-Apotheker; wenn man jedoch hiervon die in Belgrad und bei den Reserve-Lazarethen verbliebenen, dann jene Aerzte abrechnet, welche bei den in der Defensive verbliebenen Heerestheilen standen, so entfielen bei den 85.000 Mann Operationstruppen, welche am 1./13. Dezember 1877 die türkische Grenze überschritten, auf je 2.500 Mann doch nur ein Arzt. Aber trotzdem war in diesem Feldzuge schon ein wesentlicher Fortschritt zu verzeichnen, indem der Abschub der Verwundeten aus der vordersten Schützenkette auf die Verbandplätze und von dort, nach angelegtem Verbande und stattgehabter Labung, auf mit Stroh und warmen Decken versehenen Schlitten nach den nächsten Feld-

15*

hospitälern ziemlich regelrecht vor sich ging. Auch war in diesem Feldzuge gar nichts mehr von der früher gebräuchlichen barbarischen Kriegführung zwischen Serben und Türken wahrzunehmen; im Gegentheile wurden die gefangenen türkischen Verwundeten und Kranken, sowohl Offiziere als Soldaten, ebenso wie die serbischen, in den Militär- und Civil-Heilanstalten gepflegt und gewartet; weshalb auch die 4000 türkischen Gefangenen, bei ihrer Rückkehr in die Heimath, ihrem Danke für die menschenfreundliche Behandlung nicht genug Worte zu leihen vermochten. Serbien war eben kurze Zeit vorher der „Genfer Convention" beigetreten und nahm es mit deren Bestimmungen sehr ernst.

Der Gesamtverlust des serbischen Volksheeres in diesem Winterfeldzuge betrug 6,8 Prozent des Truppenstandes und auf jeden auf dem Schlachtfelde Gefallenen entfielen 4,16 Verwundete. Nachdem häufig bei einem Froste von — 11 ° R. kampirt werden musste und selten genügend viel Brennmaterial zu finden war, so wuchs der Krankenstand bei der Operationsarmee sehr rasch und hatte das aufgebotene serbische Volksheer bis zur Entlassung der Milizen in die Heimath, nicht weniger als 50,798 Kranke (davon 35,189 leichtere und 15,609 schwere Fälle) und 2,781 Verwundete, somit zusammen: 53,579 Pflegebedürftige.

Diese wurden behandelt auf den 22 Verbandplätzen, 6 ständigen Ambulatorien, 18 Feldlazarethen, 3 Garnisonspitälern und in den 23 Reservelazarethen.

Es starben im Ganzen 228 Verwundete und 1488 Kranke; somit von den Verwundeten 8,19 Prozent und von den Kranken 2,62 Prozent.

Während zur selben Zeit im russischen Operationsheere der „Typhus exanthematicus" stark grassirte, blieb diese verheerende Krankheit im serbischen Heere auf 12 Fälle beschränkt und wurde glücklicher Weise gleich im Entstehen erstickt.

Im serbisch-bulgarischen Kriege 1885 wurden wieder grosse Anforderungen an das serbische Sanitätswesen gestellt, zu dessen oberstem Leiter abermals Dr. Wladan Gjorgjevic ernannt wurde.

Er fand, dass damals im ganzen serbischen Heere nur 23 Aerzte, 20 ärztliche Gehilfen und 11 Apotheker vorhanden waren und dass es ausserdem im ganzen Lande 82 Aerzte, 11 Gehilfen und 38 Apotheker gab. Der Gesundheitszustand der mobilisirten Truppen im Oktober 1885 war ein befriedigender, da von 43,400 Mann nur etwa 500 ernstlich erkrankten. Während des Feldzuges im November war für die Verwundeten und Kranken nicht genügend gesorgt und, ohne die Fürsorge der Königin Natalie, wären noch viele Hunderte mehr erlegen.

In diesem 14 tägigen Feldzuge belief sich der Verlust auf 746 Tote, 4570 Verwundete und etwa 1700 Vermisste. Wie sehr die wenigen Aerzte, besonders in den ersten Tagen nach den blutigen Kämpfen um Slivnitza und bei Pirot, angestrengt waren; lässt sich am besten daraus ermessen, wenn man vernimmt, dass im Spitale zu Nisch anfangs nur 3 und später erst 6 Aerzte vorhanden waren, welche 3000 Verwundete möglichst rasch verbinden und deren Verband alle sechs Stunden wechseln mussten.

An die Regelung des Landes-Sanitätsdienstes selbst ging die serbische Regierung erst dann, als das Land im Jahre 1878 und 1879 vollkommen frei und selbständig geworden war.

Es ist zwar im Zeitraume von 1838 bis 1878 im Civilsanitätswesen Serbiens ebenfalls manches Gute geschaffen worden, so z. B. die Einrichtung der staatlichen Kreisärzte, die Zwangsimpfung, Quarantaine-Anstalten an der Grenze, durch welche manche Epidemie und hauptsächlich die Rinderpest von Serbien abgewendet wurde, obwohl sie zeitweise in den Grenzländern stark gewüthet hatte. Auch die Cholera wurde möglichst ferngehalten, obwohl sie in diesen 40 Jahren doch einige Male über den Pfahlzaun der Grenze gedrungen ist.

Aus diesem ersten Zeitraume giebt es noch Verfügungen über die Pflege der Irrsinnigen, eine Vorschrift für die Friedhöfe und das Begräbnisswesen, eine andere für die öffentlichen Apotheken und die Arzneitaxe; das Institut der Staatszöglinge zum Studium der Arzneikunde; die Kreisspitäler, von denen zwei in eigens dazu erbauten Gebäuden, die andern in gemietheten Privathäusern eröffnet wurden; die Einsetzung einer ständigen ärztlichen Commission; die an der Belgrader Hochschule errichtete Lehrkanzel für gerichtliche Arzneikunde und öffentliche Gesundheitspflege; endlich die Einführung eines Steuerzuschlages von 1,60 Dinar für jeden steuerpflichtigen Einwohner zur Erhaltung der Kreisspitäler; und zwar musste bei jeder Kreisbehörde aus diesem Spitalssteuerzuschlage ein Fonds geschaffen werden.

An diese 40 jährige Entwicklungsperiode schlossen sich nun die neuen Reformen des Landes - Sanitätswesens an.

Da die kleinen Kreisspitäler bisher zu ihrem Betriebe nicht viel gebraucht hatten, so sammelten sich diese Spitals-Steuerzuschläge immer mehr an, so zwar, dass, als am 28. December 1879 ein Gesetz erlassen wurde, wonach sämtliche Kreis-Sanitätsfonds zu einem einzigen „National-Sanitätsfond" vereinigt werden sollten, dieser sofort ein Kapital von 7,5 Millionen Dinars ergab. Dessen Jahreszinsen und der fortlaufende jährliche Spitals-Steuerzuschlag geben zusammen rund 1 Million Dinar jährlicher Staatseinkünfte, welche ausschliesslich nur zu sanitären Zwecken verwendet werden dürfen. Dieser National-Sanitätsfonds hat einen eigenen vom allgemeinen Staatshaushalte ganz unabhängigen Sanitätshaushalt, der von der Skuptschina bewilligt wird. Hiermit ist der Landes-Sanitätsdienst von der Politik und ihren natürlichen Schwankungen voll-

kommen unabhängig und in materieller Hinsicht selbständig.

Der vom dritten hygienischen Congress in Turin ausgesprochene, sehnliche Wunsch, wegen Gründung solcher
Sanitätsfonds in allen Culturstaaten, ist in Serbien zuerst
in Erfüllung gegangen.*)

Gestützt auf diese reichlichen Mittel wurde nun das
ganze Civil-Sanitätswesen im Lande gründlich umgestaltet.

Die Regierung schloss eine Veterinär-Uebereinkunft
mit Oesterreich-Ungarn ab und brachte in der Skuptschina drei wichtige Gesetzvorlagen ein, welche insgesamt
angenommen wurden. Das eine dieser Gesetze betrifft das
Sanitätswesen und die öffentliche Gesundheitspflege, das
zweite bezweckt den Schutz vor Viehseuchen im allgemeinen
und die Bekämpfung derselben und das dritte dieser Gesetze betrifft speziell die Massregeln gegen die Rinderpest.

Der Chef der Sanitäts-Abtheilung im Ministerium des

---

*) Im Budgetjahre 1887 wies der Haushalt des National-Sani-
tätsfonds nachstehende Ziffern auf: „Einnahmen:" Zinsen des Fonds
471,607,22 Dinars und Spitalsteuer (von 365.000 Steuerzahlern à 1,60
Dinars) 620,663,21; zusammen: 1,092.270.43 Dinars.

Ausgaben: Sanitäts-Abtheilung im Ministerium

des Innern	35.598,80 Dinars
Haupt-Sanitätsrath und staatliches chemisches Laboratorium	11.966,72 ,,
22 Kreis-Aerzte	68,278,60 ,,
24 Kreis-Thierärzte	37,700 ,,
34 Bezirks-Aerzte	77,991,80 ,,
Spital für Geisteskranke	85,000 ,,
Allgemeines Staatsspital in Belgrad	100,000 ,,
20 Landes-Spitäler	280,000 ,,
Staatsstipendisten für das Studium der Medizin im Auslande	88,000 ,.
schliesslich für Quarantainen, allge-meine Kredite und unvorhergesehene Auslagen	195,123,66 ,,

Sämtliche Auslagen 981,659,58 Dinars

Verblieb somit im Jahre 1887 eine Ersparnis von 110,610,85 ,,

Innern ist so selbständig in seinen Verfügungen, dass er
beinahe dieselben Machtbefugnisse besitzt, wie ein Minister.
Der grosse Unterschied zwischen dem serbischen Landes-
Sanitäts-Chef und einem Staatsminister liegt jedoch darin,
dass Ersterer nicht bei jedem Wechsel des Kabinets seinen
Posten an einen Andern abzugeben braucht, dass somit
die Sanitätsleitung viele politische Systemwechsel zum
Wohle des Landes überleben kann.

Die durch die „serbische Gesellschaft der Aerzte" gewählten Aerzte wurden mittelst königlichen Dekretes zu
„obersten Sanitäts-Räthen" ernannt und bilden eine, der
Sanitäts-Leitung beigegebene berathende Körperschaft,
welche auch das Recht der Initiative besitzt.

Die Sanitäts-Abtheilung im Ministerium des Innern
umfasst, nebst dem Chef, noch einen General-Inspektor,
einen Sekretär, zwei Chemiker und einen Ober-Thierarzt;
alle diese Personen sind Doktoren der Medizin. Der Macht-
bereich dieser Sanitätsleitung erstreckt sich auf das ganze
Gebiet der Gesundheitspflege und selbst auf die Nahrungs-
mittel des Volkes; indem gegen alle Gewerbe, die sich
mit der Beschaffung derselben befassen, gesetzeskräftige
Verfügungen erlassen werden können.

Im Hinblick auf die Verwaltung und die medizinische
Thätigkeit, ist der Ausbau des Ganzen ein gleich voll-
ständiger.

Neben dem Kreishauptmann steht der fast ebenso
gut besoldete Kreisarzt, neben dem Bezirksvorsteher der
Bezirksarzt mit gleichem Gehalt wie der letztere. Jede
einigermassen bedeutendere Gemeinde hat einen besonderen
Arzt, welcher von Rechtswegen zum Gemeinderath gehört,
was eine vorzügliche Massregel genannt werden muss.

Der schon erwähnte, der Sanitätsleitung im Ministerium beigegebene, „Sanitäts-Rath" besteht aus sieben,
und zwar den anerkannt tüchtigsten, Aerzten des Landes.

Das ganze Königreich wird also gleichsam von einem
ganzen Heer von Medizinalbeamten besetzt gehalten, und

diese sind berechtigt, sich um alles zu kümmern, was die Gesundheitspflege von Menschen und Thieren betrifft.

Um die Zahl der Aerzte und Thierärzte im Lande rasch durch Landeskinder zu ergänzen, wurde die Zahl der Staatsstipendisten an den medizinischen Fakultäten in Wien und Paris auf 30 erhöht und überdies wurden 20 Stipendisten an das k. k. Thierarznei-Institut nach Wien gesendet.

Um die sanitären Verordnungen, statistischen Berichte und Studien in den weitesten Kreisen der Bevölkerung bekannt zu machen und gleichzeitig durch volksthümliche Aufsätze über alle hygienischen Fragen das Interesse des Volkes hiefür zu erwecken und rege zu erhalten, wurde ein amtliches Wochenblatt „Die Volksgesundheit" gegründet, welches sehr zahlreiche Abonnenten hat.

Einige Bestimmungen des Gesundheitsgesetzes sind sehr interessant.

Jedes Kind muss zwischen dem dritten und zwölften Monate nach seiner Geburt geimpft und beim Abgange aus der Gemeindeschule wieder geimpft werden.

Die männliche Bevölkerung unterliegt noch einer dritten Impfung bei der Einberufung zum Militärdienste. Die Impfung ist obligatorisch und unentgeltlich; sie findet in dem Zeitraum vom 1. Mai bis 30. September eines jeden Jahres statt. Sie erfolgt, unter der Aufsicht des Bezirksvorstehers und Gemeindevorstandes durch den Bezirksarzt.

Jedes Haus, in dem eine ansteckende Krankheit herrscht, muss in genau vorgeschriebener Weise mit einem über die Krankheit berichtenden Mauer-Anschlage versehen sein. Eine ebensolche Verordnung besteht auch in Holland.

So sah man einmal sogar an dem vom Kronerben bewohnten Palaste eine Tafel mit der verhängnissvollen Aufschrift: „Typhus" ausgehängt.

Die Aerzte müssen die Sauberkeit in den bewohnten Häusern überwachen und haben darauf zu sehen, dass den

Brunnen keine Düngerhaufen oder Aborte zu nahe liegen; sie haben sich von der Beschaffenheit des Trinkwassers zu überzeugen und alle schädlichen Einflüsse hintanzuhalten, welche aus schlechter Nahrung oder aus althergebrachten Gebräuchen beim Wochenbett und bei Begräbnissen entspringen könnten. Die Forschungen des staatlich angestellten Arztes betreffen auch einen sehr heiklen Punkt, nämlich die Verhältnisse des ehelichen Lebens, er muss erkunden, ob dadurch erbliche Krankheiten entstehen u. s. w.

Die Zahl der Apotheker ist eine beschränkte und der Preis für die Arzneien ein fest bestimmter. Auch für die ärztlichen Hilfeleistungen giebt es eine ganz genaue Taxe. Ein gewöhnlicher Besuch wird in Belgrad mit 1 bis 4 und in den übrigen Theilen des Landes mit 1 bis 2 Dinars bezahlt.

Der Gypsverband für einen Knochenbruch kostet 6 Franken und die Abnahme eines Gliedes 40 Franken.

Der Gesundheitsdienst hat sich auch nicht gescheut, eine uralte und fast zum religiösen Brauche gewordene Sitte anzutasten, nämlich jene, die Todten in einem offenen Sarge zu Grabe zu tragen. Jetzt müssen sich auch die Serben eines geschlossenen Sarges bedienen und Zuwiderhandelnde werden mit empfindlichen Geld- und Gefängnisstrafen geahndet.

Laveleye sagt, dass wohl kaum in einem zweiten Lande ein so genau und dabei so vorzüglich ausgebautes Gesundheits-Gesetz zu finden sein dürfte, und es frage sich nur, ob man nicht über das Mass hinausgegangen sei? Dieser hochgelehrte Autor meint, ein Staat könne nur im Heere, nicht aber der ganzen Bevölkerung solche genaue, bis in das kleinste Detail gehende Vorschriften gleichsam anbefehlen. Der Staat verfolgt allerdings den Zweck eine möglichst kräftige und widerstandsfähige Bevölkerung heranzuziehen, jedoch liegen nach der Ansicht Laveleye's diesen Vortheilen auch schwerwiegende Nach-

theile gegenüber. Eine solche Bevormundung müsse, —
wie es die Jesuiten-Niederlassungen in Paraguay gezeigt
haben, — der persönlichen Verantwortung des Einzelnen,
seinem Selbstdenken und seiner Thatkraft jede Spannkraft
rauben und ihn zu dauernder Minderjährigkeit verdammen,
während gleichzeitig dem von den Radikalen ohnehin so
sehr gefürchteten Anwachsen der Bureaukratie, damit ein
weiterer Vorschub geleistet werde.

Trotzdem meint aber Laveleye, dass die Aerzte aller
Länder jene Einrichtungen mit Freuden bewillkommnen
würden.

Serbien hat ein gemässigtes, mildes und gesundes
Klima, nur herrschen in einigen Sumpfgegenden des nördlichen und insbesondere des nordwestlichen Theiles, nämlich in der „Matschva", bösartige Wechselfieber, welche
mit ihren Folgekrankheiten eine wahre Landplage bildeten.
Gegen diese, in zwei von den 80 Landbezirken endemisch
herrschende, konstitutionelle Krankheit wurden vom Landes-
Sanitätsrath energische Massregeln ergriffen. Vor allem
wurde ein Preis ausgesetzt, für die beste Studie über die
Austrocknung dieser Sümpfe; sodann wurden zwei ambu-
lante Civil-Feldspitäler errichtet, welche in Gegenden, wo
endemische Wechselfieber herrschen, von Dorf zu Dorf
zogen. In diesen Feldspitälern wurden im Jahre 1883 von
den 1906 Kranken 1078 gründlich geheilt.

Ein Preis für eine sehr populäre Bauern-Hygiene
wurde ebenfalls ausgeschrieben und von einem serbischen
Arzte errungen, der in Pettenkofers hygienischem Institute
gearbeitet hatte und sodann zur weiteren Ausbildung in
das deutsche Reichs-Gesundheitsamt gesandt worden war.

Auch wurde ein einheitlicher Typ für die Anlagen
der neuen Schulgebäude in den Landgemeinden und die
Umgestaltung der älteren Dorfschulen auf Staatskosten
verordnet. Desgleichen wurde bestimmt, dass die staatlichen Krankenhäuser der Kreise und Bezirke nach dem
Pavillonsysteme zu erbauen seien und wurde im Jahre

1884 die sofortige Herstellung von drei solchen Krankenhäusern angeordnet, mit deren Bau die Wiener Fachmänner F. von Gruber und Ingenieur C. Völckner betraut wurden.

Schliesslich kann hier nicht unerwähnt bleiben, dass Serbien auffallend reich an Mineral- und Heilquellen ist, von denen manche bald berühmt und auch von Ausländern besucht werden könnten, wenn es die Bewohner verstünden, für die Bequemlichkeit der Badegäste besser vorzusorgen und etwas mehr Reklame zu machen. Es bleiben jedoch die meisten dieser Quellen selbst von den Einheimischen unbenützt.

Vor zwanzig Jahren waren hiervon nur etwa sechs thatsächlich benützt.

Am meisten benützt ist das besonders für Magenkranke sehr heilkräftige Bukovnitschka-Bitterwasser, bei Arandjelovac, woselbst sich seit mehr als 25 Jahren ein recht schönes, von der Regierung erbautes Kurhaus befindet, und vom 1. Mai bis Ende September von Serben, Rumänen und theilweise auch von Süd-Ungaren stark besucht wird.

Ferner werden noch aufgesucht: im Drina - Kreise die, gegen veraltete Wunden und Hautkrankheiten sehr wirksame, schwefelhältige Heilquelle Smrdan Bara (unweit von Loznitza), wohin nur eine Eisenbahn längs der Drina führen müsste, um sie auch in Oesterreich-Ungarn beliebt zu machen.

Die Sauerwasser-Quelle bei Prilike unweit Ivanitza ist sehr wenig benützt.

Dann sind im Kruschevatzer Kreise neun Heilquellen, von denen die vorzüglichsten drei folgende sind:

Die Joschanitschka-Banja (Bad), eine der heissesten Quellen Europas, welche auf unserem Thermometer 79° Celsius gezeigt hat und von Anderen mit 76° bis 78° Temperatur angegeben wird. Diese auf einer Wiese aus zwei, mehr als einen Meter oberen Durchmesser haltenden Trichtern gewaltsam hervorsprudelnde, geradezu siedend heisse Quelle mag gewiss in der Zukunft eine grosse Berühmtheit erlangen, wird aber jetzt noch sehr wenig gebraucht.

Die Vrnjatschka-Banja hat eine Temperatur von 27° C. und wird deren Heilkraft von Fachmännern mit jener der Quellen von Carlsbad und Ems gleichgeachtet.

Ferner, die Ribarska-Banja ist 35—37 C. heiss und enthält Schwefeläther, kohlensaures Natron, Salzsäure, etwas Eisen u. s. w. Dieselbe ist sehr besucht. Dann besteht die Alexinnatschka-Banja unweit der gleichnamigen Kreisstadt. Dieselbe war schon den Römern bekannt und hat eine Temperatur von 46° C. Sie enthält Kohlensäure in Verbindung mit Natron, dann etwas Eisen und Bittererde; bei etwas mehr Bequemlichkeit für die Badegäste könnte dieses Bad, nach Gopcevic, Ansicht, ein serbisches Gastein werden.

Es giebt noch zahlreiche Mineralquellen in Serbien, welche entweder gar nicht oder nur sehr wenig benützt werden; so z. B. im Kreise Smederevo bei Palanka ein lange schon bekanntes Bitterwasser, bei Bela Voda im Kreise Jagodina ein eisenhaltiges Bitterwasser, in der Morava-Flussenge zwischen den Bergen Kablar und Ovtschar bis zu 36° C. heisse Quellen, im Kreise Valjevo ein sehr gelobter Sauerbrunnen in Priplev, im Tschatschaker Kreise sechs Quellen minderen Werthes, desgleichen im Kreise Knjazevatz drei unbedeutende Mineralquellen, im Kreise Nisch eine 36° C. heisse Quelle, im Kreise Vranja eine über 80° C. heisse Quelle; schliesslich die Gamzigrad-Banjica im Kreise Crna Reka, welche nach ihrem Gehalte den Karlsbader-Quellen gleichkommen soll.

X. Kapitel.

Das Heerwesen.

Die Geschichte der serbischen Wehrmacht im Mittelalter weist ganz ähnliche Verhältnisse auf, wie in allen anderen europäischen Staaten mit einem Feudaladel. Jeder Wojevode (Heerführer) und Bannerträger, sowie die übrigen Adeligen brachten jeder einen entsprechenden Theil des Heerbannes auf. Der vielen Gebirge halber, bestand der grösste Theil der serbischen Heere, ebenso wie noch heutzutage, aus Fussvolk, welches sich insbesondere im kleinen Kriege stets vorzüglich bewährt hatte. Auch fremde Soldtruppen hielten manche der mächtigsten serbischen Herrscher, als das Reich noch in seinem Zenithe stand; so gab es eine Zeit lang türkische und tartarische Söldlinge.

König Stephan Detschanski hielt Italiener, welche durch Ragusaner Agenten angeworben, und der Zar Duschan hielt sogar Deutsche in seinem Solde, welche von ihrem Befehlshaber Palmann angeführt wurden.

Mit dem Falle des Serbenreiches, ging auch dessen Adel zu Grunde. Nach der Eroberung des Landes durch die Türken wanderte ein grosser Theil der am Leben gebliebenen Grundherrn aus, der im Lande verbliebene Rest derselben verschwand mit den Bürgerständen spurlos in der Rajah (Christenheerde). Nur ein ganz geringer Theil ahmte das Beispiel des bosnischen Adels nach, trat zum

Islam über und erwarb in den türkischen Heeren, woselbst sie durch einen ganz besonderen Fanatismus glänzten, Stellung und Reichthümer.

Aus ihnen sollen mehrere der berühmtesten ottomanischen Heerführer hervorgegangen sein. Aus der Rajah rekrutirte jedoch die türkische Regierung, durch den alljährlich mit Gewalt ausgehobenen, sogenannten „Knabenzins", den Nachwuchs für die gefürchteten Janitscharen.

Als Prinz Eugen das türkische Heer zum ersten Male über die Save verfolgte, rief Kaiser Leopold die Rajah gegen ihren Zwingherrn mit grossem Erfolge auf. Es bildeten sich damals, ebenso wie in allen späteren österreichisch-türkischen Kriegen, stets serbische Freischaaren, unter denen sich jene unter dem Obersten Mihailjevic (1737) und die unter Kotscha (zur Zeit, als Marschall Laudon österreichischer Oberbefehlshaber war), durch die von ihnen geleisteten sehr guten Dienste, besonders ausgezeichnet haben.

Im österreichischen Heere dienten allezeit mehrere tapfere Führer und Soldaten aus Serbien. Auch der Held der ersten serbischen Erhebung, Kara Djordje, hatte sich seine militärischen Kenntnisse als Unteroffizier in der österreichischen Armee erworben.

Als im Jahre 1804 die Serben durch Kara Djordje (Petrovitsch) zum Kampfe um die Freiheit aufgerufen wurden, besassen die Bauern, welche sich ihm anschlossen, nur wenige und schlechte Waffen, welche sie sich meist selbst angefertigt hatten. Trotzdem erfochten sie, unter ihres Anführers genialer Führung, Sieg auf Sieg; nahmen den gefangenen oder getöteten Türken ihre Waffen ab, eroberten hierauf sogar auch sieben befestigte Punkte, wodurch sie selbst in den Besitz von Kanonen gelangten. Hiedurch war es möglich geworden, dass Kara Djordje nach neunjährigen Kämpfen schliesslich über 30.000 ziemlich gut bewaffnete Freischärler, 150 Geschütze, dann

über 7 permanente Befestigungen und etwa 40 Schanzen
verfügte.

Die im Jahre 1813, in Folge von Zwistigkeiten und
Eifersüchteleien zwischen den serbischen Führern, erfolgte
Wiedereroberung des Landes durch die Türken machte
allerdings diese schönen Erfolge wieder zu nichte und Kara
Djordje flüchtete über die Save nach Ungarn.

Der einzige serbische Führer, welcher sein Land nicht
verlassen hatte, war Milosch Obrenovich, welcher zwei
Jahre später, im Jahre 1815, wieder die Fahne der Freiheit entrollte und dem es gelang, nicht nur die Türken
abermals zu vertreiben, sondern auch für Serbien eine gewisse Selbständigkeit und für sich den Titel eines „Fürsten
des tributpflichtigen Serbien" zu erlangen.

Der Hattischerif vom 3. August 1830, welcher die
Verhältnisse des neuen Fürstenthums regelte, enthielt auch
die Bestimmung, „dass zur Vorbeugung von Ruhestörungen,
„die sich in Serbien ereignen könnten, sowie, damit die
„Verbrecher verfolgt und bestraft werden können, der
„Fürst Milosch das Recht haben solle, in seinem Dienste
„die nothwendige Anzahl von Kriegstruppen zu halten."
Dies war eine Verfügung, deren grosse Tragweite von der
hohen Pforte kaum vorhergesehen worden sein dürfte.
Auf Grund derselben schritt nun Fürst Milosch mit aller
ihm innewohnenden Energie zur Errichtung eines serbischen
Heeres. Zuerst bildete er eine Abtheilung Fussvolk, die
er „Garde" nannte und von einem russischen Offizier ein-
exerzieren liess. Bald darauf errichtete er eine zweite Abtheilung, welche den Namen „II. Garde" erhielt.

Im Jahre 1836 kehrten die ersten, zur militärischen
Ausbildung nach Russland entsendeten serbischen Offiziere
in die Heimath zurück und wurden nun bei dem, aus den
beiden Garde-Abtheilungen zu vier Compagnien formirten
Bataillon eingetheilt.

Bis zum Schluss seiner ersten Regierungsperiode,
nämlich in der Zeit von 1836—1839, errichtete Fürst

Milosch noch ein zweites Bataillon (jedes derselben 1010
Mann stark), eine Eskadron von 208 Pferden und eine
Feldbatterie. Nach „Thal" sollen unter Milosch auch fünf
Miliz-Regimenter zu 3500 Mann gebildet worden sein. Die
Ausbildung, Bewaffnung und Uniformirung war ganz
russisch. Die Verwaltung des Heeres war nach dem
„Ustav" vom Jahre 1838 dem Ministerium des Innern über-
tragen, welchem auch alle Militär-Behörden unterstanden.
Der Fürst war der oberste Kriegsherr. Die Dienstzeit
dauerte 4 Jahre, die Militärpflicht erstreckte sich vom
18. bis zum 30., hingegen die Reservepflicht bis zum 60.
Lebensjahre.

Fürst Alexander Karadjordjevitsch änderte nichts an der
Organisation des kleinen Heeres. Er liess nur die in Belgrad und Kragujevatz begonnenen Militär-Bauten vollenden.
Er gründete im Jahre 1850 die heutige Kriegsschule,
welche damals „Artillerie-Schule" genannt wurde.

Diese Schule wurde durch den damaligen Major (späteren General) Zach vorzüglich organisirt und erhalten
noch jetzt Offiziere aller Waffengattungen daselbst ihre
Ausbildung. Fürst Alexander sandte auch mehrere serbische Offiziere auf ausländische Militärschulen zur höheren
Ausbildung.

Im Jahre 1848 sandte Fürst Alexander 7000 serbische
Freiwillige, unter Anführung des Generals Knitschanin,
nach Ungarn, wo sie die Kämpfe gegen die Magyaren mit-
machten.

Als Fürst Milosch im Jahre 1858 aus der Verbannung
zurückberufen wurde, begann er sofort wieder die serbische
Heeresmacht zu heben. Er erbat sich vom Kaiser Napo-
lon III. den französischen Genie-Obersten Mondain, welcher
mit dem Titel eines Kriegsministers ausgestattet, die Reorganisation des serbischen Heereswesens durchführte.

Bei dem Tode des Fürsten Milosch im Jahre 1860
bestand schon das stehende Heer aus 4 Bataillonen Infanterie, einschliesslich eines Jägerbataillons, 2 Eskadronen

Reiter, 2 Batterien, 1 Pionier und 1 Arbeiter - Compagnie, nebst Generalstab und Verwaltungsorganen; zusammen gegen 6000 Mann.

Unter dem Fürsten Mihail wurde die National-Miliz gegründet (1861) und hatte jeder Serbe vom 20. bis zum 60. Lebensjahre heeresdienstpflichtig zu sein.

Nach dem damaligen Milizgesetze hatte jeder der 17 Kreise je eine Infanterie-Brigade 1. Klasse und eine solche 2. Klasse aufzustellen. Jede Brigade sollte so viele Bataillone enthalten, als der Kreis Bezirke zählte. Die Miliz sollte jährlich durch 15 Tage Uebungen abhalten. Ausserdem erhielt jede Brigade der 1. Klasse eine leichte Batterie zu 6 Geschützen zugewiesen. Nachdem damals Serbien 66 Bezirke zählte, so bestand eine jede der beiden Miliz-Klassen aus 66 Bataillonen, mit ungefähr 60,000 Mann. Regimenter gab es nicht.

Fürst Mihail hatte es verstanden, sein Volk für das Milizsystem zu begeistern, so dass dasselbe bald sehr volksthümlich geworden war und die Milizen an Sonn- und Feiertagen freiwillig zum Exerzieren zusammenkamen.

Sämtliche 17 Brigaden standen unter den Befehlen von fünf höheren Commanden, ohne nähere Bezeichnung.

Das vom Fürsten Milosch gegründete stehende Heer bildete die Cadres für die National-Miliz. Dasselbe hatte sich um einige Batterien und technische Compagnien vermehrt und zählte im Jahre 1868 beim Tode Mihail's im Ganzen nahezu 5000 Mann. Ausserdem besass Serbien einen Kriegsdampfer „Deligrad“, eine Kanonengiesserei in Kragujevac mit einer Feuerwerker - Compagnie, dann eine grosse Pulverfabrik in Stragari und jeder zweite Kreis hatte sein eigenes Munitionsmagazin.

Auch eine militärische Zeitschrift der „Vojin“ war entstanden, welche recht tüchtige Aufsätze und Mittellungen über das Militärwesen des In- und Auslandes enthielt.

Die Dienstpflicht im stehenden Heere betrug 3 Jahre;

jene in der National-Miliz, welche in zwei Aufgebote zerfiel, dauerte bis zum 45. Lebensjahre.

Im Jahre 1867 beschloss auch die Skuptschina dem
ersten Aufgebote eine einfache aber zweckmässige Uniform
zu geben, während das zweite Aufgebot in eigenen Kleidern
einrückte.

Im Jahre 1866 beliefen sich schon die gesamten
Heeresausgaben in Serbien auf rund 3 Millionen Dinars.

Die während der Minderjährigkeit des Fürsten Milan
eingesetzte Regentschaft arbeitete im Geiste der Reformen
des Fürsten Mihail weiter.

Fürst Mihail hatte in weniger als zehn Jahren die
serbische Kriegsmacht von den kaum 3000 Mann stehenden
Truppen, welche bei der Abdankung des Fürst Alexander
Karadjordjevitsch vorhanden waren, auf die Höhe von
rund 80.000 Mann Feldtruppen gebracht.

Grosse Umwälzungen standen auf der Balkanhalbinsel
bevor und mussten wohl auch von der serbischen Regierung vorhergesehen werden. Deshalb wurde mit fieberhafter Hast an der Vermehrung der serbischen Kriegsmittel weitergearbeitet, so dass Fürst Milan, nachdem er
die Regierung bei erlangter Grossjährigkeit selbst übernommen hatte, zu Anfang des Jahres 1872 schon über
eine stehende Armee von 6.650 Mann und über ein Milizheer von im Ganzen etwa 124.000 Mann verfügen konnte.
Bei der damaligen Bevölkerungsziffer von rund 1,350.000
Seelen, war somit jeder zehnte Einwohner Soldat. Die
Miliz, in welche die stehende Armee vertheilt wurde,
formirte: 10 Infanterie-Brigaden à 8 Bataillone zu je vier
Kompagnien (jede 200 Mann stark) der 1. Milizklasse
dann 8 Infanterie-Brigaden von gleicher Zusammensetzung
der 2. Milizklasse, ferner 20 Eskadronen der 1. und 13
Eskadronen der 2. Milizklasse; schliesslich 14 Batterien
des stehenden Heeres und 18 leichte Milizbatterien nebst
technischen Truppen und Trains.

Fürst Milan schenkte ebenfalls dem Heerwesen seine

16*

vollste Aufmerksamkeit, konnte sich aber doch nicht der
Ansicht verschliessen, dass das kaum 12 Jahre bestehende
serbische Milizheer noch viele schwerwiegende Mängel
hatte, die es noch lange nicht fähig machten, einen Krieg
mit der Türkei mit einiger Aussicht auf Erfolg zu beginnen.

Deshalb wehrte sich auch der junge Fürst, so lange
er konnte, gegen diesen Krieg; er überraschte alle jene,
welche dies dem jungen Milan nicht zugetraut hatten,
durch sein selbstbewusstes Auftreten in der stürmisch
einen Krieg gegen die Türkei verlangenden Skuptschina,
indem er sich entschieden gegen denselben erklärte und
sogar das Kabinet Ristitsch entliess.

Schliesslich musste aber der Fürst einige Zeit später,
der Kriegspartei leider doch nachgeben, und zwar hauptsächlich deshalb, weil man ihm bestimmt versichert hatte,
dass Serbiens Losschlagen unverzüglich auch Russland in
Krieg verwickeln werde.

In dieser Ueberzeugung nahm der Fürst auch den
russischen General Tschernajeff als serbischen Armee-
Commandanten an, welchem bald über 3000 russische
Freiwillige (Offiziere und Unteroffiziere) nach Serbien
folgten.

Auch stellte der serbische Kriegsminister dem Fürsten
Milan die Kampfbereitschaft des Heeres viel günstiger
dar, als sie wirklich war und so erklärte er der Pforte
am 1. Juli 1876 jenen Krieg, welcher in den Oktober-
Schlachten bei Djunis ein so übles Ende nahm.

Anerkennen muss man jedoch immerhin, dass sich
das serbische Milizheer gegen reguläre Truppen, welche
ihm an Zahl, Ausbildung, Bewaffnung und Disziplin überlegen waren, dennoch 4 Monate lang hatte halten können;
obwohl das Milizheer kaum ein Zehntel gedienter Soldaten
enthielt und der Rest nur eine sehr mangelhafte Ausbildung genossen hatte. Denn unter der Regierung des
Fürsten Mihail wurde die Miliz allerdings jährlich zu
einer 14 tägigen Waffenübung einberufen, jedoch nach

seinem Tode wurden diese Waffenübungen beinahe ganz unterlassen.

Ausserdem litt die serbische Miliz einen grossen Mangel an Offizieren, so dass Armeekorps von Obersten, Divisionen und Brigaden nur von Majoren und Hauptleuten der stehenden Armee befehligt werden konnten.

Zum Commandanten einer Milizkompagnie berief man gewöhnlich den Angesehensten eines Dorfes.

Es gab wohl mitunter auch Milizoffiziere, welche sich sogar im bürgerlichen Leben mit dem Studium der Dienstvorschriften und selbst mit Taktik beschäftigten, — wie wir selbst im Jahre 1874 den Wirth der Mehana (Strassen-Einkehrhaus) von Arilije bei der Lektüre der Taktik von Perizonius überraschten; — es dürfte dies jedoch nur eine seltene Ausnahme gewesen sein.

Auch die Infanterie-Bewaffnung (Peabody- und schlechte Green-Gewehre) stand weit hinter den türkischen Henry-Martini-Gewehren der Infanterie und den Winchester-Repetier-Carabinern der Reiterei zurück; desgleichen konnten sich die damaligen La Hitte-Geschütze Serbiens absolut nicht mit den vorzüglichen türkischen Krupp-Kanonen messen. Ueberdies soll die Beweglichkeit der serbischen Geschütze eine sehr schwerfällige gewesen sein.

Ein bedeutendes Hinderniss bildete in diesem Kriege auch der fühlbare Geldmangel. Die Soldaten erhielten bald nichts als die dürftige Feldkost und die Offiziere, ohne Unterschied des Grades je 10 Dukaten (etwa 60 Frank) monatlich.

Nach geschlossenem Frieden befahl Milan die Errichtung von weiteren fünf Bataillonen des stehenden Heeres. Alle 9 stehenden Bataillone wurden dann bei Ausbruch des Krieges 1877 in verschiedene Miliz-Brigaden vertheilt, wobei die Soldaten des stehenden Heeres mit den weniger geschulten Milizen vermengt wurden.

Bis zum Sommer 1877 hatte man die Eintheilung des Heeres in 4 Territorial-Corps durchgeführt und sollte in jedem derselben aus den milizpflichtigen Leuten ein aktives und ein Reserve-Corps gebildet werden.

Die Eintheilung der Miliz in zwei Klassen oder Aufgebote war hiermit abgeschafft und die Eintheilung des Heeres in „aktive" und „Reserve-Truppen angenommen. Die aktive Miliz umfasste die frühere Miliz des ersten, die Reserve jene des zweiten und dritten Aufgebotes.

Die vier Territorial-Corps waren: Das Drina-Corps mit 4 Brigaden, das Schumadija-Corps mit 4 Brigaden, das Morava-Corps mit 5 Brigaden und das Timok-Corps mit 4 Brigaden.

Mit dieser Organisation eröffnete Serbien seinen zweiten Krieg gegen die Türkei im December 1877 und erhielt nach dem Friedensschlusse einen bedeutenden Gebietszuwachs in der Richtung gegen Altserbien.

Am 18. Oktober 1878 erschien ein fürstlicher Befehl (Ukas) mit folgenden Bestimmungen:

„Das serbische Heer wird auch fernerhin aus der stehenden Armee und der Nationalmiliz bestehen. Die stehende Armee formirt eine Infanterie-Brigade, bestehend aus zwei Infanterie-Regimentern, jedes zu 5 Bataillonen; dann eine Artillerie-Brigade, bestehend aus 4 Regimentern, von denen jedes 7 schwere und 1 Gebirgsbatterie hat und in zwei Divisionen eingetheilt wird; ferner 1 Reiter-Regiment zu 4 Eskadronen; endlich 1 Genie-Regiment, bestehend aus dem Pionier- und dem Pontonnier-Bataillon."

Die ganze stehende Armee stand unter dem „Divisions-Commando des stehenden Heeres."

Die National-Miliz wurde in Brigaden 1. und 2. Klasse, und in Divisionen und Armeekorps eingetheilt. Es blieben dieselben Territorial-Commanden, welche nunmehr „Kreis-Commanden "benannt wurden; nur wurde deren Abgrenzung, mit Rücksicht auf den Gebietszuwachs, neu durchgeführt.

Jedes Territorial-Corps umfasste nur 2 Divisionen, zu je 2 bis 3 Brigaden. Das Schumadija-Corps hatte jetzt 5 Brigaden, das Timok-Corps hatte deren 6, das Morava-

Corps ebenfalls 6 und das Drina-Corps hatte 5 Brigaden; zusammen 22 Miliz - Infanterie - Brigaden, mit einer verschiedenen Anzahl (4 bis 6) von Bataillonen.

Jedes Corps erhielt ein Artillerie-Regiment des stehenden Heeres und hiezu noch die Milizartillerie (per Brigade eine leichte Batterie), dann eine Brücken-Equipage, sowie die nöthigen Sanitäts-Anstalten, Trains u. dgl. m.

Die Miliz-Reiterei 1. Klasse einer Infanterie-Division bildete ein Miliz-Reiter-Regiment und die Reiter-Regimenter beider Divisionen eines Corps formirten zusammen eine Reiterei-Brigade.

Die Miliz-Reiterei 2. Klasse bildete bei jedem Corps ein Regiment.

Im Ganzen umfasste das serbische Milizheer nach dem Ukas vom Oktober 1878, und zwar in der 1. Klasse 100 Bataillone, 22 Eskadronen und 22 Batterien, hingegen in der 2. Klasse 100 Bataillone und 13 Eskadronen, ohne Artillerie.

Die Summe der ganzen Steitmacht Serbiens sollte 180.000 Mann betragen, welche von der damaligen Einwohnerzahl gleichfalls etwa 10 Prozent darstellt.

Im Verlaufe von ungefähr 16 Jahren hatte die serbische Wehrmacht schon drei Reorganisationen und auch sonstige tief einschneidende Veränderungen erfahren; ein deutlicher Beweis, dass sowohl der Fürst selbst, als seine Regierung und die Volksvertretung unablässig bemüht waren, das Heer auf eine möglichst hohe Stufe der Kriegstüchtigkeit zu bringen.

Im Jahre 1882 entwarf nun der damalige Kriegsminister General Nikolitsch abermals einen Entwurf zu einer gänzlichen Umgestaltung des serbischen Heerwesens, welcher am 15. Jänner 1883 Gesetzeskraft erhielt und dessen Durchführung am 12. Februar 1883 begann.

Von den wichtigsten Bestimmungen dieses Gesetzes verdienen folgende besonders hervorgehoben zu werden.

Das Heer theilte sich von nun an in 3 Aufgebote.

Das erste Aufgebot bestand aus dem „stehenden Cadre"
und dessen Reserve, wobei unter dem stehenden Cadre
jener Theil des ersten Aufgebotes verstanden wurde, welcher
im Frieden thatsächlich aktiv bei der Fahne diente, während
dessen Reserve jene Soldaten umfasste, welche schon zwei
Jahre beim stehenden Cadre gedient hatten und bis zum
30. Lebensjahre im nichtaktiven Dienste zu Hause lebten.
Vom 31. bis zum 37. Lebensjahre reichte das 2. und
weiter bis zum 50. Jahre das 3. Aufgebot.

Der stehende Cadre war normal im Frieden in ge-
sonderte taktische Einheiten gegliedert; bei den Uebungen
der Reservisten, oder bei einer Mobilisirung vereinigten sich
der Cadre mit den Reservisten zu taktischen Einheiten,
welche „aktive" hiessen und zusammen das „aktive Heer"
bildeten.

Das zweite Aufgebot bestand aus allen jenen Soldaten,
welche schon 2 Jahre aktiv und bis zum 30. Lebensjahre
in der Reserve des stehenden Cadres gedient hatten.

Dieses Aufgebot war ebenfalls vollständig bewaffnet
und gerüstet und sollte im Rücken des ersten Aufgebotes,
im Bedarfsfalle aber auch zur Verstärkung desselben dienen.

Das dritte Aufgebot war nur eingeschrieben und bildete
eine Art von Landsturm.

Der König war der oberste Kriegsherr. Er allein konnte,
auf Vorschlag des Kriegsministers und nach Anhörung
des Ministerrathes, die Mobilisirung des Heeres mittelst
Ukas anbefehlen.

Vom persönlichen Dienste im Heere waren nur die
Untauglichen und solche Personen ausgeschlossen, welche
durch richterlichen Spruch ihre bürgerliche Ehre verloren
hatten.

Theilweise befreit vom aktiven Dienste waren die einzigen Ernährer erwerbsunfähiger oder 60 Jahre alter
Familienangehöriger, dann die Studirenden, welche nur
einen Präsenzdienst von fünf Monaten beim stehenden
Cadre ableisten mussten.

Die wegen Untauglichkeit vom Heeresdienste Befreiten zahlten eine jährliche Militär-Taxe, welche 10 Prozent der auf sie entfallenden sonstigen Staatssteuern betrug.

Wenn eine aussergewöhnliche Anspannung der Streitkräfte des Landes es erfordern sollte, so konnten auch alle mehr als 50 Jahre alten Männer zu Garnison-, Magazins- und ähnlichen Diensten einberufen und verwendet werden.

Rekrutirungsflüchtige mussten statt 2, 3 Jahre im stehenden Cadre aktiv dienen und für die Zeit ihrer Abwesenheit die Militär-Taxe zahlen. Wer sich selbst verstümmelte, zahlte eine Strafe von 2000 Dinars oder musste eine zweijährige Haft in einem Militär-Gefängnisse abbüssen.

Kein serbischer Staatsbürger konnte Beamter, Lehrer oder Geistlicher werden, der nicht vorher im stehenden Cadre ausgedient hatte. Derlei Personen durften daher auch vor erreichtem 20. Lebensjahre ihren aktiven Dienst antreten.

Die Vorschriften über die Beförderung im Heere, über Pensionirungen und Entlassungen von Offizieren, dann betreffend die Anstellung im Civildienste von Unteroffizieren, welche zwölf Jahre aktiv gedient hatten, waren durchweg sehr wohl durchdacht, zeitgemäss und gerecht.

Sämtliche Offiziersgrade verlieh der König.

Für die Reserve des stehenden Cadres, dann für das 2. und 3. Aufgebot bestanden Reserveoffiziere, welche zur Erlangung dieses Grades im stehenden Cadre die gesetzmässig vorgeschriebene Zeit gedient und während ihrer Ferien die Reserveoffiziers-Prüfung praktisch abgelegt haben mussten.

Zur Erleichterung der Reserveoffiziers-Prüfungen wurden in den Mittelschulen Gymnastik und militärische Exerzierübungen eingeführt und in der Hochschule auch die Theorie der militärischen Hauptgegenstände gelehrt.

Die Reserve wurde jährlich zu einer 30 tägigen Waffenübung beim stehenden Cadre einberufen.

Das zweite Aufgebot wurde jährlich zu einer 8 tägigen Waffenübung, und das dritte Aufgebot gar nicht einberufen.

Das Land wurde in fünf Divisionsbezirke eingetheilt, von denen jeder eine Division des ersten und eine Division des zweiten Aufgebotes aufzustellen hatte. Ausserdem sollten die wehrfähigen Männer des dritten Aufgebotes 60 Bataillone bilden.

Jeder Divisions-Distrikt zerfiel in drei Regimentskreise von denen jeder 4 Bataillonsbezirke umfasste.

Die Divisionen hiessen: Morava-, Drina-, Donau-, Schumadija- und Timok-Division.

Jede aktive Division umfasste somit 3 Regimenter Infanterie zu 3 Bataillonen, daher zusammen 12 Bataillone, ferner ein Regiment Reiterei zu 4 Eskadronen, 1 Regiment Artillerie zu 8 Batterien, 1 Compagnie Pioniere mit 1 Brücken-Halbequipage, 1 Compagnie Sanität und vier Feldspitäler, 1 Divisions-Munitions-Colonne mit fliegender Artilleriewerkstätte, ferner 1 Train-Regiment und 1 Feldpost.

Ausserdem musste für jedes Infanterie-Regiment ein Ergänzungs-Bataillon, für ein Reiter-Regiment 1 Ergänzungs-Eskadron, für das Artillerie-Regiment eine Ergänzungs-Batterie und für jede Pionier-Compagnie 1 Ergänzungszug aufgestellt werden.

Ausserhalb des Divisionsverbandes waren folgende Abtheilungen gestellt.

1 Gebirgs-Artillerie-Regiment, mit seiner Gebirgs-Munitions-Colonne und Ergänzungs-Batterie, dann ein Festungsartillerie-Bataillon, 1 Mineur-, 1 Eisenbahn-Compagnie, 2 Telegraphisten -Abtheilungen u. s. w.

Der stehende Cadre hatte: 15 Infanterie-Bataillone (von jedem Regimentskreise ein Bataillon) zu 4 Compagnien 6 Eskadronen, 20 Feld- und 3 Gebirgs-Batterien, 1 Festungs-Artillerie-Halbbataillon zu 2 Compagnien, ferner 1 Pionierbataillon zu 5 Compagnien, 1 Pontonier-Halbbataillon zu

2 Compagnien, 5 Sanitätsabtheilungen, 5 Train-Eskadronen und 1 Feuerwerks-Compagnie.

Von den 6 Reiter-Eskadronen bildete eine die königliche Leibgarde.

Eine jede Division des zweiten Aufgebotes hatte ebenfalls 3 Regimenter mit zusammen 12 Bataillonen Infanterie, jedoch nur halb so viel Reiterei und Artillerie, nämlich nur 2 Eskadronen, beziehungsweise 4 Batterien, während Pioniere, Sanität und Train in ungefähr gleicher Stärke vorhanden waren.

Zum dritten Aufgebot stellte jeder Divisionsdistrikt nur 12 Bataillone, ohne sonstige Hilfswaffen.

Jede Division hätte auf dem Kriegsfusse etwa 13 bis bis 14.000 Mann zählen müssen, thatsächlich betrugen jedoch die Stände beim Ausbruche des Krieges mit Bulgarien im Jahre 1885 bei jeder Division durchschnittlich nur 8.500 bis 9.000 Mann; somit um dreissig Prozent weniger.

Das jährliche Rekruten-Contingent wurde auf Grund der damaligen Bewohnerzahl von rund 1,700,000 Seelen, auf 7.870 Mann festgesetzt, was mit Rücksicht auf den zweijährigen aktiven Dienst beim stehenden Cadre, für diesen eine Standesziffer von 15.740 Mann ergab. Von diesen Soldaten diente jedoch mehr als ein Fünftel nur 5 Monate aktiv.

Ohne auf die genaue Anführung der Sollbestände an Personen, Pferden u. dgl näher einzugehen, ersieht man aus dem Vorgesagten, dass die 5 Divisionen des 1. Aufgebotes, einschliesslich des Ober-Commandos ungefähr 70.000 Mann, jene des 2. Aufgebotes etwa 60.000 Mann und die 60 Bataillone des 3. Aufgebotes höchstens 50.000 Mann, somit alle zusammen 180.000 Mann stark waren.

Auf dem Papiere sollten die serbischen Streitkräfte nach der Verordnung vom 31. Januar 1883 allerdings 215.401 Mann, worunter 2.900 Offiziere; — dann 6.080

Reit-, 22.551 Zugpferde, 1607 Lastthiere und 7,289 Wägen umfassen.

Nach den offiziellen Angaben über den Staatshaushalt für das Jahr 1887 waren auf den Bedarf von 2.900 Offizieren vorläufig nur etwa 1.500 vorhanden; seither mag sich die Zahl der Reserve-Offiziere wesentlich erhöht haben; da nun diese Einrichtung schon volle zehn Jahre in Wirksamkeit ist.

Im Jahre 1889 wurde abermals eine neue Organisation des serbischen Heeres entworfen und der bezügliche Gesetzentwurf im Frühjahr 1890 von der Skuptschina angenommen.

Die wesentlichsten Bestimmungen des neuen Heeres-Organisationsgesetzes und insbesondere diejenigen, welche die Heeresorganisation vom Jahre 1883 wesentlich abändern, werden im Folgenden angeführt.

Der König ist der oberste Befehlshaber der Armee. Er bestimmt mittelst Ukas, auf Antrag des Kriegsministers die Zusammenstellung, Eintheilung und überhaupt die ganze Formation der Armee; er erlässt alle Anordnungen, betreffend die Dislozierung der Commanden, die Bewaffnung, den Unterricht und bezüglich aller sonstigen militärdienstlichen Beziehungen; er befiehlt ferner die Mobilisirung und Demobilisirung des Heeres.

In Friedenszeiten wird das Heer im Namen des Königs von dem Kriegsminister, als verantwortlichem Mitglied der Regierung, befehligt und verwaltet. Im Kriege steht das Commando und die Administration der operierenden Truppen, falls der König den obersten Befehl selbst übernimmt oder ihn auf Antrag des Ministerrathes einer anderen Persönlichkeit überträgt, dem obersten Generalkommando zu.

Das Kriegsministerium besteht aus folgenden Abtheilungen: Generalstabs-, Artillerie-, Genie-, Administrativ-, Adjutantur-, Sanitäts- und Justiz-Abtheilung. An der Spitze einer jeden Abtheilung steht ein Sektions-Chef. Ausserdem wird dem Kriegsministerium ein Kriegsrath mit consultativer Stimme beigegeben.

An die Stellung der bisherigen Eintheilung des Heeres in ein erstes, zweites und drittes Aufgebot treten die Bezeichnungen: reguläres Heer, erstes und zweites Aufgebot der Nationalmiliz.

Die taktische Eintheilung und die Organisation der einzelnen Kategorien bleiben vorderhand unberührt.

Die reguläre Armee besteht aus dem „stehenden Cadre" und dessen Reserve. Das erste Aufgebot erhält Offiziere und Unteroffiziere von der regulären Armee, dann gehören hierzu die ausgedienten Reservisten derselben. In das zweite Aufgebot sind alle Diejenigen eingereiht, welche ihrer Militärpflicht im ersten Aufgebote schon entsprochen haben; auch werden diesem Aufgebote die unumgänglich nothwendigste Anzahl von Offizieren und Unteroffizieren vom regulären Heer zugewiesen.

Das erste und zweite Aufgebot der Nationalmiliz wird auch II. und III. Linie genannt.

In jeder der drei Linien beträgt die Dienstpflicht zehn Jahre, somit im Ganzen 30 Jahre; nämlich vom vollendeten 20. bis einschliesslich 50. Lebensjahr.

Die Eintheilung in 5 Divisions-, 15 Regiments- und 60 Bataillonsbezirke und deren Benennungen, z. B. Donau-Division (III.) oder Belgrader Regimentsbezirk Nr. 7, sind gleichfalls geblieben.

Die II. Linie (Erstes Aufgebot) wird im Kriegsfalle nach Bedarf in Einheiten höherer oder niederer Ordnung, wie die reguläre Armee formiert und kann auch zur Verstärkung derselben verwendet werden. Die III. Linie ist nur zur Versehung des Besatzungs- und Etappendienstes sowie zur unmittelbaren Vertheidigung des Landes berufen.

Die normale Präsenz-Dienstpflicht beträgt 2 Jahre, es giebt aber auch verschiedene Arten von abgekürzter

Dienstpflicht und zwar von 1 Jahr, von 5 Monaten und selbst von nur 1 Monat. —

Alle Wehrpflichtigen, die nicht aktiv bei der Fahne dienen, sollen alljährlich zu Waffenübungen einberufen werden, nämlich die Reservisten der I. Linie (reguläres Heer) für 30, die Wehrpflichtigen des ersten Aufgebotes des Volksheeres auf 15 und jene des zweiten Aufgebotes für 5 Tage.

Für jede der 3 Linien ist aus jedem Bataillonsbezirke im Kriegsfalle 1 Bataillon aufzubringen. Im Frieden stellt jeder Bataillonsbezirk nur 1 Compagnie auf dem Friedensfusse auf.

Eigenartig ist die Bestimmung des neuen Heeres-Organisations-Gesetzes, dass der grösste Theil des Unterhalts der Nationalmiliz, während ihrer jährlichen Waffenübungen, den Gemeinden zur Last fällt, falls die Einberufenen hiefür nicht selbst zu sorgen im Stande sind.

Ausser diesen vorgeschriebenen Waffenübungen sollen auch, auf Anordnung des Kriegsministers, an Sonn- und Feiertagen in jeder Gemeinde alle Wehrpflichtigen, behufs Vornahme von Uebungen versammelt werden.

Die Gemeinden müssen auch den ganzen Train, samt den Zug- beziehungsweise Tragpferden, im Kriege aufstellen, ferner die Wägen, Zug-, Last- und Reitpferde schon im Frieden in jener vom Kriegsminister bekannt gegebenen Anzahl in gutem Zustande bereithalten.

Nur die Wägen für spezielle Zweige des militärischen Dienstes, als: Munitions-, Sanitäts- und Pontons-Wägen werden vom Staate selbst beschafft.

Die Friedens-Cadres der 1. Linie sind folgende:

In jedem der 5 Divisionsbezirke: 1 Regiment Infanterie zu 3 Bataillonen, jedes zu 4 Compagnien. Hiezu stellt jeder Regimentsbezirk ein Bataillon und jeder Bataillonsbezirk 1 Compagnie. Die 3 Bataillone des Cadres werden im Kriege 3 Regimenter zu 4 Bataillonen, indem aus jeder Friedenskompagnie ein Bataillon zu 4 Compagnien formirt wird. Ausserdem stellt noch jeder Regimentsbezirk im Kriege 1 Ersatzbataillon zu 4 Ersatzkompagnien auf.

Die Infanterie wird somit im Kriege um mehr als das Vierfache ihres Friedenstandes vermehrt.

Ausserdem besteht in Belgrad noch ein Garde-Infanterie-Bataillon zu 4 Kompagnien, welches die gleiche Formation auch im Kriege behält.

An Cavallerie besteht im Frieden 1 Cavallerie-Brigade zu 3 Regimentern mit je 3 Eskadronen und überdies die königliche Garde-Eskadron.

Im Kriege stellt jedes Cavallerie-Regiment eine 4. Eskadron auf; dann formirt jeder Divisionsbezirk 2 Eskadronen Divisions-Cavallerie für die Divisionen des regulären Heeres und der 2. Linie, dann 1 Eskadron für die 3. Linie und nebstbei 1 Ersatz-Eskadron.

Im Frieden besteht in jedem Divisionsbezirk 1 Feld-Artillerie-Regiment zu 6 Feldbatterien à 4 Geschütze. Im Kriege formirt jedes Regiment 8 Feld-Batterien zu 6 Geschützen und eine ebenso starke Ersatz-Batterie. Im Frieden besteht auch schon eine selbständige reitende Batterie mit 6 Geschützen, welche im Kriege der Cavallerie-Brigade beigegeben wird. Dieselbe stellt noch im Kriege einen Ersatz-Batteriezug auf.

Ausserdem besteht noch 1 Gebirgs-Artillerie-Regiment im Frieden mit 5, im Kriege mit 9 Batterien zu 4 Gebirgsgeschützen und 1 Ersatz-Gebirgs-Batterie zu 6 Geschützen.

Ferner besteht ein Festungs-Artillerie-Bataillon mit 4 Compagnien, 1 Park-Compagnie mit dem Belagerungsparke und 1 pyrotechnische Compagnie.

An technischen Truppen bestehen im Frieden 2 Pionier-Bataillone, wovon das erste aus 5 Compagnien Pioniere, das zweite aus 1 Eisenbahn, 1 Mineur- und 1 Telegraphen-Compagnie besteht; ausserdem ist 1 Pontonnier-Halbbataillon zu 2 Compagnien vorhanden. Im Kriege stellt jede dieser technischen Compagnien 1 Ersatzzug und das Pontonnier-Halbbataillon 5 Ersatzzüge auf.

Aus den überzähligen Reservisten ist ferner 1 Reserve-Pionnier-Compagnie in jedem Divisionsbezirke (somit zusammen 1 Bataillon von 5 solchen Compagnien) zu formiren und die Eisenbahn-Compagnie auf 1 Bataillon zu verstärken,

In jedem Divisionsbezirk besteht im Frieden 1 Sanitäts-Compagnie, welche im Kriege 1 Feld-Sanitäts-Compagnie, 1 Reserve-Sanitäts-Compagnie, 1 Etappen-Feldspital und 1 Sanitäts-Colonne zu formiren hat.

Vom Train befindet sich in jedem Divisionsbezirk 1 Eskadron, welche im Kriege durch überzählige Artillerie-Reservisten vermehrt wird. Im Uebrigen wird der grösste Theil des mobilen Trains, wie schon erwähnt wurde, von den Gemeinden gestellt.

Ausserdem bestehen im Kriege eigene Arbeiter-, -Fleischhauer- und Bäcker-Abtheilungen, für welche in jedem Divisionsbezirk schon im Frieden entsprechende Cadre-Abtheilungen vorhanden sind.

Die im Frieden bestehende Gendarmerie besteht aus 1 Bataillon zu 4 Compagnien Gendarmen zu Fuss und aus 1 Zug Gendarmen zu Pferd.

Die Regimentsstäbe der Infanterie haben im Kriege 4, die Bataillonsstäbe je 2, zum Stande des Regimentes gehörige, berittene Ordonnanzen.

Eine Feldkompagnie besteht aus 5 Offizieren (der Compagnie-Commandant ist beritten) und 227 Soldaten, worunter sich 4 Blessierten- und 4 Munitionsträger befinden, dann 1 Reit- und 6 Tragpferde, von denen 5 zum Tragen der Compagnie-Kanzlei und des Offiziersgepäckes und eines zum Zutragen von Trinkwasser bestimmt ist.

Der Gefechtstzusand beträgt bei einer Feld-Compagnie 216, bei einer Ersatzkompagnie 284 Feuergewehre.

Die serbische Infanterie des regulären Heeres (I. Linie) ist mit dem Koka-Milovanovitsch-Mauser-Hinterladergewehre (Caliber 10,15 mm) und mit einem Säbelbajonnett bewaffnet. Unter-Feldwebel, Feldwebel, Fahnenführer und die sämtlichen Offiziere haben Säbel und Revolver. Der Infanterie-Soldat trägt 100 scharfe Patronen in 2 Patrontaschen (die mit Revolver bewaffneten Unteroffiziere haben 30 Stück Patronen bei sich) für jeden Mann sind 64 Gewehrpatronen auf den Munitions-Tragthieren, 100 Stück in der Divisions-Munitions-Colonne und überdies 100 Patronen per Gewehr in der Reserve-Munitions-Colonne verladen.

Jeder Mann trägt einen 4tägigen Proviantvorrath (davon für 3 Tage Conserven und Zwieback) bei sich und auf den Regiments-Proviant-Fuhrwerken ist ein zweitägiger Vorrath verladen.

Jede Compagnie hat auch 30 Stück Linnemann'sche Spaten.

Im Felde marschirt der serbische Soldat in der Regel in Opanken, hat jedoch auch ein Paar Halbstiefel auf dem Tornister befestigt.

Die Garde-Infanterie formirt aus dem im Frieden bestehenden Bataillon 5 selbständige Garde-Bataillone, welche die Nummern 1 bis 5 führen und je 1 Ersatz-Garde-Compagnie aufstellen.

Die numerische Stärke der Compagnien, deren Bewaffnung und Ausrüstung ist gleich jener der Infanterie. Die Garde unterscheidet sich von der Infanterie nur durch die grünen Achselklappen.

Die 15 Regimenter Infanterie zu 4 Bataillonen der II. Linie (1. Aufgebot der Nationalmiliz) haben eine ganz ähnliche Organisation, Gliederung und Ausrüstung, wie die I. Linie nur sind sie, statt mit dem Koka-Milovanovitsch-Mauser-Gewehre, mit von Russland gelieferten Berdan II-Gewehren (Caliber 10,6 mm) bewaffnet. Bekleidet ist die Mannschaft dieses Aufgebotes mit einer selbstbeschafften, dem Schnitte nach vom Kriegsministerium einheitlich vorgeschriebenen, Landestracht und erhält nur den Mantel, die Feldkappe sowie die Ausrüstung und Bewaffnung vom Staate gestellt. Auch hat die II. Linie all diese Aus-rüstungs-Gegenstände zu Hause in eigener Verwahrung und ist für deren Erhaltung im brauchbaren Stande ver-antwortlich. Die Chargen-Grade haben in der National-miliz andere Benennungen, und als Abzeichen, statt der bei der I. Linie eingeführten Sterne, Litzen.— In der Miliz giebt es beispielsweise nicht den Grad eines Hauptmanns oder Rittmeisters (Capitan), sondern er heisst dienstlich immer nur „Tschetovodja" (Compagnie-, Eskadrons- oder Batterie-Commandant), der Lieutenant heisst nur „Vodnik" (deutsch der „Führer" eines Zuges); desgleichen wird der Batail-lons-Commandant nicht Major etc., sondern einfach „Ko-mandir" (Commandant) geheissen. Alle Offiziere der Miliz heissen im allgemeinen „Stareschini" (Aelteste), ähnlich wie in den Gemeinden die Dorf- oder Gemeinde-Aeltesten.

Die III. Linie (2. Aufgebot der Nationalmiliz) formirt 60 selbständige Bataillone, und zwar in jedem Divisions-bezirke 12. Die beabsichtigte Formirung von Regimentern, ähnlich wie bei der I. und II. Linie, dürfte bei diesem Aufgebote kaum stattfinden.

Dieses Aufgebot erhält vom Staate nur Munition, Rüstung und das zu einem Hinterladergewehr umgestaltete Peabody-Gewehr (Caliber 11 mm).

Die Kriegsstände der Reiterei sind folgende: jede Eskadron 5 Offiziere und 180 Mann, 193 Pferde (ein-schliesslich Trag- und Wagenpferde). Der Gefechtsstand einer Feld-Eskadron beträgt: 172 Reiter, je einer Ersatz-Eskadron: 177 Reiter.

Die Reiterei ist mit Säbeln und Mauser-Carabinern mit 100 Stück Patronen, die Unteroffiziere auch mit Revol-vern nebst dreissig Patronen bewaffnet; in der Divisions-Munitions-Colonne sind noch 60 Patronen per Carabiner und 18 Stück per Revolver vorhanden.

Die Reservisten müssen ihr eigenes Pferd und Reit-zeug bei ihrem Einrücken mitbringen.

Die Aufbringung der Reiterei II. Linie, nämlich per Infanterie-Division 2, daher zusammen 10 Eskadronen, dürfte mit bedeutenden Schwierigkeiten verbunden sein, jedenfalls werden diese Miliz-Eskadronen die vorgeschriebene Kriegsstärke von 5 Offizieren und 175 Mann (Gefechtsstand 170 Reiter) bei weitem nicht erreichen.

Für die III. Linie soll in jedem Divisions-Bezirke je 1 Eskadron aufgestellt werden, deren Aufbringung ebenfalls zweifelhaft ist.

Besonders hervorzuheben ist, dass sämtliche Offiziere der Eskadronen der II. und III. Linie Reserve-Offiziere sein müssen. Die taktischen Vorschriften für die Infanterie und Reiterei gleichen den in Oesterreich-Ungarn eingeführten.

Jede der regulären 5 Divisionen der regulären Armee hat folgende Feld-Anstalten; und zwar: Artillerie-Anstalten, die Divisions-Munitions-Colonne und die mobile-Artillerie-Werkstätte. Ausser dieser Munitions-Colonne stellt noch jeder Divisionsbezirk eine Reserve-Munitions-Colonnen-Abtheilung auf. Die fünf derlei Abtheilungen des Heeres werden vereinigt und bilden die dem Ober-Commando-unterstehende Reserve-Munitions-Colonne.

Dann folgen die Sanitäts-Anstalten, von denen bei jeder Division eine Sanitäts-Colonne (3 Aerzte, 1 Apotheker, 1 Commissär und 68 Mann, nebst der entsprechenden Zahl von Pferden und 25 Wägen, wovon 15 für den Verwundetentransport), dann 1 Feld-Etappen-Spital und 1 Feld-Thierspital vorhanden sind.

Ferner ist bei jeder Division eine Divisions-Schanzzeug-Colonne, eine Divisions-Feldpost und die Verpflegs-Anstalten, nebst zugehörigen Abtheilungen (von Fleischern, Bäckern und sonstigen Handwerkern) vorhanden.

Die Proviant-Colonne der Division führt einen viertägigen Verpflegsvorrath für Mann und Pferd nach, während die Regiments-Proviantwägen, wie schon erwähnt wurde, einen 2 tägigen Vorrath mitführen.

17*

Es ist somit bei jeder mobilen Division, samt den vom Manne getragenen 4 Mundportionen, ein 10 tägiger Proviantvorrath vorhanden.

Dem Ober-Commando sind folgende Feld-Anstalten direkt unterstellt: Die Gebirgs-Munitions-Colonne (4 Offiziere, 628 Mann, 53 Reit- und 478 Tragthiere, von denen 338 mit Geschütz-Munition beladen sind), dann eine Reserve-Munitions-Colonne (19 Offiziere und 2.282 Mann, 188 Reit-, 24 Zugpferde, 3200 Ochsen und 1612 Wagen), ferner die Haupt-Etappen-Spitäler, 1 mobiles Pferde-Depot, 1 theilbare Telegraphen-Compagnie, 1 Feld-Hauptpost, dann das Haupt-Intendanz-Fuhrwerk, welches auf 533 mit Ochsen bespannten Wägen Proviant-Vorräthe mitführt.

In Serbien giebt es keine Infanterie-Brigaden, sondern jeder Divisions-Commandant verfügt direkt mit den ihm unterstehenden 3 Infanterie-Regimentern. Es besteht nur eine Cavallerie-Brigade zu 3 Reiter-Regimentern.

Die 5 Divisionen der regulären Armee werden im Kriege dem Armee-Ober-Commando unterstellt, welches auch über die Cavallerie-Brigade, das Gebirgs-Artillerie-Regiment, Festungs-Artillerie-Bataillon, ein Reserve-Pionier-Bataillon, 2 ganze Brücken-Equipagen, 1 Eisenbahn- 1 Mineur-, 1 Telegraphen-Compagnie, die Reserve-Munitions-, die Gebirgs-Munitions-Colonne, die Reserve-Sanitäts-Compagnie, die Haupt-Etappen-Spitäler, das Haupt-Intendanz-Fuhrwerk, die Feld-Hauptpost und das Pferde-Depot direkt verfügt.

Eine Infanterie-Division der regulären Armee ist im Kriege folgendermassen zusammengesetzt:

Das Divisions-Commando, 1 Garde-Infanterie-Bataillon, 3 Infanterie-Regimenter zu 4, somit zusammen 12 Bataillone, 2 Eskadronen Divisions-Reiterei, 8 Feldbatterien zu 6 Geschützen, 1 Pionier-Compagnie, 1 halbe Brücken-Equipage, 1 Telegraphen- und Signal-Abtheilung, 1 Munitions-Colonne, 1 mobile Artillerie-Werkstätte, 1 Sanitäts-Compagnie, 1

Sanitäts-Colonne, 1 Feld-Etappen-Spital, 1 Feld-Thierspital, 1 Feldpost, 1 Schanzzeug-Colonne, 1 Handwerker-, 1 Fleischhauer-Compagnie mit dem lebenden Schlachtvieh-Vorrathe und 1 Bäcker-Compagnie mit Feldbacköfen; endlich eine Proviant-Colonne.

Alle diese Abtheilungen, Anstalten u. dgl. führen den Namen des Divisionsbezirkes aus dem sie sich ergänzen.

Der Gesamtstand einer jeden der 5 Divisionen (ohne Ersatz-Truppen) soll bestehen aus 439 Offizieren 18.053 Mann 3.976 Pferde, 2.066 Ochsen und 1.346 Wägen.

Der eigentliche Gefechtsstand einer Infanterie-Division beträgt dagegen nur rund 12.000 Feuergewehre (in 13 Bataillonen) 340 Reiter (2 Eskadronen) und 48 Geschütze (in 8 Batterien).

Die Cavallerie-Brigade hat einen vorgeschriebenen Gesamt- (Verpflegs-) Stand von 75 Offizieren, 2.600 Mann und 2.800 Pferde; der Gefechtsstand derselben beträgt 2064 Reiter und 6 Geschütze.

Die gesamte I. Linie oder reguläre Armee, samt dem Armee-Ober-Commando und den von ihm direkt abhängigen Truppen und Anstalten, hätte einen Gefechtsstand von 65 Infanterie- und Garde-Bataillonen, 26 technischen Compagnien, 22 Eskadronen (nebstbei 1 Garde-Eskadron)˙ und 50 Batterien, mit rund 60.000 Feuergewehren, 4060 Reitern und 282 Geschützen.

Die Gesamtsumme der regulären Armee (Verpflegsstand) beläuft sich jedoch auf nahezu 105.000 Mann (worunter 2,474 Offiziere, Aerzte u. dgl.), 26.486 Pferde, 15.052 Ochsen und 9.281 Wägen (ohne die 282 Kanonen).

Die II. Linie enthält die aus den Wehrpflichtigen des 1. Miliz-Aufgebotes formirten 5 Divisionen, von ähnlicher Gliederung und Zusammensetzung, wie jene der regulären Armee; nur haben sie geringere Stände.

Die Gesamtsumme einer jeden Division II. Linie soll 344 Offiziere, 15.401 Mann, 2461 Pferde, 1382 Ochsen und 833 Wägen betragen; während der Gefechtsstand einer

Division II. Linie normal aus 12 Bataillonen (in 3 Regimentern), 4 technische Compagnien, 2 Eskadronen und 4 Feld-Batterien mit rund 10.940 Feuergewehren, 350 Reitern und 24 Geschützen bestehen soll.

Die gesamte II. Linie (1. Aufgebot der Nationalmiliz) soll im Kriege aus 1720 Offizieren, 77.005 Mann, 12.305 Pferden, 6910 Ochsen und 4165 Wägen bestehen. Ihr Gefechtsstand soll betragen: 60 Bataillone, 20 technische Compagnien, 10 Eskadronen und 20 Batterien, oder etwa 54.700 Feuergewehre, 1.750 Reiter und 120 Geschütze.

Die III. Linie soll aus dem 2. Miliz-Aufgebote 60 Bataillone, 10 technische Compagnien, 5 Eskadronen mit im Ganzen 1.506 Offizieren, 60.712 Mann, etwa 600 Reit- und einer unbestimmten Zahl von Zugpferden, nebst Ochsen bestehen.

Der Gefechtsstand der III. Linie kann mit 51.000 Feuergewehren und 790 Reitern angenommen werden.

Das gesamte serbische Heer zählt somit in allen 3 Linien 5.700 Offiziere, 239.950 Mann, etwa 40.000 Pferde, bei 22.000 Ochsen, 14.000 Wägen, und nebstbei 402 Geschütze.

Der wirkliche Gefechtsstand der gesamten serbischen Heeresmacht beträgt: 185 Bataillone Infanterie, 56 technische Compagnien, 38 Eskadronen (einschliesslich der Garde-Eskadron) und 70 Batterien mit 166.000 Feuergewehren, 6.600 Reiter und 402 Geschütze.

Das neue Heeres-Organisationsgesetz bringt auch Bestimmungen, betreffend die Ergänzung des Offiziers-Corps in der regulären Armee und in den beiden Aufgeboten der Nationalmiliz.

Den Rang eines Unterlieutenants in der regulären Armee erlangt derjenige, welcher 4 Jahre als Feldwebel gedient hat und die Offiziers-Prüfung besteht; ausserdem muss er den Nachweis liefern, dass er entweder 4 Real- beziehungsweise Gymnasialklassen absolvirt, oder eine dem entsprechende allgemeine Bildung an einer anderen Mittelschule genossen hat. Die mit Erfolg absolvirten Zöglinge der Kriegs-Akademie zu Belgrad erhalten den Unterlieutenantsrang bei ihrem Austritte aus dieser Anstalt.

Zur höheren militärischen Ausbildung werden die intelligentesten der jüngeren Offiziere, auf Kosten der Regierung, theils an militärische Fachanstalten des Auslandes entsendet, theils bei fremden Armeen zur Dienstleistung zugetheilt.

In der National-Miliz werden die Commanden nur zum Theile durch Berufs- und Reserve-Offiziere der regulären Armee besetzt. Beim ersten Miliz-Aufgebote oder bei der zweiten Linie des Heeres sind die Divisions-, Regiments- und Bataillons-Commandanten in der Regel Berufsoffiziere, hingegen in der dritten Linie nur einige der Bataillons- und höheren Commandanten. Alle übrigen Commandanten und Offiziere überhaupt werden den Reihen der National-Miliz selbst entnommen.

Wie schon erwähnt, sind die Chargenbezeichnungen in beiden Aufgeboten der Miliz andere als die der regulären Armee. In der Miliz werden die Zugs-Commandanten durch den Divisions-Commandanten, die Compagnie-Commandanten durch den Kriegsminister und nur die Bataillons-Commandanten (Komandire) vom Könige ernannt.

XI. Kapitel.

Finanzverwaltung in Serbien.

Das Finanzministerium ist zur Besorgung der Finanzwaltung in folgende Geschäftsgruppen eingetheilt.

Die Verwaltungsabtheilung umfasst die Verwaltung der unbeweglichen Staatsgüter, und der Staats-Steuern; nämlich: jene vom Grund und Boden, von Kapitalien, dann die Hauszins-, die Arbeits- und die Personal-Steuer; auch obliegt dieser Abtheilung die Ueberwachung der Zollämter.

Der Hauptkassen-Abtheilung obliegt die Verwaltung des jährlichen Staatshaushaltes, der Pensionsdienst, alle Auszahlungen auf besondere Kredite des Finanzdienstes und die Buchhaltung, an welche jede Kreiskasse monatlich ihre Rechnungen einzusenden hat; damit die Regierung zu jeder Zeit von dem Stande der Baarvorräthe in den Kreiskassen Kenntnis habe.

Die Abtheilung für den Staatsrechtsschutz hat alle Rechtsstreitigkeiten zwischen dem Staate, den Gemeinden und Privaten, betreffend die Gemeindebesitzungen oder Staatswaldungen zu regeln.

Die Staatsschulden-Abtheilung versieht den Dienst für die äusseren und inneren Anleihen und deren Zinsen.

Die den Kreisämtern gegebenen Finanz-Abtheilungen

unterstehen im Wege der betreffenden Kreisvorsteher dem
Finanz-Ministerium.

Ebenso die Grenz-Zollämter, deren 31 vorhanden sind.
Von diesen sind 12 mit Quarantaine-Anstalten, zur Wahrnehmung des sanitäts- und veterinär- polizeilichen Grenz-
dienstes verbunden.

Nach der Befreiung Serbiens von der türkischen Herrschaft, war es dem ersten Fürsten Milosch recht schwer,
seinem im Freiheitstaumel schwelgenden, unwissenden
Volke begreiflich zu machen, dass kein Staat ohne jede
Steuerabgabe in erspriesslicher Weise verwaltet und regiert
werden könne. Auch verdächtigte das unter der früheren
Paschawirthschaft grossgezogene Misstrauen jeden mit der
Verwaltung öffentlicher Gelder betrauten Beamten; und
selbst der Fürst blieb von derlei laut ausgesprochenen Ver-
dächtigungen nicht verschont.

Derlei Klagen gelangten bis an die hohe Pforte nach
Konstantinopel und verlangten vor allem, dass das alleinige
Verfügungsrecht des Fürsten über die Staatseinnahmen
scharf begrenzt werden möge.

Nach der von der hohen Pforte im Jahre 1838 erlassenen Verfassung (Ustav) fiel nun dem damaligen Senate,
im Vereine mit dem im selben Jahre gegründeten Finanz-
Ministerium, die Aufgabe zu, die Verwaltung des Vermögens und der Einnahmen des Staates zu besorgen.

Somit hatte Serbien die erste Regelung seiner Finanzwirthschaft thatsächlich dem Einschreiten der, in ihrer
eigenen Verwaltung mit despotischer Willkür herrschenden,
Pforte zu danken.

Serbiens Staatshaushalt wurde für die damaligen einfachen Verhältnisse so gut geregelt und die Ueberwachung
war eine so strenge, dass jeder europäische Staat das bis
zum Jahre 1874 von keiner Staatsschuld belastete Serbien,
in finanzieller Beziehung hätte beneiden können.

Die serbische Finanzverwaltung beruht auf dem Grundsatze, dass die Verwaltung aller öffentlichen Einnahmen

und Ausgaben im Finanzministerium vollkommen vereinigt ist. Es hat zwar jeder Minister den ihm für seinen Wirkungskreis vom Gesetze eröffneten Kredit zu seiner Verfügung, doch darf einzig und allein nur der Finanzminister, mit jedesmaliger Genehmigung des Staatsoberhauptes (früher auch mit Einwilligung des Senats), seinen Minister-Collegen die erforderlichen Summen anweisen.

Das Finanzjahr beginnt mit dem 1. (13) November eines jeden Jahres.

Wie in andern Staaten, entwirft auch in Serbien der Finanzminister einen Voranschlag der muthmasslichen Staatseinnahmen und Ausgaben für das kommende Finanzjahr und legt ihn, samt den nöthigen Erläuterungen, der Skuptschina (bis zum Jahre 1859 auch dem Senate) zur Prüfung und Annahme vor. Sodann wird der Staatshaushalt dem Monarchen zur Genehmigung vorgelegt, wodurch er erst Gesetzeskraft erlangt.

Erst Fürst Mihail ordnete die jährliche Veröffentlichung des Staatsvoranschlages in der serbischen Amtszeitung „Srpske Novine" an, was in den früheren Zeiten nicht gebräuchlich gewesen war.

Ueber den Staatshaushalt Serbiens in den verschiedenen Regierungsepochen mögen einige Zahlen Aufschluss geben.

1853 betrugen die Einnahmen rund 5,600000 Dinars, die Ausgaben bei 6,400000 D., somit ergab sich ein Defizit von 800.000 D.

1864 wurden 9,740.131 D. eingenommen, 10,308.517 D. ausgegeben; in folge dessen das Defizit 568.386 D. betrug.

1865 waren 10,744.298 D. Einnahmen und 10,745.861 D. Ausgaben; somit war das Defizit auf 1.563 D. vermindert worden.

1867 hatte der Staatshaushalt schon einen Ueberschuss von 178.313 D., bei einer Einnahmesumme von 12,292.041 D. gegen 12,013.728 D. Ausgaben.

1868 betrugen die Einnahmen 12,839.463 D. dagegen

die Ausgaben 10,902 692 D., woraus sich ein Ueberschuss von 1,936.771 D. ergab.

Die serbische Staatskasse hatte Ende 1863 einen Baarbestand von 6,222 831 Dinars. Durch die in den Jahren 1867 und 1868 erzielten Ueberschüsse wuchs dieselbe, trotz der erfolgten Deckung der Defizite aus den Jahren 1864 und 1865, auf 7,767.866 Dinars an.

Dies war der beneidenswerthe Stand der serbischen Finanzen als die gesegnete Regierungsepoche des Fürsten Mihail, durch seine Ermordnng im Topschider-Parke, ein so plötzliches Ende fand.

Keine Staatsschuld und noch ein baares Staatsvermögen von nahezu 8 Millionen Franks; so glänzende Finanzzustände konnte damals, ausser etwa der Schweiz und Norwegen, kein anderer Staat aufweisen.

Diese günstige Finanzlage dauerte auch noch einige Jahre nach dem Tode des Fürsten Mihail an, so z. B. betrugen im Jahre 1869 die Einnahmen 11,838.400 D. und die Ausgaben 11,830.493 D., wodurch ein Ueberschuss von 7.907 D. erübrigte. Im Jahre 1872 gab es 14,281.600 D. Einnahmen und 14,276.903 D. Ausgaben, somit einen Ueberschuss von 4.697 D.; 1874 betrugen die Einnahmen 14,749,735 D., die Ausgaben nur 14,748.465 D.; woraus sich ebenfalls ein Ueberschuss von 1.270 D. ergab.

Im Jahre 1875 bricht der Aufstand der christlichen Rajah in der Herzegowina gegen die Pforte aus und Serbien fühlt sich moralisch gezwungen, rasch seine Rüstungen für den im nächsten Jahre stattfindenden Türkenkrieg zu betreiben.

In Folge dessen steigern sich die Zahlen des Staatshaushaltes ganz bedeutend, und zwar:

1875: Einnahmen 20,610.928 D., Ausgaben 21,483.583 D., Defizit 872.655 D.

1876: Einnahmen 24,946.935 D., Ausgaben 24,558.676 D.; daher Ueberschuss 388.259 D.

1879: Einnahmen 28,014.798 D., Ausgaben 26,580.363 D.; daher Ueberschuss 1,434.435 D.

1880: Einnahmen 27,023,254 D., Ausgaben 26,948.066 D.; daher Ueberschuss 75,188 D.

1882: Einnahmen 32,695.000 D., Ausgaben 32,616.192 D.; daher Ueberschuss 18.808 D.

1883: Einnahmen 34,930.000 D., Ausgaben 34,469.919 D.; daher Ueberschuss 460.081 D.

1885: Einnahmen 46,000.000 D., Ausgaben 45,995.643 D.; daher Ueberschuss 4.357 D.

1887: Einnahmen 42,760.000 D., Ausgaben 44,460.000 D.; daher Defizit 1,700.000 D.

Wegen der unsicheren politischen Verhältnisse im Innern des Landes blieb der Staatsvoranschlag für das Jahr 1887 auch für die folgenden Jahre 1888 und 1889 in Giltigkeit.

Nach der hierauf erfolgten Abdankung König Milan's kamen die Radikalen zur Regierung und hatten somit auch den massgebendsten Einfluss auf die Regelung des Staatshaushaltes gewonnen.

So entnehmen wir dem Staatsvoranschlage für das Jahr 1892 folgende Ziffern: Die Einnahmen betrugen 60,135.839 D., dagegen die Ausgaben 60,110.595 D.; woraus sich ein Ueberschuss von 25.244 D. ergiebt.

Unter den Ausgaben des Jahres 1892 sind die wichtichsten: die Abzahlungsraten samt Zinsen für die öffentliche Schuld mit 20,466.188 D. und die Budgets der Ministerien mit 34,695.110 D.

Die Einnahmen vertheilen sich auf die direkten Steuern mit einem Gesamterträgnis von 22,186,469 D., auf die indirekten Steuern mit 19,126.000 D. (hievon entfallen auf Zolleinnahmen 3,700.000 D., auf die Verzehrungssteuer 3,000.000 D., auf das Tabak-Monopol 9,100.000 D., auf das Salz-Monopol 3,000.000 D.)

Die Stempelgebühren ergaben 2,395.000 D.; das Erträgnis aus den Staatseisenbahnen belief sich auf 6,000.000, aus den Bergwerken auf 1,165.000 D. und die Posten und Telegraphen ergaben eine reine Einnahme von 957.000 D.

Dieser Staatsvoranschlag wurde im Februar 1892 durch die radikale Skuptschina, bei namentlicher Abstimmung, mit 73 gegen 12 Stimmen angenommen.

Aus der angeführten Reihe der Staatsanschläge ersieht man deutlich, das die Epoche von 1875 bis einschliesslich 1878, nämlich die Zeit der Türkenkriege samt ihren Nachwirkungen, die Ziffern des Staatshaushaltes nach und nach von 14 Millionen (1874) auf 28 Millionen D. (im Jahre 1879), somit auf das Doppelte gesteigert hatte. Auf eine solche enorme Vermehrung konnte natürlich die Steuermaschine nicht eingerichtet sein, weshalb die erste Staatsschuld aufgenommen werden musste.

1880 und 1881 blieb der Staatshaushalt, wegen der Rückzahlung und Verzinsung der Staatsschuld, ungefähr auf der gleichen Höhe wie 1879.

Nun musste aber Serbien 1882 und 1883 seiner auf dem Berliner Vertrage übernommenen Verpflichtung nachkommen und kostspielige Eisenbahnen bauen, zu welchem Behufe neue Schulden gemacht werden mussten.

Die Folge davon ist die Steigerung der Einnahmen und Ausgaben des Budgets um rund 5 Millionen Dinars im Jahre 1882 gegen das Vorjahr und um weitere 2 Millionen Dinars im folgenden Jahre 1883.

Der Krieg mit den Bulgaren im Jahre 1885 macht die Budgetziffern neuerdings um etwa 11 Millionen emporschnellen (auf rund 46 Millionen Dinars), auf welcher Höhe dasselbe bis zur Durchführung des jüngsten Heeres-Organisations-Gesetzes, nämlich bis zum Jahre 1890 ungefähr geblieben ist. Durch dieses Letztere wurde eine neue Anleihe zum Zwecke der Bewaffnung und Ausrüstung des Heeres (Ankauf von 80.000 Stück Berdan-Gewehren und von Festungsschützen von der russischen Regierung), aufgenommen und betragen nunmehr die Ziffern des serbischen Staatshaushaltes mehr als das „Vierfache" vom Budget des letzten schuldenfreien Jahres 1874 (14 Millionen im Jahre 1874 gegen 60 Millionen im Jahre 1892).

Den langen Zifferreihen des serbischen Staatshaushaltes in der Zeit von 1868—1887 sind manche interessante That-sachen zu entnehmen.

Im Jahre 1867 betrugen die Ausgaben des Kriegs-ministeriums 3,920.000 Dinars hingegen jene des Unter-richtsministeriums 1,391.000 D.; diese beiden Posten ver-hielten sich somit zueinander, wie 3 : 1. 1872 war dieses Verhältnis 11 : 1 (nämlich 5,525.000 Dinars Heeresausgaben gegen 495.000 D. der Unterrichtsverwaltung.)

1879 gestaltete sich das Verhältnis wie 4 : 1 (7,031.882 D. gegen 1,976.147 D.); 1883 abermals wie 4 : 1 (10,385.327 D. gegen 2,700.866 D.), hingegen im Kriegsjahre 1885 änderte sich dieses Verhältnis zu Ungunsten des Unterrichtes und wurde 6 : 1 (Heeresbudget: 19,211.276 D; — Unterrichtsbudget 3,050.697 D.). Im Jahre 1887 findet wieder eine Besserung insofern statt, als das Kriegsbudget um ungefähr 5¼ Millionen vermindert, hingegen das Unterrichts-Budget um 25.000 Dinars erhöht wurde; das Verhältnis betrug somit 1887 — 4,6 : 1. Bei diesem Verhältnisse ist es auch seit-her mehr oder weniger geblieben. Wie überall, entfällt auch in Serbien der weitaus grösste Theil der Staats-ausgaben auf die Heeresbedürfnisse, dann folgt aber un-mittelbar die für den öffentlichen Unterricht verausgabte Summe; hierauf kommen die Ausgaben für die innere Ver-waltung und den Landes-Gesundheitsdienst, welcher Posten bis zum Jahre 1885 zeitweise auch höher war, als jener für den öffentlichen Unterricht.

Von den gesamten Staatsausgaben entfielen im Jahre 1868 auf die Heeresauslagen 25 Prozent; 1872 hingegen schon etwa 30 Prozent; 1879 sogar 38 Prozent; 1883 wieder nur 30 Prozent; 1885 steigerte sich in Folge des Bulgaren-krieges dieser Prozentsatz sogar auf 42 % und seit 1887 beträgt er ungefähr 31 bis 34 %

Seit den letzten zehn Jahren, nämlich seit der Er-

bauung der serbischen Eisenbahnen, weist unter den Staats-
ausgaben nicht allein das Heeresbudget die höchste Ziffer
auf; sondern die Auslagen für die öffentliche Schuld
kommen ihr meist ziemlich nahe.

Im Jahre 1883 betrugen dieselben 7,911.354 D. (Heeresauslagen noch 10,385.327 D.); 1885 stiegen die Ausgaben
für die Staatsschuld auf 11,583.824 D., während die Heeresauslagen, wegen des bulgarischen Krieges, bis auf 19 211.276
Dinars gesteigert worden sind; im Jahre 1887 erforderte
die Staatsschuld schon 15.303,173 D. und die Heeresverwaltung nur 14,000.092 D. und von nun an blieb der
Posten „Staatsschuld" stets der höchste im serbischen Aus-
gaben-Budget. So entfielen im Staatsvoranschlage für das
Jahr 1892 von den Gesamtausgaben im Betrage von
60,110.595 D. mehr als ein Drittel, nämlich 20,466.188 D.
auf die öffentliche Schuld, was auch in den Budgetjahren
1887, 1888 und 1889 der Fall gewesen war.

Eine unparteiische Beurtheilung der Finanzlage Serbiens
zeigt, dass Serbien kurz vor Ausbruch des Türkenkrieges
im Jahre 1876 nicht nur kein Defizit, sondern sogar eine
Mehreinnahme zu Gunsten der Staatskasse von 189.361 D.
gehabt habe, dass daher Serbien zu jener Zeit ein sehr
gut stehender Staat gewesen ist, der keine Schulden hatte
und noch Ueberschüsse in der Staatskasse ansammelte.

Erst der serbisch-türkische Krieg (Herbst 1876) und
die durch den Berliner Frieden übernommene Verpflichtung
zum Eisenbahnbau (von 1881 bis 1883) wirkten auf die
Finanzlage Serbiens fühlbar ändernd ein; hiezu kam auch
noch die wegen der neuen Heeresorganisation nöthig gewordene Anschaffung von Waffen und Ausrüstungsgegen-
ständen im Jahre 1890, wofür die Geldmittel ebenfalls
durch eine Anleihe beschafft werden mussten.

Noch im Staatsvoranschlage für das Jahr 1880, bei
welchem die Einnahmen 19,560.500 D. und die Ausgaben
19,520.477 D. betrugen, war in der Staatskasse ein Ueberschuss von rund 40.000 D. verblieben. Das letzte Jahr,

in welchem sich im Staatshaushalte gar kein Defizit her-
ausstellte, war 1885 ; aber es wurde doch schon 1882 die
Nothwendigkeit erkannt, die zwangsweise Einhebung der
Steuern durchzuführen, eine Massregel, die bis dahin in
Serbien nicht bekannt war.

Vom Jahre 1877 an gab es zwar schon Staatsschulden
und waren auch für die Rückzahlung im Budget von 1880
7,462.754 D. eingestellt worden, welche Summe noch vollständig gedeckt wurde.

Vom Jahre 1881 an wächst die serbische Staatsschuld
sehr rasch. Für die Rückzahlungsraten und Verzinsung
derselben wurden im Jahre 1885 in das Budget 11,583,824
D. eingestellt und ein Jahr später, im Jahre 1886 waren
zu dem gleichen Zwecke schon etwa 15 Millionen D. erforderlich ; somit ebenso viel, als zwölf Jahre früher die
gesamten Ausgaben Serbiens betragen hatten! Dabei war
aber das Heereserfordernis schon vor Beginn des serbisch-
bulgarischen Krieges auf 19,211.276 D. gestiegen.

Bis zum Jahre 1886 wurden in kurzem Zeitraume
nacheinander Anlehen aufgenommen, ohne dass die Pro-
duktivität des Landes entsprechend gestiegen wäre. Nach
dem serbisch-bulgarischen Kriege kam eine trübe Zeit für
Serbiens Finanzen. Die fortschrittliche Regierung wollte
die Ausgaben, besonders für das Heerwesen, nicht be-
schränken und kämpfte schwer mit dem fortwährend an-
wachsenden Defizit.

Das ausländische Kapital war misstrauisch geworden
und es gelang damals nicht, trotz mehrmaliger Versuche,
ein Anlehen abzuschliessen.

Durch ein neues Steuergesetz (1885) sollten die direkten
Steuern von 12 auf 20 Millionen D. erhöht und durch eine
ertragreichere Grundsteuer, auch der Bauernstand zur
Steuerleistung mehr herangezogen werden, wodurch aber
ein grosser Theil der Landbevölkerung in das Lager der
Radikalen gedrängt wurde.

Durch das neue Steuergesetz sollte das Defizit gedeckt

werden, vermochte es aber nicht und im Jahre 1887 stand Serbien nahe dem Staatsbankerott. Diese unsichere Situation dauerte bis zum Jahre 1889.

Wie sich die Lage nach und nach gestaltete, zeigen die Eingänge an direkten Steuern:
1877—6,919.627 D.,1878—7,221.308 D., 1879—9,524.012 D., 1880—8,646.873 D., 1881—9,397.045 D., 1882—10,321.678 D., 1883—10,811.229 D.,1884—11,210.849 D.,1885—15,064.562 D., 1886—15,770.903 D.,1887—16,354.511 D.,1888—20,306.864 D., 1889—19,792.294 D.,1890—22,780.680 D., 1891—25,372.331 D.

Die Summe der im Jahre 1891 thatsächlich eingehobenen direkten Steuern betrug somit nahezu das Vierfache von jener des Jahres 1877!

Im Jahre 1887 belief sich der Voranschlag der direkten Steuern sogar auf 23,280.000 D., wovon jedoch thatsächlich nur 16,354.511 D. eingelaufen sind.

Wegen der politischen Unsicherheit im Innern Serbiens, welche eine Einberufung und Zustimmung der Skuptschina nicht ermöglichte, wurde das Budget von 1887 auf die Jahre 1888 und 1889 ausgedehnt. Nach der 1889 erfolgten Abdankung König Milans wurde das Budget von den an das Staatsruder gelangten Radikalen festgesetzt und sollen dieselben eine genauere Vertheilung der direkten Steuern bewirkt haben.

In den letzten Jahren sind auch manche der Steuerrückstände eingelaufen, so z. B. 1890—3,395.650 D. und 1891—5,060.310 D., wodurch sich die in den Jahren 1887 bis 1889 eingetretene sehr missliche Finanzlage Serbiens wieder bedeutend gebessert hat. Das Steuererträgnis ist im Steigen begriffen und entspricht so viel als möglich den Voranschlägen für den Staatshaushalt. Im Jahre 1891 ergab sich in dieser Beziehung nur ein Ausfall von drei Prozent vom Voranschlage, während noch in den Jahren 1886—1887 an direkten Steuern zwischen 30 bis 40 Prozent zu wenig eingegangen waren.

Bei dem nun günstiger gewordenen Stande der serbischen Finanzen scheut sich nunmehr die Finanzverwaltung seit drei Jahren auch gar nicht, die Einnahmen allmonatlich zu veröffentlichen und der Skuptschina nachträglich die Abrechnung des Staatshaushaltes vorzulegen; was früher nie geschehen ist.

Wenn auch die Mittel des Staates für seine verschiedenen Zwecke knapp bemessen sind, manchmal sogar eine gewisse Kargheit zu tühlen sein mag; so beginnt doch in der serbischen Finanzverwaltung wieder Ordnung und Klarheit zu herrschen und man bringt die Ausgaben mit den Einnahmen in Einklang. Serbien kommt seinen finanziellen Verpflichtungen gegen das Ausland pünktlichst nach und dieses ist der deutlichste Beweis einer guten Finanzgebahrung.

Die Staatsschulden Serbiens betrugen beim Abschluss derselben im Nominale 347,189.500 Dinars; davon wurden bis Ende des Jahres 1892 zurückgezahlt 22,142.135 Dinars; so dass noch 325,047.365 Dinars verblieben sind. Die Tilgung ist eine ziemlich rasche und die steigenden Staatseinnahmen, begründet durch die Zunahme der Produktion, besonders der Landwirthschaft, lassen bei ruhigen Zeiten und einer soliden Verwaltung zuversichtlich erwarten, dass auch die weitere Zahlung der Staatsschulden ruhig und ohne Störung vor sich gehen wird.

Banken im Sinne jener der grossen Weltmärkte Westeuropas kann man in Serbien wohl nicht finden, aber nichtsdestoweniger hatte man schon unter der Regierung des Fürsten Mihail daran gedacht, Banken und Sparkassen zu gründen; ist jedoch damit nur sehr langsam vorgegangen.

Das älteste und wichtigste Kreditinstitut Serbiens ist die „Uprava fondova." Das Gesetz vom 16. August 1862 verordnete die Vereinigung der Gemeinde-, Waisen-, Wittwenpensions- und Kirchenfonds zu einer Art von Hypothekenbank, welche den Namen „Uprava fondova" (deutsch etwa: Fondsdirektion) erhielt.

Dieselbe ist ein unter staatlicher Aufsicht stehendes Geld-Institut, welches Darlehen auf Grundbesitz, gegen hypothekarische Sicherheit, zu 6 Prozent Zinsen bewilligt und die ihr anvertrauten Kapitalien mit fünf Prozent verzinst.

Wegen der Gründung einer „serbischen Nationalbank" wurde schon im Jahre 1861 ein Projekt ausgearbeitet, aber weiter geschah nichts.

Im Jahre 1879 schloss der belgische Abgeordnete Boucquéau mit dem Finanzminister ein Uebereinkommen, wegen Gründung einer Nationalbank, und selbst der Fürst wies am 16. November 1879 in seiner Thronrede der Skuptschina die ungeheure Bedeutung nach, welche eine Nationalbank für den nationalen Wohlstand des Landes haben müsste; trotz alledem wurde aber der bezügliche Gesetzentwurf in der Skuptschina dennoch mit sehr grosser Mehrheit verworfen. Die von den Abgeordneten vorgebrachten Einwände und Bedenken lieferten nur den Beweis, dass das serbische Volk noch zu wenig Verständnis habe für derlei gemeinnützige Unternehmungen.

Im Jahre 1881 versuchte auch Bontoux vergebens in Serbien eine Nationalbank zu gründen.

Ende 1882 arbeitete der Finanzminister Mijatovitsch einen neuen Entwurf zur Errichtung einer Nationalbank aus, welcher sich im Allgemeinen an den Plan Boucquéau's anschloss. Derselbe wurde endlich von der Skuptschina angenommen und am 6. Januar 1883 vom Könige genehmigt. Sie verfügt über 20 Millionen Dinars und führt den Namen „privilegierte Nationalbank des Königreichs Serbien."

In Folge des Gesetzes vom 23. September 1885 gab diese Nationalbank auch Papiergeld mit 40 prozentiger Fundation aus, nämlich Banknoten zu 50, 100 und 500 Dinars, welche in Gold und solche zu 10 Dinars, welche in Silber zahlbar sind.

Andere Geldinstitute sind die „Belgrader Kreditanstalt."

Sie wurde 1871 von einigen unternehmenden Handelsleuten gegründet und sollte ein Kapital von 12 Millionen Dinars haben. Zehn Jahre später, im Jahre 1881 waren jedoch erst 720.000 Dinars gezeichnet. Aber dennoch macht diese Kreditanstalt sehr gute Geschäfte, weil sie Geldeinlagen nur mit 5 Prozent verzinst, während ihr Zinsfuss für Darlehen auf Werthsachen 11 bis 12 Prozent beträgt. Im Jahre 1879 betrug der Umsatz 14,064.300 Dinars, 1880— 15,130.105 D. und 1881 schon 23,524.154 D., wobei die Aktionäre eine $10^1/_2$ prozentige Dividende erhielten.

Ebenfalls im Jahre 1871 wurde auch die „Kreditbank in Smederevo" gegründet, mit einem Kapital von 1,2 Millionen Dinars, welche ebenfalls sehr gut besteht.

Eine ähnliche Unternehmung ist die 1883 gegründete „Schabatzer Bank".

Im selben Jahre wurde durch ein Privilegium der serbischen Regierung und unter dem Schutze der Länderbank und des Comptoir d'Escompte die „Serbische Kreditanstalt" mit 1,200.000 D. Grundkapital gegründet.

Endlich besteht noch eine Belgrader Filiale der „Ungarischen Kreditbank," welche Darlehen zu 8—9 Prozent Zinsen auf Pfänder giebt.

Von den in Serbien bestehenden Sparkassen wären besonders zu erwähnen: Der „Belgrader Spar- und Aushilfsverein", welcher 1882 gegründet wurde. Sein Kapital wird durch Beiträge gebildet, welche mindestens 50 Para (Centimes) betragen müssen. Diese Einlagen werden mit 5 Prozent verzinst. Dieser Verein wurde so schnell beliebt, dass er schon drei Monate nach seiner Gründung über 71,343 und sieben Monate später über 582,678 Dinars verfügte.

Eine besondere Einrichtung sind in Serbien die Innungskassen oder „Esnaf", welche von Handwerkern und Arbeitern derselben Profession gegründet wurden. Sie sind zugleich Kranken-Unterstützungskassen. Die kleinen Darlehen werden mässig verzinst.

Eigentliche Sparkassen wurden erst durch das Gesetz vom 21. Oktober 1871 eingeführt und zunächst in Smederevo, Kragujevac, Kruschevac, Tschatschak und Uschitze eröffnet. Im Jahre 1881 wurde noch eine zu Nisch und 1883 eine solche zu Vranja gegründet. Die Einlagen werden mit 3 bis 5 Prozent verzinst und für Darlehen werden 7 Prozent Zinsen eingehoben.

Schlusswort.

Der Tod des Fürsten Milosch schliesst den ersten Abschnitt der neueren Geschichte Serbiens. Während dieses Zeitraumes von mehr als 50 Jahren (1804 bis 1860) kämpft Serbien vorerst, um seine Unabhängigkeit zu erringen und dann, um sie zu behaupten.

Während dieses ersten Zeitabschnittes wird das alte Paschalik Belgrad nach und nach zu einem autonomen Staate umgewandelt, welcher nur dem Namen nach, durch ein schwaches Band mit der Pforte verbunden ist.

Im Innern wird endlich die zwischen den rivalisirenden Hospodaren und militärischen Anführern getheilte Macht in einer einzigen Familie, in jener des Hauses Obrenovich vereinigt Aus dem Feudalismus geht Serbien zum monarchischen Prinzip über und auffallend genug, dass sich diese für die Zukunft der Balkanstaaten hochwichtigen Veränderungen nicht nur ohne Zuthun, sondern gewissermassen sogar gegen den Willen der übrigen europäischen Regierungen vollziehen.

Während Frankreich, England und Russland gemeinsam die türkische Flotte bei Navarin verbrennen und durch das Protokoll von London das neue Königreich Griechenland begründen, sehen sie gleichzeitig dem blutigen Schauspiele an der unteren Donau ganz gleichmüthig zu. Nur Russland tritt zeitweise bald zu Gunsten Serbiens, bald zu jenem der Wallachei und Moldau auf, und benutzt seine zeitweiligen Siege über die Türkei dazu, um seinen Einfluss in den unteren Donauländern zu begründen.

Der zweite Abschnitt der neueren serbischen Geschichte ist von dem ersten wesentlich verschieden. Jetzt hat auch Europa einen Einfluss, welchen es bei den verschiedenen Entwicklungsphasen in Serbien, mehr oder weniger entschieden, zum Ausdruck bringt. Das russische Protektorat wird im Pariser Vertrage vom Jahre 1856 aufgehoben und die serbische Autonomie ist nicht mehr ein jeder anderen Anerkennung ermangelnder Zufall der russischen Politik.

Die serbische Autonomie ist von da an garantirt und allgemein anerkannt; sie bildet einen Theil des europäischen öffentlichen Rechts.

Im Innern des Landes wurde, durch die Zurückberufung des Fürsten Milosch und die Anerkennung seines Sohnes Mihail als Thronfolger, das Prinzip der erblichen Monarchie verwirklicht. Nachdem dies geregelt war, gelangte eine neue Idee zum Durchbruche, nämlich jene der Wiederherstellung der historischen Grenzen des alten Serbenreiches. Die Wiedergeburt des „Fürstenthums Serbien" war verwirklicht; nun sollte jene des gesamten serbischen Volkes beginnen.

Der zweite Abschnitt der neueren serbischen Geschichte hatte seine Glanzepoche unter dem Fürsten Mihail.

Er hatte sein achtzehnjähriges Exil besser angewandt, als Milosch. Während sich dieser auf seinen Landgütern in der Wallachei mehr und mehr in die Betrachtung seiner Erinnerungen und Zukunftsträume vertiefte, besuchte Fürst Mihail die meisten Hauptstädte Europas, lernte Sprachen und sass als einfacher Student auf den Bänken der Heidelberger Universität.

Als beim Sturze des Fürsten Alexander Karadjordjevitsch und bei dem vorgerückten Alter seines Vaters Milosch, seine Aussicht wieder auf den serbischen Thron zu gelangen einer nahen Verwirklichung entgegenging; da fühlte er sich hiezu vollkommen vorbereitet.

Die achtzehn Monate, welche Mihail als Thronfolger Serbiens (vom Februar 1859 bis September 1860) verlebte, benützte er beinahe gänzlich dazu, um das Innere des Fürstenthums durch Reisen und Studien gründlich kennen zu lernen. Er erneuerte hiemit die Bekanntschaft mit dem Lande, welches er durch eine Reihe von Jahren aus den Augen verloren hatte; gleichzeitig mied er auch den wenig beneidenswerthen Aufenthalt in Belgrad, wo neuerdings die politischen Gegner gegen seinen Vater und auch gegen ihn den Kampf eröffnet hatten.

Milosch und Mihail waren ihrem ganzen Wesen und Charakter nach, von einander grundverschieden. Der Unterschied zwischen beiden war der gleiche, wie jener zwischen Mittelalter und Neuzeit.

Milosch war bis zu seinem Lebensende despotisch und mitunter auch barbarisch geblieben, wie ein echter Führer von Palikaren oder Haiduken. Mihail hingegen war im vollsten Sinne des Wortes ein europäischer Fürst, welcher gleichzeitig hochgebildet und durchdrungen war, von den neuesten Grundsätzen über die Rechte der Völker und die Verantwortlichkeit der Herrscher.

Sein Verstand und sein gesunder Sinn nahmen öfter Anstoss an verschiedenen Handlungen seines Vaters, deren Zeuge er gewesen war, und mehr als ein Mal versuchte er demselben vernünftige, aber stets vergebliche Vorstellungen zu machen. Milosch wollte nichts anhören. Er bestand hartnäckig auf seinen Irrthümern, mit jener Zähigkeit eines Greises, der nicht zu begreifen vermag, dass sich ringsum alles geändert habe, und nur er selbst derselbe geblieben sei.

Durch diese harte Lehrperiode schärfte sich jedoch das Urtheil und das Rechtsgefühl des Fürsten Mihail, und er hatte früh genug darüber nachgedacht, nach welchen

Grundsätzen er zu handeln und welche Gefahren er zu meiden habe

Im Jahre 1851 veröffentlichte Mihail selbst in Wien eine bemerkenswerthe Schrift über „Milosch Obrenovich, oder Ueberblick der serbischen Geschichte von 1830 bis 1840". Wenn er auch seinem Vater volle Gerechtigkeit widerfahren lässt; so ist er dennoch selbst überzeugt, dass Milosch im Jahre 1839 nicht einzig und allein den Intriguen seiner Feinde zum Opfer gefallen, sondern dass er an seinem Sturze bis zu einer gewissen Grenze selbst schuldig gewesen sei.

M. Blanqui sagt: „Selten wird ein Herrscher entthront, ohne Fehler begangen zu haben." Und Milosch hatte deren mitunter recht schwere begangen. Milosch starb am 26. September 1860 und am selben Tage gab die vom neuen Fürsten an das serbische Volk erlassene Proklamation den Wahlspruch aus, dass das Gesetz die einzige Autorität in Serbien sein solle.

Ein solcher Wahlspruch im Munde des Sohnes und Erben Milosch' bezeichnete deutlich den Unterschied zwischen dem Regierungssysteme, welches soeben beendet wurde, und jenem, das beginnen sollte.

Mit diesem Wahlspruche hatte Fürst Mihail aus eigenem freien Willen das Prinzip der konstitutionellen Monarchie an die Stelle der bisherigen absoluten Regierung gesetzt.

Sehr bemerkt wurde die damalige Antwort des Fürsten Mihail an den türkischen Obersten, welcher ihm den Investiturs-Berat (Bestätigungs-Schreiben) des Sultans überbracht hatte; er sagte: „Indem ich aus Ihren Händen den „hohen kaiserlichen Berat übernehme, bitte ich Sie, Herr „Oberst, Se. Majestät zu versichern, dass ich getreu der „zweifachen Ueberlieferung meiner Dynastie, stets be- „seelt sein werde von den Gefühlen der Treue und Er- „gebenheit für den hohen Souverain Serbiens, dass ich „jedoch auch stets als Fürst zu regieren und alle Rechte

„und Einrichtungen meiner Nation aufrechtzuerhalten be-
„absichtige."

Er ging auch sofort ans Werk und begann den von
der Pforte im Jahre 1838 erlassenen Ustav (Verfassungs-
urkunde) den geänderten Zeitverhältnissen gemäss abzu-
ändern. Im Sommer 1861 liess er einer ausserordentlichen
Skuptschina eine Reihe höchst wichtiger Gesetzentwürfe
zur Genehmigung vorlegen und bestätigte dieselben sofort.

Hierdurch wurde im Laufe von wenigen Wochen die
politische und wirthschaftliche Lage im Fürstenthum Serbien gründlich verändert. So wurde der allzu mächtig
gewordene Senat reorganisirt, die Thronfolge geregelt
und für den Fall vorgesorgt, falls der regierende Fürst
ohne direkten Erben sterben sollte, ferner wurde das
Nationalheer gegründet, in welchem jeder Serbe dienst-
pflichtig sein sollte und schliesslich die bisherige gleichmässige Kopfsteuer, durch eine nach dem Vermögen in
Abstufungen getheilte direkte Steuer ersetzt, welche dem
Staate eine beträchtliche Vermehrung der Einnahmen
sicherte.

Diese Neuerungen, deren Tragweite Jedermann klar
war, wurden in Constantinopel sehr übel aufgenommen.

Bisher war der Divan durch die Schwäche des Fürsten
Alexander Karadjordjewitsch daran gewöhnt worden, die
Verfassung vom Jahre 1838 (Ustav) nur als einen Akt an-
zusehen, an welchem weder gerührt noch gerüttelt werden
dürfe, ausser mit Einwilligung der suzeränen Macht.

Nachdem Alexander Karadjordjevitsch, ohne Rücksicht
auf das Recht und die Würde seiner Nation, gewohnt war,
in zahlreichen Fällen in Constantinopel um Rath und Entscheidung zu bitten, welche in Belgrad hätten nicht nur
entschieden werden können, sondern logischer Weise daselbst hätten entschieden werden sollen, ferner weil er
gegen die Türken stets schwach auftrat; so waren diese
nach und nach zu der Ueberzeugung gelangt, dass sie die
absoluten Herren von Serbien seien. In diesem Sinne

sprach sich auch das halboffizielle „Journal de Constantinople" in seiner Nummer vom 14. November 1851 mit folgenden Worten aus: „La Serbie n'est ni un État tributaire, ni un État vassal; elle est simplement une province de l'Empire ottoman."

Beinahe wäre os damals zu einem Kriege gekommen; denn die Pforte wollte schon eine Armee gegen Serbien senden, um dort die gesetzliche Ordnung wieder herzustellen. Nach reiflicher Ueberlegung begnügte sich aber die Pforte mit einer schriftlichen Missbilligung, welche von Serbien in beruhigender Weise beantwortet wurde, und dabei blieb es.

Auf diese Weise hatte Fürst Mihail durch seine kühne Initiative mit einem Schlage eine Beliebtheit errungen, die sein gefürchteter Vater nur in sehr bescheidenem Maasse besessen hatte, und wurde gleichzeitig auch der natürliche Vertreter der gesamten serbischen Nation inner- und ausserhalb des Fürstenthums.

Das Volk war dem Fürsten Mihail unbedingt ergeben, weil es an dessen Patriotismus glaubte und weil es die Ueberzeugung hatte, dass der Fürst selbst sich nur als der erste Diener des Gesetzes betrachte. In diesem Ideengange kommt jedoch der Charakter und die Sitten der Serben so recht zum Ausdruck. In Serbien wird naturgemäss Jedermann, der irgend ein öffentliches Amt bekleidet für unverletzlich gehalten.

Die Gesetze werden überall ohne Schwierigkeit befolgt, vorausgesetzt, dass dieselben von Jenen angenommen worden sind, welche sie befolgen sollen. Das Volk ist folgsam, jedoch liebt es Alles zu besprechen, um nicht zu sagen: zu bekriteln. „Verstehen, ist gehorchen" sagten die Griechen des Oströmischen Reiches. Und der Serbe will nicht nur verstehen (hören), sondern auch begreifen. Es ist somit nicht genug, dass ein Gesetz durch die Skuptschina genehmigt, vom Herrscher sanktionirt und sodann durch die Kreis- und Bezirks-Behörden veröffentlicht worden

sei; es muss noch von jedem Individuum für sich durchdacht und schliesslich auch gutgeheissen werden. Ist dies
der Fall gewesen, so wird das betreffende Gesetz mit
Freude und Genugthuung befolgt. Der Serbe will insbesondere keine neuen Lasten auf sich nehmen, bevor ihm
deren Nützlichkeit nicht vollkommen klar geworden ist.
So kann man die in den letzten 6 bis 8 Jahren vorge-
kommenen Steuerrückstände sich am besten dadurch erklären, dass die Bevölkerung jener Gegenden, deren Abgeordnete der allzu rasch vorgenommenen Steigerung der
direkten Steuern nicht beigestimmt hatten, einfach die
Steuern ganz oder theilweise schuldig blieben; denn von
einer Verarmung des serbischen Volkes bis zu dem Punkte,
dass es selbst die Steuern nicht zahlen könnte, ist das
Land glücklicher Weise noch sehr weit entfernt.

Nun wurde allerdings die bisher noch nie angewandte
Zwangseinhebung der Steuern eingeführt, was aber dem
auf seine Freiheit so stolzen Volke wieder als eine sehr
harte Massregel erscheinen musste.

Unter dem Fürsten Mihail fühlte sich das Volk vollkommen gleich und ebenbürtig einer dem Andern, und in
dem Fürsten sah man nur den Vater der Nation, vor
welchem man nicht zu zittern brauchte; er war für die
ganze Nation dasjenige, was der Stareschina für die Mitglieder seiner Zadruga ist.

Wenn der Fürst Mihail die versammelte Skuptschina
ansprach, so nannte er sie immer; „Meine Brüder!" „Wie
befindet Ihr Euch?" — „Seid Ihr gesund?" Hierauf antwortete die ganze Versammlung: „Gott sei Dank, gut! —
Und Du Gospodar, wie befindest Du Dich?"

Heute ist der Verkehr zwischen dem Herrscher Serbiens und seinem Volke schon gezierter, dafür aber auch
weniger herzlich und gar nicht mehr patriarchalisch. Trotzdem hängt aber die grosse Masse der Bevölkerung, nämlich die Landbewohner, welche neun Zehntel der gesamten
Einwohnerzahl ausmachen, noch immer an den altherge-

brachten Sitten und Gebräuchen und ist ihr jede Neuerung
ein Greuel, besonders wenn durch dieselbe eine Erhöhung
der Abgaben nothwendig wird und deren materielle Vortheile dem einfachen Verstande des Bauern nicht sofort
klar werden.

Dies ist auch der einzige Grund, warum sich der Serbe
im Allgemeinen so schwer entschliesst, an grösseren Industrie-Unternehmungen oder an umfangreichen Handels-
spekulationen theilzunehmen. Er zieht eben den Sperling
in der Hand, der Taube auf dem Dache vor!

Der Bau der Eisenbahnen und verschiedene Einführ-
ungen in der Verwaltung, verbunden mit einer bedeutenden Vermehrung der Staatsbeamten, brachten dem serbischen Bauer vorläufig nichts als eine bedeutende Erhöhung
der direkten Steuern. Die Unlust hierüber erzeugte den
Radikalismus unter der Landbevölkerung.

Der vorzügliche Kenner südslavischer Verhältnisse,
Professor Cyprien Robert, schrieb schon im Jahre 1852 in
seinem Werke: „Les Slaves de Turquie" (Paris 1852 bei
Passard) nachstehende höchst beachtenswerte Worte, betreffend die Bildung von politischen Parteien im Fürstenthum Serbien, welche noch heute zum grossen Theile ihre
volle Richtigkeit haben.

„Drei Parteien machen sich im Fürstenthume Serbien
geltend: in erster Linie ist die nationale Partei, bestehend
aus Landbewohnern mit slavisch-orientalischen Sitten,
welche gestützt durch die ganz unverfälschte Gebirgsbe-
völkerung, den Cultus der alten Erinnerungen, der herge-
brachten Sitten und Gebräuche mit ebenso aufrichtiger
als zäher Hingebung pflegen. Als zweite Partei gilt die
zu Oesterreich hinneigende Bevölkerung an den Ufern der
Donau und Save, welche die Handelsbeziehungen zwischen
Serbien und Oesterreich vermittelt. Diese Partei bekämpft
im Namen der westeuropäischen Civilisation die orientalischen Tendenzen der Nation. Als dritte gilt eine gemischte Partei, welche hauptsächlich aus Beamten besteht,

denen nur ihr Sold am Herzen liegt, und die jede Neuerung mit Freuden begrüsst, wodurch die Zahl der Beamten
erhöht und besser bezahlte Posten geschaffen werden. Es
ist klar, dass diese letztere Partei keine Lebensfähigkeit
besitzt in einem Lande wie Serbien, und dass sie nur im
Anschlusse an die eine oder die andere der beiden erstge-
nannten Parteien fortbestehen kann.

Es handelt sich daher nur um die österreichische
(jetzt Fortschrittspartei genannt) und um die altnationale
Partei (die jetzigen Bauern-Radikalen), welche sich in althergebrachter Sitte, bei möglichst erweiterter Gemeinde-
Autonomie, selbst verwalten wollen; um nicht ein so grosses
Heer von Beamten zahlen zu müssen. Wer in den Volks-
geist der Slaven aller Stämme eingedrungen ist, muss zugeben, dass alle germanischen Einrichtungen bei den Slaven zumeist sehr wenig beliebt sind; daher hatte auch
die damalige österreichische (jetzt Fortschritts-) Partei
einen sehr schweren Stand bei der serbischen Nation und
konnte niemals auf die Dauer mit ihren Ideen festen Fuss
fassen. Es blieb daher immer nur die Partei der Kmeten
und Landwirthe, welche sich thatsächlich des vollen
Genusses der Sympathien ihrer Nation erfreute. Diese
Partei, obwohl eine geschworene Feindin der absoluten
Monarchie, verlangte nichtsdestoweniger eine starke und
geregelte Regierung; nur wünschte sie, dass sich die Macht
nicht auf eine ausländische Vormundschaft, sondern auf
die patriarchalischen Einrichtungen des Landes stütze.

Und diese Einrichtungen enthalten, ebenso wie die
Sitten des serbischen Volkes, viel Edles und Einfaches.
Jedes Dorf wird durch seine Kmeten verwaltet u. s. w."

Dieses einfache und vollkommen unverdorbene Volk,
welches unter dem Fürsten Mihail so glücklich und zufrieden gelebt hatte, erhielt nach dem gewaltsamen Tode
dieses edlen Herrschers, den Neffen des Letzteren, den
Fürsten Milan zum Nachfolger. Man kann dreist behaupten, dass der verstorbene Mihail durch seine auf deut-

schen Universitäten genossene Bildung und durch die vor
seiner Thronbesteigung unternommenen Reisestudien im
Innern Serbiens viel besser vorbereitet sein Herrscheramt
angetreten hat, als nach ihm der in Paris erzogene Milan.
Dieser war trotz seiner Jugend, in dem Augenblicke
als er den serbischen Fürstenthron bestieg, nicht mehr im
Stande, sich in den Geist und die Ideen seines Volkes
völlig einzuleben; er wurde als Pariser erzogen und hat
viel von den Vorzügen aber auch von den Fehlern der
Franzosen angenommen. Mit echt französischem Elan erklärte er wenige Jahre nach erlangter Grossjährigkeit der
stark unterschätzten Pforte den Krieg, ohne sich hierfür
genügend vorbereitet zu haben, und legte dadurch seinem
Lande grosse Opfer an Geld und Blut auf, ohne einen
Erfolg erringen zu können; denn nicht dieser, sondern der,
im darauffolgenden Jahre 1877 ausgebrochene russisch-tür-
kische Krieg brachte dem Lande die beträchtliche Gebietserweiterung im Süden.

Auch die gänzlich verschiedenen Lebensanschauungen
zwischen einem modernen, genussüchtigen Franzosen und
dem patriarchalischen Bauernvolke in Serbien, welches noch
ein Stück des Orients ist, mussten allerlei Reibungen und
Misshelligkeiten hervorrufen. Diese Gegensätze führten besonders zu bedenklichen Aergernissen, als Milan durch die
Zerwürfnisse in seinem ehelichen Leben nicht bloss die
Anschauungen und Sitten seines Volkes schwer verletzte
und damit auch die Sympathien desselben grossentheils
einbüsste, sondern sich zugleich in seiner schwer gekränk-
ten und geschiedenen Gattin einen ernsten politischen
Gegner schuf, und weil dieser Bruch zwischen den Eltern
auf das Gemüth des Sohnes und Thronerben schon in
dessen Kindheit einen betrübenden Einfluss üben musste.

Ebenso wie das Privatleben des Königs beim Volke
vielfach Anstoss erregte, so brachte ihn dasselbe auch mit
den kirchlichen Gewalten in Widerstreit, und König Milan
liess sich verleiten, in die Kreise der hierarchischen Or-

ganisation mit gewaltthätiger Hand einzugreifen. Er vermehrte hierdurch nur die Zahl seiner Gegner und schwächte seine eigene Stellung, welche nunmehr von jedem Dorfgeistlichen angefochten und bekämpft wurde. Was das bei einem südslavischen Volke zu bedeuten hat kann Jeder, dem die orientalischen Verhältnisse bekannt sind, leicht ermessen, es bedarf daher keiner näheren Erklärung.

Ebensowenig lächelte dem heutigen Exkönig das Glück auf politischem und volkswirtschaftlichem Gebiete. Die beiden unglücklichen Kriege von 1876 und 1885 schadeten ungemein dem militärischen und politischen Ansehen Serbiens; auch brachten sie das Land in grosse finanzielle Verlegenheiten. In politischer Hinsicht ist das hohe Ansehen, welches Serbien bis dahin bei den Südslaven, als Kristallisationspunkt ihrer angehofften einstigen Vereinigung, genossen hatte, wohl auf lange Zeit, besonders durch den serbisch-bulgarischen Krieg 1885, erschüttert uud stehen Serbien und Bulgarien in dieser Hinsicht nunmehr vollkommen gleichberechtigt da.

Die sogenannte austrophile Politik hätte an und für sich bei den Serben kein so grosses Missfallen und keinen Widerstand gefunden; sie wurde erst verhasst durch jene Finanzmächte, die des Königs Geldverlegenheiten benützten, um das Land in ihrer ausbeutenden Gewalt zu erhalten. Was diese Leute am serbischen Volke gesündigt hatten, das wurde Oesterreich-Ungarn zur Last gelegt, und so übertrug sich die Abneigung von jenen auf dieses.

Schon im Jahre 1890 schrieb die wohlunterrichtete „Münchener Allgemeine Zeitung," dass die Dinge in Serbien auf einem Punkte angelangt seien, wo die entscheidende Katastrophe nicht mehr lange ausbleiben könne. Der Radikalismus am Staatsruder hätte seine Unfruchtbarkeit abermals erwiesen; die Unzufriedenheit im Lande sei grösser geworden, als in den letzten Zeiten des Milan'schen Regimentes, und sogar in der Armee, diesem Schoosskinde der

ganzen Nation, herrsche Unwillen gegen die Radikalen,
welche den Offizieren ihre Bezüge schmälern wollten.
Nach seiner Abdankung war König Milan noch längere Zeit in Serbien verblieben und trieb Partei-Politik,
indem er die Wahlen und die öffentliche Meinung beein-
flusste. In der radikalen Partei, welcher Milan durch seine
Verfassungsänderung (Ende 1888) an das Staatsruder ver-
holfen hatte, war eine tiefgehende Gährung eingetreten
und drohte im Jahre 1890 ein Zerfall der Partei in verschiedene sich gegenseitig befehdende Gruppen einzutreten.
In der Armee herrschte eine Unzufriedenheit, die einen
bedenklichen Umfang angenommen hatte, und ein Theil
des Offizierkorps befand sich in einer Stimmung, die einem
kühnen Gegner der bestehenden radikalen Regierung —
selbst über die Köpfe der drei Regenten hinweg — leicht
die Möglichkeit geboten hätte, einen ernsten Handstreich
gegen jene, mit grosser Aussicht auf Erfolg zu unternehmen. Auch die Geschäftswelt und die, durch die
Grenzsperre gegen Ungarn schwer geschädigte Landbevölkerung waren ebenfalls in erbitterter Stimmung, in welcher sie alle eine Aenderung der bestehenden Verhältnisse
nicht nur ohne Widerstand hingenommen, sondern sogar
freudig begrüsst haben würden.

In dieser allgemeinen Missstimmung und Unzufriedenheit hatte sich Exkönig Milan mit den beiden anderen
Parteien, den Fortschrittlern und Liberalen, in Verbindung
gesetzt und trug sich mit dem Plane, diese Elemente zu einer
starken, festgefügten Opposition gegen die Radikalen zu
vereinigen. Er beabsichtigte den antidynastischen Ab-
sichten der Radikalen eine dynastische Partei entgegenzu-
stellen. Da er gleichzeitig auf einen Theil der Armee
rechnen durfte, so waren alle Vorbedingungen für eine
sehr wichtige Aktion gegeben.

Thatsächlich machte Exkönig Milan den Regenten den
Vorschlag, das radikale Ministerium zu stürzen und ein

neues Kabinet aus der von Milan zu bildenden dynastischen Rechten zu bilden. Die Regenten gingen zwar auf diesen Vorschlag nicht ein, dass aber Milan einen derartigen Antrag überhaupt stellen durfte, zeigt deutlich, wie weit die Dinge damals schon gediehen waren, und dass die damalige Krisis von hohem Ernste war. Nun glaubte man, dass es Milan an einer kühnen Aktion mit Hilfe der Armee nicht fehlen lassen werde; jedoch geschah nichts, obwohl speziell die Liberalen sich sehr bemüht haben sollen, den Exkönig zu einer entscheidenden That zu bewegen.

Nun sagten sich vor allem die Fortschrittler unter Garaschanin von Milan los und beschlossen ein selbständiges Vorgehen bei den Neuwahlen für die Skuptschina im September 1890. Diese Haltung der Fortschrittspartei brachte aber auch die Liberalen unter Avakumovitsch ins Wanken und die Folge davon war nicht allein die missglückte Vereinigung dieser beiden oppositionellen Parteien, sondern deren Abfall vom Exkönig Milan überhaupt. Dasselbe geschah bei den Offizieren, welche die Unentschlossenheit Milans, dem sie gerne mit einem Pronunciamento beigestanden hätten, aufs peinlichste berührte, und die sich von diesem Augenblicke an von Milan gänzlich abwendeten. So sah sich der Exkönig plötzlich von Allen verlassen, die er als seine Anhänger angesehen hatte, und durch sein eigenes Verschulden stand er wieder vollständig isolirt da. In dieser Verlegenheit fand Milan den Ausweg — mit den Radikalen Frieden zu schliessen.

Den Radikalen konnten selbstverständlich alle diese Vorgänge kein Geheimnis geblieben sein. Nachdem ihre eigene Partei selbst zerrüttet war, so hatten sie das Hervortreten der beiden Oppositionsparteien, sowie die wachsende Missstimmung in der Armee und Landbevölkerung, mit grosser Besorgnis beobachtet, zugleich aber die dringende Nothwendigkeit erkannt, diesen Gefahren rasch und entschieden entgegenzuwirken. Schneller, als man vermuthet hätte, rafften sich die Radikalen auf und es gelang ihnen, binnen sehr kurzer Frist die zwischen ihnen bestehenden Zwistigkeiten zu beseitigen und sich wieder fest zu vereinigen. Als dies gelungen war, übernahm deren bedeutendster Führer Pasitsch die Vermittlung zwischen den Radikalen und dem Exkönig. Diese Vermittlung war erfolgreich; die Radikalen verpflichteten sich, für Milan eine bedeutende Apanage in der Skuptschina zu bewilligen und — bis zur Grossjährigkeit des jungen Königs — alle antidynastischen Handlungen oder auch nur Kundgebungen zu vermeiden!

Milan hingegen gab für diese Zugeständnisse die Absicht auf, die Radikalen weiter noch zu bekämpfen. Dass die beiden Theile diesen Frieden nur für so lange Zeit halten würden, als es für ihre Zwecke passte, war vorauszusehen und die in den nächsten drei Jahren stattgehabten politischen Krisen haben dies auch bestätigt.

Ueber die Charakteristik der drei Hauptparteien des Landes, die Liberalen, die Fortschrittsmänner und die Radikalen, giebt der Redakteur Komartschitsch des fortschrittlich gefärbten Blattes „Videlo" — nachstehende Aufschlüsse.

Ristitsch, der bedeutendste Politiker des Landes, welcher während der Minderjährigkeit der jungen Könige Milan und Alexander Mitglied der Regentschaft und wiederholt Minister des Aeussern, nebstbei Präsident des Ministerrathes war, repräsentirt das liberal-konservative Prinzip in Serbien. Er wünschte Serbien möglichst stark und selbständig zu machen, indem er erklärte: „Mit allen freundlich, aber keinem unterthänig!" sei des Serben Wahlspruch. Im Hinblicke auf die inneren Angelegenheiten ist Ristitsch ein Feind überstürzter Neuerungen, dagegen der Freund eines kräftigen Regimentes.

Zu dieser Partei gehörten ferner Kristitsch, der wiederholt Ministerpräsident war, dann Marinowitsch u. A.

Die Fortschrittspartei stimmt ihrem Wesen nach mit

19*

den Freisinnigen West-Europas überein. Sie klebt keines-
falls an althergebrachten Einrichtungen und betrachtet
dieselben vielmehr als Ueberreste barbarischer Zustände.
Ebensowenig liegt ihr die Landeskirche besonders am Herzen,
was sie auch durch ihr Verhalten gegenüber den orthodoxen Bischöfen des Landes, gelegentlich des Kirchenstreites unter König Milan, bewiesen hat. Hingegen möchte
die Fortschrittspartei möglichst rasch alle Errungenschaften
des Westens in Serbien verwirklicht sehen; eine grossartig
entwickelte Industrie, Eisenbahnen, finanzielle Unternehmungen, Banken, Unterrichtsanstalten aller Art, schöne
öffentliche Gebäude, gut gepflasterte und schön beleuchtete
Städte, Entfaltung des Reichthums und eine wohlhabende,
auf grossem Fusse lebende Bürgerschaft, dies ist das an-
gestrebte Ideal der Fortschrittsmänner. Um nun all dieses
recht schnell durchführen zu können, will diese Partei der
Regierung erweiterte Machtbefugnisse und vermehrte Geldmittel geben und befindet sich somit auf dem Wege zur
Zentralisation. — Milan, der sein Land ebenfalls gerne zu
einem rasch fortschreitenden machen wollte, hält sich daher
mit Vorliebe zur Fortschrittspartei. Ueberdies ist er aber
auch stets bemüht gewesen, in erster Linie sein Heer zu
stärken und dessen Organisation zu befestigen.

Die Radikalen zerfallen in zwei von einander ganz
verschiedene Gruppen. Die eine derselben umfasst die
Bauern mit ihren Dorfpopen. Diese Gruppe will die alten
Gerechtsame des Volkes, — Selbstverwaltung ihrer Gemeinden und Theilnahme an der Regierung, — unangetastet
aufrecht erhalten und möchte möglichst niedrige Steuern
zahlen.

Den kostspieligen Neuerungen und den Centralisations-
Bestrebungen der Fortschrittspartei steht man somit in
dieser Gruppe von Radikalen feindlich gegenüber, und
man könnte behaupten, dass Serbiens Landbevölkerung
hierin derjenigen der Schweiz, Dänemarks und Norwegens
gleicht.

Die andere Gruppe der Radikalen besteht aus jungen Leuten, welche im Auslande studirt und von dort republikanische und sozialistische Ideen mitgebracht haben. Bei Einzelnen von ihnen ist die Vorliebe zu altslavischem Sein und Wesen seltsam verquickt mit einer feurigen Begeisterung für die Pariser Commune. In ihren Zeitungen „Borba" (d. h. Kampf) und „Samouprava" (oder Selbstverwaltung) finden sich ihre Forderungen aufgestellt. Die Verfassung soll eine Umgestaltung erfahren und man verlangt: die Abschaffung des Staatsrathes, die Eintheilung des Landes in föderalistische Kantone, durch Wahlen ins Amt berufene Richter, die Umwandlung sämtlicher Abgaben in eine dem Einkommen entsprechende Steuer und, an Stelle des stehenden und regulären Heeres, die Einführung einer reinen Volksmiliz.

Die Bauernpartei der Radikalen will vor allem eine ausgiebige Verminderung der Beamtenzahl durchführen und hat damit nicht so unrecht. Professor Emil von Laveleye sagt hierüber: „Warum will man die Bureaukratie, eine von den Plagen moderner Staaten da, wo sie nicht vorhanden ist, einführen? Ein Beispiel soll zeigen, was ich meine. Während Belgien mit seinen nahezu 6 Millionen Einwohnern nur 9 Provinzial-Gouverneure hat, ist Serbien bei einer Bevölkerungsziffer von kaum $2^1/_2$ Millionen Seelen in 15 Kreise mit je einem „Natschalnik" und in so und so viele Bezirke mit ihren Bezirksvorstehern getheilt; dabei giebt es noch bei jeder Kreis- und Bezirksbehörde eine Schaar von Sekretären, Kanzlisten und Hilfsarbeitern. Sollte das nicht zu viel sein?"

In Folge der festen Centralisation der Radikalen erlangten dieselben, nach dem gelungenen Ausgleiche mit Milan, auch eine überwältigende Mehrheit bei den Neuwahlen für die Skuptschina im Herbst 1890 und gelangten neuerdings an das Staatsruder.

Gelegentlich der im Jahre 1892 stattgehabten Lösung einer Cabinetskrisis in Serbien besprach die „Münchener

Allgemeine Zeitung" in ihrem Blatte vom 6. April ihre
Auffassung der dortigen Verhältnisse mit folgenden
Worten:

„Nach ungewöhnlich langen, vielwöchentlichen Wehen
ist endlich das serbische Ministerium unter seinem früheren
Präsidenten zur Neubildung gelangt. In Serbien bildet,
genau wie sich dies zuletzt auch in Griechenland erwies,
die Armee den Eckstein der staatlichen Ordnung und
Macht; sie fest in der Hand zu behalten, ist der Wunsch
der um die Herrschaft ringenden Parteien. Um das Amt
des Kriegsministers entspann sich denn das eifersüchtige
Werben der liberalen Regentschaft unter Ristitsch und
des radikalen Ministeriums. Es scheint, dass in den zer-
fahrenen Verhältnissen des Königreichs die Armee noch
am meisten einheitlich und fest gegliedert ist; sie könnte,
wenn die Wirren fortdauern, zuletzt den Ausschlag zu
geben berufen sein. (Dies ist bekanntlich schon beim
Staatsstreiche des jungen Königs am 1./13. April 1893 und
neuestens bei den Ereignissen am 21. Januar 1894 der
Fall gewesen). Die Radikalen haben es mit ihr gründlich
verdorben, da sie seinerzeit aus Ersparungsrücksichten die
Einschränkung der Offiziersbesoldungen geplant hatten;
sie mussten jedoch zuletzt vor dem Widerstande der Armee
zurückweichen. Damals — im Jahre 1891 — schien es
ebenfalls einen Augenblick lang, als ob der in Paris
lebende Milan, auf die Missstimmung der Armee bauend,
die Absicht habe, mit ihrer Hilfe wieder in das Land
zurückzukehren.

Nach längerem Ringen zwischen der Regentschaft und
dem Ministerium ist endlich eine Art Compromiss zu
Stande gekommen, bei welchem jedoch Ristitsch den
grösseren Vortheil davon getragen hat; denn der neue
Kriegsminister Djuritsch musste doch eher zu seinen
Parteigängern gerechnet werden, als zu einem Radikalen.

Im allgemeinen hat man den Eindruck, dass die radikale Regierung, welche sich anfangs sehr stark gefühlt

hatte, durch ihre grossen parlamentarischen Anstrengungen, anlässlich der Entfernung der Königin Natalie und betreffend den Vertrag wegen Rückkaufes der Güter Milans, zum guten Theile verbraucht sei. Der ehemalige König ist augenblicklich (1892) ohne politischen Einfluss in Serbien."

Dies war jedoch nicht ganz richtig; denn es ist kaum zu zweifeln, dass im Sommer 1892, als König Alexander in Begleitung seines Erziehers des Professors Dokitsch bei seinem Vater Milan in Paris zum Besuche weilte, die Frage genau erwogen wurde, in welcher Weise sich der junge König der ihm lästigen Regentschaft entledigen und gleichzeitig ein neues Ministerium ans Ruder setzen könnte.

Bekanntlich wurde am 1.(13) April 1893 die Demission der Regenten und bisherigen radikalen Minister vom König Alexander, unter Androhung von Waffengewalt, erzwungen. (Siehe Seite 42).

Dies hinderte jedoch nicht, dass die Radikalen bei den Neuwahlen für die Skuptschina im Herbste 1893 wieder eine erdrückende Majorität erlangten, mit welcher die Regierung zu rechnen gezwungen war.

Als nun gleichzeitig Alexanders treuester Berather und damalige Ministerpräsident seinem schweren Leiden erlag, da berief der junge König den General Sava Grujitsch zur Bildung eines der Skuptschina-Mehrheit entsprechenden radikalen Ministeriums; während das eigentliche Haupt der radikalen Partei, Pasitsch zum Gesandten Serbiens in Petersburg ernannt wurde.

Dass König Alexander mit diesem Ministerium auch nicht lange zu regiren vermochte und dass sich derselbe durch die zunehmende Anmassung der radikalen Partei, — welche schliesslich mehr über, als neben dem Ministerium noch ein politisches Central-Comité gründete, — sehr beengt fühlte, wurde schon auf Seite 45 besprochen; auch wurden daselbst die seit der, am 21. Januar 1894 erfolgten, Ankunft des königlichen Vaters Milan in Belgrad bis zum 5. Februar

1894 stattgehabten wichtigeren politischen Ereignisse, nach offiziösen Blättermeldungen angeführt.

Zur besseren Orientierung über die augenblickliche politische Lage in Serbien, werden nun die, bis zum Augenblicke der Fertigstellung dieser Studie, noch weiter veröffentlichten offiziösen Telegramme mitgetheilt.

Ein Telegramm der Kölnischen Zeitung vom 14. Februar 1894 besagt: „Belgrader Privatnachrichten bezeichnen die Zustände als sehr düster. Die radikale Opposition wachse, geschürt durch den russischen Vertreter in Belgrad und den serbischen Vertreter Pasitsch in St. Petersburg. Viele Behörden halten zur Opposition. Die Regierung sei überzeugt, dass dies alles nur durch einen Gewaltakt sein Ende finden könne "

Am 15. Februar 1894 meldet ein Belgrader Telegramm der „Kölnischen Zeitung", dass schon seit längerer Zeit ein Gymnasiallehrer aus Cetinje, Namens Popovitsch, welcher ein Vertrauter des Prinzen Karadjordjevitsch ist, in Belgrad verweile und mit den radikalen, dann mit den fortschrittlichen Spitzen vertrauliche Berathungen gehabt habe.

Die Petersburger „Nowoje Wremja" schrieb am 13. März 1894: falls der „gesetzwidrige" Aufenthalt des früheren Königs in Belgrad noch lange dauern sollte, so würde die Abberufung des russischen Gesandten aus Belgrad erfolgen müssen." Gleichzeitig besagt ein Belgrader Telegramm vom 13. März 1894 des Wiener Tageblatt: „Botschafter Fürst Lobanow erklärte dem Ministerpräsidenten Simitsch, die russische Regierung habe gegen die heutige serbische Regierung nichts einzuwenden; bestehe jedoch entschieden auf der Abreise Milans aus Belgrad, da es sich hierbei um die Nichteinhaltung eines dem russischen Kaiser feierlich gegebenen Wortes handle."

Am 18. März 1894 veröffentlichten die Belgrader Blätter einen Akt der Bischofs-Synode, „durch welchen die vom verstorbenen Metropoliten Theodosius ausgesprochene Scheidung der Ehe zwischen dem Vater und der Mutter des Königs Alexander annullirt und die am 5. Oktober 1875 zwischen den Eltern des Königs geschlossene Ehe als zu Recht bestehend erklärt wird. Gleichzeitig wurde gemeldet, dass anlässlich der serbischen Osterfeiertage die Rückkehr der Mutter des Königs nach Belgrad erwartet werde."

Ein Belgrader Telegramm vom 19. März 1894 meldete, dass der Divisions-Commandant von Belgrad, in Folge eines Zwistes mit dem Kriegsminister, um seinen Abschied gebeten habe." (Es ist dies der bekannte Oberst Koka Milowanowitsch, der am 13. April 1893 und in den Januartagen 1894 mit der Belgrader Garnison dem Könige zur Verfügung gestanden hatte).

Die „Kölnische Zeitung" meldete am 20. März 1894 aus Belgrad, dass nach der Rückkehr des Ministerpräsidenten Simitsch von Wien und Rom, der Finanz-, Cultus- und Handels-Minister aus dem Cabinete scheiden würden. Auch soll der Gesandte in Petersburg Pasitsch nach Belgrad zur Berichterstattung berufen werden und falls er sich weiter weigern sollte, zurückzukehren; dürfte er im Disziplinarwege entlassen werden."

Am 22. März 1894 meldete die „Kölnische Zeitung" aus Belgrad: „Die Verhaftung des radikalen Bauerntribuns Taschitsch erregt grosses Aufsehen. Die Verhaftung erfolgte, wegen Aufreizung der Bauern zum bewaffneten Widerstande und zu antidynastischen Umtrieben. Taschitsch unterhielt mit Haiduken Beziehungen, welche im Frühjahre eine Revolution anzetteln sollten. Die Radikalen erklären, diese Verhaftung sei für sie das Zeichen zu entschiedenem Einschreiten. Die Königin Natalie soll einer Belgrader Freundin geschrieben haben, sie sei nicht gewillt, jetzt nach Serbien zu kommen, obwohl der König den Besuch seiner Mutter wünsche."

Am. 1./13. März verletzten einige bulgarische Bauern die serbische Grenze, indem sie auf serbischem Gebiete

Holz fällten. Hierbei wendeten die serbischen Zollwächter
Gewalt an und verwundeten fünf bulgarische Bauern auf
ausdrücklichen Befehl des Commandanten der serbischen
Zollwache. Die Untersuchungsakten hat die bulgarische
Regierung mit einer Note nach Belgrad geschickt.

Ein in den wichtigsten Wiener Tagesblättern ver-
öffentlichtes Belgrader Telegramm vom 3. April 1894
meldet: „Das Kabinet Simitsch hat heute Nachts seine
Demission gegeben, welche vom Könige angenommen
wurde. Die Cabinetskrise wurde durch die im „Odjek"
erfolgte Veröffentlichung eines Schreibens verursacht,
welches der bisherige Finanzminister Mijatovitsch am
9./21. März an den zur Zeit in Petersburg weilenden Pariser
Bankier Hoskin richtete. Das neue Cabinet ist folgendermassen zusammengesetzt: Der bisherige Minister des Innern
Nikolajevitsch übernahm, unter Beibehaltung dieses Por-
tefeuilles, das Präsidium; der bisherige Handelsminister
Lozanitsch wurde Minister des Aeussern; der bisherige
Kriegsminister General Milovan Pavlovitsch und der
Bautenminister Zdravkovitsch verblieben auf ihren
Posten; zum Finanzminister wurde Vukasin Petrovitsch
ernannt; das Ministerium für Cultus und Unterricht übernahm der bisherige Justizminister Andra Djordjevitsch;
der bisherige Richter am Cassationshofe Andonovitsch
wurde an die Spitze des Justizministeriums und Lazar
Jovanovitsch an jene des Handelsministeriums berufen.
Das neue Ministerium hat den Charakter eines liberal-
fortschrittlichen Coalitions-Cabinets, in welchem der Justizminister Andonovitsch und der Handelsminister Jovanovitsch der liberalen und die übrigen Cabinetsmitglieder der
Fortschrittspartei angehören.

Der Hauptgrund dieses Ministersturzes liegt in einem
vom Hauptorgane der Radikalen, dem „Odjek" veröffentlichten Briefe des bisherigen Finanzministers Mijatovitsch
an den Bankier Hoskin, welcher Brief diesem bei seinem
Aufenthalte in Petersburg entwendet worden sein soll. Die

Echtheit des veröffentlichten Briefinhaltes wird von keiner
Seite bestritten, selbst von denen nicht, denen die Ver-
sicherung des „Odjek" nicht genügen würde, dass die
Uebersetzung des Schreibens aus dem französischen Text
ins Serbische sich eng an den Wortlaut des Originals an-
schliesse.

Dieser Brief vom 9./21. März 1894 enthält unter Anderem folgende besonders bemerkenswerthe Stellen:

„Ich bitte Sie somit, in Russland überall, wo Sie Gelegenheit haben, von den serbischen Verhältnissen zu
sprechen, kategorisch zu erklären, dass die letzten Ereignisse absolut keinen Zusammenhang haben mit der äusseren
Politik. Diese Veränderung ist die Folge rein interner
Verhältnisse gewesen und es wäre ein grosser Fehler eine
andere Erklärung dafür zu suchen.

Ich bedauere persönlich unendlich, dass die Radikalen
nicht im Stande gewesen sind, die berechtigte Empfind-
lichkeit des jungen Königs zu schonen und dass ihr Verhalten ihnen sehr oft von einer kleinlichen Rücksicht-
nahme auf die Partei-Interessen diktirt war; so dass zuletzt in dem jungen König die Ueberzeugung wachgerufen
wurde, es sei seine heiligste Pflicht, dieser Missregierung
ein Ende zu machen.

Die heutige Regierung ist tief erfüllt von dem Gedanken, dass es gegenüber dieser Ueberzeugung des Königs
und angesichts der heutigen Verhältnisse, sowohl für den
König. als für Serbien mehr als je nöthig ist, auf die vollkommene gnädige Unterstützung Sr. Majestät des Zaren
rechnen zu können. Deshalb wird die jetzige Regierung
immer bestrebt sein, jede Gelegenheit zu ergreifen, um zu
zeigen, wie sehr es ihr am Herzen liegt, dem König Alexander
die Geneigtheit Sr. Majestät des Zaren und Serbien den
erhabenen und freundlichen Schutz des mächtigen Russland zu bewahren. Wir sind thatsächlich tief betrübt,
dass der Zar es für nöthig befunden hat, den Empfang des
Herrn Simitsch in Petersburg an Bedingungen zu knüpfen,

welche wir, die serbischen Minister, nicht im Stande waren
zu erfüllen. Und dies umsoweniger, als sämtliche radikalen
Blätter im Allgemeinen in so revolutionärem Sinne schreiben,
dass der junge König unwillkürlich auf den Gedanken
kommen musste, die Radikalen würden sich in dem Augenblicke gegen ihn auflehnen, als Milan das Land ver-
liesse u. s. w."

Ein andere Stelle des Briefes lautet: „Die radikalen
Bauern fühlen instinktiv und ganz spontan, dass der Vater
Milan nur seine Pflicht erfüllt, wenn er in einer schwierigen
Lage an die Seite seines Sohnes geeilt ist. Sie werden,
wie ich überzeugt bin, mit Genugthuung die Mittheilung
vernehmen, dass die Ordnung in Serbien wieder vollständig
hergestellt und dass absolut kein Grund vorhanden ist,
eine Veränderung der Verhältnisse zu befürchten.

Sie würden die königliche Regierung ausserordentlich
verbinden, wenn Sie bei einer passenden Gelegenheit die
Aufmerksamkeit der massgebenden Persönlichkeiten in
Petersburg auf die Thatsache lenken würden, dass es sehr
nützlich wäre, wenn der junge König nicht auf den Gedanken gebracht würde, Herr Pasitsch gelte in Russland mehr als der König von Serbien. Eine solche
Aenderung in den Ansichten des Königs wäre schädlich,
sowohl den Interessen Serbiens, als auch den Interessen
Russlands in diesen Ländern u. s. w."

Eine weitere Erklärung zu diesem Briefe ist wohl
überflüssig. Die Thatsache ist nun ganz sicher, dass dem
ehemaligen Ministerpräsidenten Simitsch von Petersburg
auf seine Anfrage der Bescheid wurde: „Der Zar werde
ihn so lange nicht empfangen, als König Milan in Belgrad
weile!"

Der Minister des Innern Nikolajevitsch machte dem
Schreiber des veröffentlichten Briefes Mijatovitsch heftige
Vorwürfe darüber; indem er erklärte: es müsse die Autorität der Regierung den Radikalen gegenüber vollständig
untergraben, wenn sie zu der Meinung gebracht würden,

die Haltung des Ministeriums werde bezüglich der inneren Politik von Petersburg aus diktirt. Hierauf gaben sowohl Mijatovitsch, als auch der Ministerpräsident Simitsch sofort ihre Entlassung. Der König nahm dieselbe an und betraute mit der Neubildung des Cabinets den bisherigen Minister des Innern Nikolajevitsch.

Das neue Cabinet bedeutet seiner Zusammensetzung und seinem Programme nach einen energischen Kampf gegen die Radikalen und den Radikalismus.

Der neue Ministerpräsident Svetomir Nikolajevitsch und die meisten der übrigen Cabinetsmitglieder sind treue Anhänger der Dynastie Obrenovitsch. Alle jetzigen Minister sind durchwegs energische, entschlossene Männer, welche auch vor den schärfsten Massregeln gegen die Radikalen nicht zurückschrecken, dem König Alexander unbedingt gehorchen werden, und auf welche auch Milan, dem sie alle sehr ergeben sind, einen mächtigen Einfluss haben wird."

Der Bericht schliesst mit den Worten; „Die Richtigkeit dieser angeführten Thatsachen wird schon die nächste Zukunft bestätigen."

Einige Tage später brachten die Tagesblätter nähere Nachrichten über die jüngsten politischen Morde in Serbien, welche ohne Zweifel bei der Krise vom 3. April und beim Uebergang zu scharfen Massregeln mitgewirkt hatten. „Am 1. April wurden in Batotschina der hervorragende Liberale Cvetko Zwetanovitsch und in Goratschitsch der angesehene Fortschrittler Dragitsch Druskovitsch meuchlings ermordet und am 2. April wurde der Gastwirth Jovan Djordjevitsch in Poscharevac in seiner Wohnung grässlich verstümmelt todt aufgefunden, endlich am 3. April hatte man den Liberalen Tschosa ebenfalls mörderisch überfallen. Da in keinem dieser Fälle ein Raub ausgeführt wurde, so erscheint die Annahme, dass es sich um politische Verbrechen handle, wohl sehr glaubwürdig.

Im Falle von Goratschitsch soll man diesmal schon

Spuren der Urheberschaft gefunden haben. Die vom Minister Nikolajevitsch eingeleitete strenge Untersuchung wird wohl bald den Sachverhalt klarstellen.

Laut eines Telegrammes aus Belgrad vom 10. April 1894 (im Wiener Tagblatt) soll Ministerpräsident Nikolajevitsch in einem Gespräche mit einigen radikalen Führern ausdrücklich erklärt haben: „Jeder Versuch seitens der radikalen Partei, die Ordnung im Lande zu stören, würde rücksichtslos mit allen der Staatsgewalt zu Gebote stehenden Mitteln niedergeschlagen werden. Ein Ukas, mit welchem zahlreiche der radikalen Partei angehörende Beamte theils entlassen, theils pensionirt werden sollen, ist vorbereitet und dürfte demnächst verlautbart werden. Nach Berichten aus Uschitze soll in diesem Bezirke von Montenegro her eine starke Agitation betrieben werden, an welcher der bekannte Radikale, Erzpriester Milan Djuritsch hervorragend betheiligt ist."

Ein Belgrader Telegramm vom 16. April 1894 lautet:

„Zwischen der liberalen und fortschrittlichen Partei ist ein Konflikt entstanden, welcher in den Hauptorganen dieser beiden Parteien, der liberalen „Srpska Zastava" und dem fortschrittlichen „Videlo" seinen Ausdruck findet.

Die Liberalen beklagen sich heftig, dass bei der Besetzung der Beamtenposten und der hervorragenden Staatsämter die Fortschrittler unverhältnismässig bevorzugt werden, und nehmen Stellung gegen das jetzige Cabinet. Sollte es dem König, welcher bereits vermittelnd eingegriffen hat, nicht gelingen, eine Beilegung der Differenzen herbeizuführen, so wäre eine neue Ministerkrise, bei welcher die liberalen Cabinetsmitglieder ausscheiden würden, sehr wahrscheinlich.

Das serbische Amtsblatt veröffentlichte am 15. April zahlreiche Ukase, durch welche radikal gesinnte Beamte entlassen und meist durch Fortschrittler ersetzt wurden.

Die Ernennung des gewesenen Ministerpräsidenten

Simitsch zum serbischen Gesandten in Wien scheint ge-
sichert." (Ist seither thatsächlich vollzogen worden).

Am 17. April 1894 meldete ein Telegramm aus Belgrad
das Gerücht, „dass an Stelle des bisherigen Gesandten in
Petersburg Nikola Pasitsch, dessen Demission vom Könige
angenommen wurde, der Staatsrath Olympie Vasiljevitsch
zum Gesandten am kaiserlich russischen Hofe ernannt
werden soll."

Hiedurch stände der Rückkehr des obersten Führers
der radikalen Partei, Herrn Pasitsch nichts mehr im Wege
und er dürfte nun in der Heimath die weitere Aktion gegen
die Regierung selbst in die Hand nehmen.

Alles in Allem genommen, scheint Serbien das höchste
Stadium der jetzigen Krise noch nicht überstanden zu
haben; jedoch dürfte es binnen Kurzem zu einer Entscheidung kommen. — Etwa zu dem altslavischen Georgsfeste (5. Mai) oder gar schon zu Ostern (29. und 30. April)
werden bei den in herkömmlicher Weise stattfindenden
zahlreichen Versammlungen im Freien von Seite der Landbevölkerung ebenso die wirthschaftlichen, als die politischen
Verhältnisse besprochen und bei Wein und Sliwowitza
heftig bekritelt werden.

Am Ende dieser Betrachtungen mögen noch einige
Stellen aus dem Werke: „Die Balkanländer von Emil von
Laveleye" (bei C. Reissner in Leipzig 1888) angeführt werden,
mit denen dieser Autor den Abschnitt über Serbien ab-
schliesst.

Er sagt: „Die gewonnenen Eindrücke zusammenfassend,
komme ich zu dem Schlusse, dass Serbien eines der glück-
lichsten Länder ist. Es besitzt alles, was eine glänzende
Zukunft verheisst, und umschliesst die Grundbedingungen
jener wahren Civilisation, welche sittliche, freie, aufgeklärte
und in behaglichen Verhältnissen lebende Menschen schafft.
Hier besteht noch die fest mit der Vergangenheit ver-
knüpfte Gemeindefreiheit, während man dieselbe im Westen
Europas erst wieder hervorsuchen und neu beleben muss.

Das Wachsen des Reichthums ist zwar noch beschränkt; aber alle Familien leben auf ihrem eigenen Grund und Boden, auch besitzt ein Jeder einen gewissen Wohlstand. Die so schmerzlich berührenden Gegensätze zwischen höchstem Wohlleben und äusserstem Mangel prallen hier nicht so unvermittelt aufeinander.

Allerdings ist die Bildung noch nicht allgemein genug verbreitet; jedoch hat es die Regierung wohl begriffen, dass sie auf diesem Felde mit Einsetzung aller Kräfte weiter schaffen muss. Die Geschichte und die Dichtkunst finden aber in den Volksliedern eine freundliche Stätte am häuslichen Herde. Das Volk regiert sich, durch die von allen Steuerzahlern gewählten Abgeordneten, gewissermassen selbst, und die Demokratie, welche man anderswo oft um den Preis blutiger Umwälzungen, ins Leben zu rufen bemüht ist, besteht hier als etwas Althergebrachtes und gleichsam Ererbtes. Ueberdies hat Serbien, um dem Fortschritte die Wege zu bahnen, den Gesetzen des Abendlandes das Beste entlehnt."

„Nur ist zu befürchten, dass man in Serbien bei dem Bestreben, den äussern und in jeder Beziehung so theuer bezahlten Glanz westeuropäischer Hauptstädte nachzuahmen, unvermittelt mit der Vergangenheit bricht und dadurch die Freiheit aufs Spiel setzt.

Durch die Zentralisation, durch das thatkräftige Eintreten der Behörden wird dem Weiterschreiten eines Volkes allerdings eine schnellere, regelmässigere und gleichförmigere Gangart gegeben. Allein an ihrem Schaffensdrange, an ihrer angeborenen Willenskraft erleiden diejenigen eine sehr bedenkliche Schwächung, welche man von ihrem Wege fortzerrt und auf einen andern, fremden hindrängt.

Die Gestaltung westeuropäischer Verhältnisse ist keineswegs in allen Punkten beneidenswerth genug, um auf der Balkanhalbinsel als Vorbild zu dienen, und man kann nicht wünschen, hier genau dieselben Schwierigkeiten

emporwachsen zu lassen, die anderswo der Menschheit so
unendlich viel zu schaffen geben."

„Durch seine ungemein zahlreichen und meistens auf
unfruchtbaren Boden fallenden Ausgaben wird Serbien zu
fortwährenden Anleihen gezwungen. Hieraus könnte eine
grosse, das Land bedrohende Gefahr heraufbeschworen
werden, welche alle serbischen Staatsmänner, welcher Partei
sie auch angehören mögen, wohl im Auge behalten sollten.
Als Bürgschaft verpfändet man den Gläubigern gewisse
Steuererträge und giebt ihnen damit ein Recht, sich in
die inneren Angelegenheiten des Landes einzumengen.
Was kann es Bedauerlicheres geben, als einen jungen Staat,
dem die Zukunft gehört und der sich dabei in die Hände
unbarmherziger Gläubiger liefert! Die egyptischen Verhältnisse könnten hier eine Wiederholung erfahren! Eine
Finanzwirthschaft wie die serbische, gehört eben in einem
westeuropäischen Staatswesen zu den Unmöglichkeiten.

Die beständig anwachsende Steuerlast muss aber die
Unzufriedenheit, insbesondere des einfachen serbischen
Landvolkes wachrufen, und solche Regungen möchte man
doch um jeden Preis ersticken. Alsdann würde man die
bisherige Press- und Redefreiheit unterdrücken, weil auf
diesem Wege der Geist des Widerspruches sich in auf-
brausender und mitunter auch in aufrührerischer Weise
Bahn zu brechen vermöchte.

Schliesslich arten jedoch solche strenge Massregeln zur
Gewaltherrschaft aus. Serbien ist aber auf eine solche,
nur mit Hilfe der Waffen mögliche Regierungsform nicht
eingerichtet und auch nicht vorbereitet. Es gilt hier
mehr als anderswo das Wort:

„„Die Bajonette gewähren wohl eine Stütze, aber
keinen friedlichen Ruheplatz!““

„In einem von der Liebe zur Freiheit so vollständig
durchdrungenen Lande kann ein Herrscher nicht lange
durch Gewaltmittel bestehen und seiner Unbeliebtheit

trotzig die Stirne bieten. Er wird sonst bald in eine ähnliche Lage kommen, wie jene war, in der sich Napoleon III. am Ende seiner Regierung befand; er wird dann zu Bündnissen mit anderen Mächten, zu Kriegen und Abenteuern greifen müssen. Wie sieht es aber bei einem, von seinem Volke nur lässig unterstützten Fürsten mit dem Siege aus?"

Nachtrag.

Die jüngsten Nachrichten über die Lage in Serbien besagen, dass die Radikalen eine lebhafte Agitation entwickeln und dass deren Blätter von Beleidigungen gegen den König Alexander und dessen Vater strotzen. Die am 28. April 1894 erschienene Nummer der radikalen „Samostalnost" (Selbständigkeit) brachte einen Artikel gegen den König, welcher nicht wiederzugebende Schmähungen und Ausdrücke enthielt. Der Minister des Innern Nikolajevitsch liess den Verfasser des betreffenden Artikels sofort verhaften. Auch im Innern des Landes fanden zahlreiche Verhaftungen statt und wurden energische Massregeln gegen die Radikalen und deren Agitation ergriffen. Die zahlreichen radikalen Beamten werden durch Fortschrittler und Liberale ersetzt.

Das diesjährige serbische Osterfest (29. April 1894) brachte die überraschende Nachricht aus Belgrad, dass König Alexander mittelst Ukas seinen Vater in alle seine früheren Ehren und Würden wiedereingesetzt habe.

Das betreffende Belgrader Telegramm vom 1. Mai 1894 lautet: „Anlässlich der Veröffentlichung der königlichen „Ukase, betreffend König Milan, langen aus allen Theilen

„des Landes Beglückwünschungs-Telegramme an den König
„Alexander und dessen Vater ein. König Milan besuchte
„den Ministerpräsidenten Nikolajevitsch, um ihm für die
„Durchführung dieser Angelegenheit zu danken. Auch
„Metropolit Michael beglückwünschte sofort beide Könige,
„worauf dieselben gemeinsam dem Kirchenfürsten einen
„Besuch abstatteten. Die fortschrittliche und liberale
„Presse feiert in schwungvollen Artikeln das Ereignis.
„In der Armee herrscht die gehobenste Stimmung."

Diese Drahtnachricht verschweigt aber, wie sich die
sehr mächtige radikale Partei zu diesem plötzlichen
Wechsel der politischen Lage verhält?

Inhalt.

Druck von Gottfr. Pätz in Naumburg a. S.